THÉATRE FRANÇAIS.

BARON

ET

LA FONTAINE.

XXX.

THÉATRE FRANÇAIS.

RÉPERTOIRE COMPLET.

BARON

ET

LA FONTAINE.

Edition = Touquet.

PARIS.

IMPRIMERIE DE A. BELIN.

1821.

THÉATRE

DE

BARON.

Edition = Touquet.

PARIS.

Chez l'Éditeur, rue de la Huchette, n°. 18.

1821.

L'HOMME
A BONNE FORTUNE,

COMÉDIE

EN CINQ ACTES ET EN PROSE,

DE

BARON,

Représentée, pour la première fois, en 1686.

PERSONNAGES.

MONCADE.
ÉRASTE, amant de Lucinde.
LUCINDE, amante de Moncade.
LÉONOR, sœur d'Éraste.
ARAMINTE, amante de Moncade.
CIDALISE, amante de Moncade.
PASQUIN, valet de Moncade.
MARTON, suivante de Lucinde.
ERGASTE, homme aposté.
MARTIN, marchand.
Un laquais d'Araminte.
Un laquais de Cidalise.
Un laquais de Lucinde.

La scène est à Paris, dans la maison de Lucinde.

L'HOMME

A BONNE FORTUNE,

COMÉDIE.

—

ACTE PREMIER

SCÈNE Ire.

LÉONOR, ÉRASTE, MARTON.

LÉONOR.

Oui, mon frère, le dessein d'épouser Lucinde devient un dessein très-inutile si l'on ne la détrompe de Moncade.

MARTON, *à Éraste.*

Elle l'aime; vous ne l'ignorez pas. Elle est veuve; et je sais bien, moi, que si l'on n'y donne ordre, et promptement, elle n'attendra pas qu'elle ait vingt-cinq ans pour épouser Moncade, quoiqu'elle ait peu de temps à attendre : comptez sur ce que je vous dis. Depuis quelques années que je suis avec elle je dois la connaître.

LÉONOR.

L'intérêt de votre amour à part, que pensera Damis, son oncle et son tuteur, s'il la trouve mariée sans en être averti? Ne sera-t-il pas en droit de se plaindre de nous, lui qui nous a priés de venir loger avec elle, de veiller à sa conduite, et de lui en rendre compte?

ÉRASTE.

Je vois tout cela comme vous le voyez : mon amour

ne me dit que trop ce que je devrais faire ; mais je crains de déplaire à Lucinde : et d'ailleurs ces moyens....

MARTON.

Eh ! pendant toutes ces irrésolutions, Moncade peut-être épousera Lucinde.

ÉRASTE, à Léonor.

Que faut-il donc que je fasse ?

LÉONOR.

Satisfaire à votre promesse ; avertir Damis de tout ce qui se passe, lui déclarer votre passion pour sa nièce, n'oublier rien de ce qui peut servir à vous rendre heureux.

ÉRASTE.

Je ne pourrai jamais.

MARTON.

Eh ! que de fausses délicatesses !

ÉRASTE.

Mais ma sœur, de grace...

LÉONOR.

Mon frère, en un mot voulez-vous épouser Lucinde, ou non ?

ÉRASTE.

Si je le veux !

LÉONOR.

Faites donc ce que l'on vous dit ; nous aurons soin du reste.

ÉRASTE.

Mon bonheur est entre vos mains.

MARTON.

Adieu donc.

SCÈNE II.

LÉONOR, MARTON.

LÉONOR.

MARTON, que fait Lucinde ?

MARTON.

Je viens de l'habiller ; elle sera bientôt ici.

LÉONOR.

Ne saurions-nous trouver le moyen de faire donner Moncade dans quelque panneau?

MARTON.

Bon, il donnera le plus aisément du monde dans tous ceux qu'on voudra; mais je vous avertis qu'il s'en tire encore avec plus de facilité qu'il n'y donne.

LÉONOR.

Malgré tout cela, Marton, il faut servir mon frère; tu me l'as promis.

MARTON.

Je n'ai déjà pas mal commencé; et pendant ces deux jours que Moncade a été à la campagne, vous croyez bien que je n'ai rien oublié pour jeter des soupçons dans l'esprit de Lucinde.

LÉONOR.

La voici.

SCÈNE III.

LUCINDE, LÉONOR, MARTON.

LÉONOR.

Qu'avez-vous donc, madame? que vous me paraissez triste!

LUCINDE.

Je ne sais, madame; je n'ai point dormi.

LÉONOR.

Les gens qui troublent votre repos ne prennent peut-être pas assez de soin de vous le rendre.

LUCINDE.

Vous êtes trop bonne, madame, de vouloir bien prendre part à ce qui me regarde.

LÉONOR.

Je vous avoue que je voudrais vous voir plus tranquille... Que vous prêtez peu d'attention à ce que je vous dis! Il faut être autant de vos amies que j'en suis...

LUCINDE.

Mais point, madame : il me semble que je vous écoute; et quand cela ne serait pas, devriez-vous prendre garde à ce que je fais?

LÉONOR.

Si je le dois, madame ? Est-ce que je ne m'intéresse
pas à tout ce qui vous touche ? Croyez-vous que je verrais avec plaisir des gens abuser de votre bonne foi ? Ne
me serait-il point sensible de vous voir faire une injuste préférence, et ne devrais-je point m'efforcer à vous
faire connaître la différence des cœurs qui s'attachent à
vous ? Croyez-moi, madame, j'en connais, et vous les
connaissez comme moi, qui ne vous aiment que pour
vous, qui sacrifieraient...

LUCINDE.

Marton, avez-vous vu...

LÉONOR.

Madame, je vois bien que je vous embarrasse.

LUCINDE.

Madame, je vous demande pardon. Je vous avoue...

LÉONOR.

Je vous laisse.

LUCINDE.

Eh ! non, madame.

SCÈNE IV.

LUCINDE, MARTON.

MARTON.

Il est vrai que vous avez quelquefois des distractions...

LUCINDE.

Marton !

MARTON.

Madame.

LUCINDE.

Est-il sorti ?

MARTON.

Qui ?

LUCINDE.

Est-il sorti, te dis-je ?

MARTON.

Eraste ?

LUCINDE.

Non.

MARTON.

Votre laquais?

LUCINDE.

Qui te parle de mon laquais? Moncade est-il sorti?

MARTON.

Je ne pense pas seulement qu'il soit éveillé... Depuis quelque temps vous devenez si difficile à servir, qu'il faudrait une plus grande pénétration et une plus grande patience que la mienne pour pouvoir vous entendre et pour pouvoir durer avec vous : suis-je maître , moi, de vos distractions et de vos caprices? et ne dirait-on pas que je suis cause que vous n'êtes pas toujours aimée?

LUCINDE.

Marton !

MARTON.

Madame.

LUCINDE.

Vous plairait-il de vous taire?

MARTON.

Non, madame. C'est bien ma faute vraiment si Moncade a passé deux jours sans vous voir? Que vous êtes coiffée mal à propos de ce petit vilain-là !

LUCINDE.

Marton !

MARTON.

Madame.

LUCINDE.

Encore une fois , vous plairait-il de vous taire?

MARTON.

Non, madame ; vous m'avez prise pour parler , et je parle et je parlerai.

LUCINDE.

Eh bien! Marton, je vous défends de vous taire; je ne sais plus que ce moyen-là pour vous empêcher de parler.

MARTON.

Vous savez bien que le médecin me dit hier devant vous que j'avais une réplétion de paroles si excessive, que si je n'y donnais ordre... Voyez-vous, madame, le silence m'est mortel !

LUCINDE.

Ah ! parlez , Marton.

MARTON.

Ah ! je me sens déjà soulagée. Dites-moi un peu , madame, dans le temps que vous me rompiez tant la tête à force de m'exagérer que le plus heureux état que puisse souhaiter une femme est celui d'être veuve, et que pour rien au monde vous ne vous remarieriez, qui serait venu vous proposer pour mari, ou pour amant (aussi bien en ce temps-ci n'y fait-on guère de différence) un homme toujours inquiet, toujours bizarre, toujours content de lui, jamais content des autres, amoureux aujourd'hui, demain perfide , qu'eussiez-vous dit ?

LUCINDE.

On m'aurait vivement offensée.

MARTON.

Ah ! pour offensée, non : si cela était, vous sentiriez l'outrage que vous vous faites, et la honte que vous recevez.

LUCINDE.

Moi ?

MARTON.

Vous , madame. N'aimez-vous pas Moncade ? c'est son portrait que je viens de faire.

LUCINDE.

Comme vous le peignez, Marton ?

MARTON.

Comme il est, madame, et comme il devrait vous paraître. Tant qu'il n'a eu dessein que de vous plaire et d'être aimé de vous, le plus joli homme du monde était Moncade ; mais dès qu'il a vu que vous le vouliez toujours fidèle et toujours amoureux, a-t-il seulement pu se résoudre à conserver les moindres égards pour vous ? Que n'avez-vous pas fait pour lui ! Songez enfin, madame, que vous vous devez quelque chose à vous-même. Vous me pardonnerez bien la liberté que je vais prendre? Que voulez-vous qu'on pense d'un jeune homme aimable, sans bien, logé chez vous sous le nom de votre parent, et qui n'a jamais été en état de faire de dépense que de-

puis que vous l'aimez? Je veux que le dessein de l'épouser puisse justifier votre conduite; mais en attendant
vous laissez penser, vous laissez dire ; et insensiblement
vous vous faites une réputation qui ne vous fait pas grand
honneur. Je crois, j'en jurerais même, que votre passion
n'est point allée au-delà des regards et de la parole;
mais, madame, est-on obligé de croire ce que Marton
croit de vous? Le monde, qui n'est pas bon, mène souvent la passion des autres plus loin qu'elle n'est allée.
Pensez à votre gloire et à votre repos... Mais, madame,
où allez-vous?

LUCINDE.

Je ne sais... Moncade serait-il éveillé?... Mais non.
Vas-y toi-même : examine ses actions, ses discours, et
m'en rapporte jusques aux moindres paroles.

MARTON.

Ce sont des soins bien inutiles; j'aurai toujours mal
entendu si je ne le peins constant, amoureux, fidèle.

SCÈNE V.

PASQUIN, MARTON.

MARTON.

AH ! te voilà, Pasquin ; que cherches-tu donc tant ?

PASQUIN.

Je cherchais une folle, je t'ai trouvée : je ne cherche
plus rien, comme tu vois.

MARTON.

Tu n'es pas mal impertinent. Puis-je voir ton
maître ?

PASQUIN.

Non; il n'est encore éveillé que pour lui : avant qu'il
ait niaisé tout son saoul dans un fauteuil et à sa toilette,
il a, ma foi, encore plus d'une bonne demi-heure à
dormir.

MONCADE, appelant de sa chambre.

Eh ! eh! Pasquin.

PASQUIN, à haute voix.

Monsieur.

MARTON.

Je reviendrai dans un moment.

PASQUIN.

Tu n'aimes pas les nudités , à ce que je vois ?... Attends ; aide-moi , je te prie , à porter la toilette ici.

MARTON.

Pourquoi ?

PASQUIN.

Il dit qu'il fume dans sa chambre.

MARTON.

J'ai peur qu'il ne fume dans sa tête beaucoup plus que dans sa chambre.

MONCADE, *appelant encore de sa chambre.*

Allons donc , eh!

PASQUIN , *à haute voix.*

On y va... Comme diable il crie. Ne dirait-on pas qu'il a bien des affaires ?

(*Marton s'en va.*)

SCÈNE VI.

MONCADE, PASQUIN ; *puis* DEUX LAQUAIS.

MONCADE.

Viendras-tu donc ?

PASQUIN.

Me voilà.

MONCADE.

Quel temps fait-il ?

PASQUIN.

Il n'en fait point.

MONCADE.

Maraud ! n'est-il venu personne me demander?

PASQUIN.

Le grison d'Araminte est dans un cabaret qui attend que vous soyez éveillé.

MONCADE.

Cidalise n'a-t-elle point envoyé ici ?

PASQUIN.

Je vous le gardais pour la bonne bouche... Tenez,

voilà une lettre et une montre qu'elle vous envoie. Son grison va venir pour prendre la réponse.

MONCADE.

Tu n'as qu'à les mettre là.

PASQUIN.

Ne lisez-vous pas la lettre ?

MONCADE.

Non ; je sais tout ce qu'il y a dedans.

PASQUIN.

On frappe à la porte ; ouvrirai-je ?

MONCADE.

Vois ce que c'est... Ah ! c'est de la part d'Araminte.

LE LAQUAIS, *donnant une agraffe de pierreries à Moncade.*

Oui , monsieur. Voilà ce que madame vous envoie : faites-vous réponse ?

MONCADE.

Réponse ? non.

LE LAQUAIS.

Viendrez-vous , monsieur ?

MONCADE.

Non.

LE LAQUAIS.

Demain ; n'est-ce pas , monsieur ?

MONCADE.

Oui, un de ces jours... Eh! Pasquin, n'y a-t-il pas là une montre ? (*Pasquin lui donne la montre qu'il fait prendre au laquais.*) Porte cela à ta maîtresse... (*à Pasquin.*) Allons donc, qu'on achève de m'habiller.

(*le laquais sort.*)

PASQUIN.

Eh ! que dira Cidalise quand elle ne vous verra plus sa montre.

MONCADE.

M'habilleras-tu, te dis-je ?

PASQUIN.

Eh! vous ne vouliez pas sortir.

MONCADE.

Je ne sais ce que je ferai : j'ai bien envie de passer la journée ici... Non , il faut que je sorte... On frappe : n'est ce point encore quelque laquais?

PASQUIN.

Non, monsieur : personne n'a frappé... Avouez que c'est un fatigant mérite que celui d'être un joli homme, et de ne pouvoir pas faire un pas sans être couru de tout le monde ? Il y a quelques chagrins et quelques périls à essuyer, oui, quand on est fait comme vous.

MONCADE.

Il y a des momens où je voudrais n'être point fait comme je suis, et où je donnerais toutes choses au monde pour être fait comme toi. Ne saurais-tu point quelque secret pour me faire haïr?

PASQUIN.

Oui, monsieur, et facile même : vous n'avez qu'à continuer de vivre comme vous vivez, et je vous garantis haï et méprisé de tout le genre humain. On heurte ce coup-ci.

MONCADE.

Ouvre.

PASQUIN, *après avoir été ouvrir.*

C'est de la part de Cidalise.

LE LAQUAIS, *à Moncade.*

Monsieur, j'ai donné une lettre et une montre.

MONCADE, *lui donnant l'agraffe.*

Je sais ce que c'est. Tiens, donne-lui cela.

(*le laquais sort.*)

SCÈNE VII.

MONCADE, PASQUIN.

PASQUIN, *à part.*

Ce qui vient de la flûte s'en retourne au tambour !

MONCADE.

Te voilà bien étonné?

PASQUIN.

Moi? point; je trouve cela le mieux du monde : aimer celle-ci aujourd'hui, demain la trahir, prendre de l'une pour donner à l'autre ; fausses confidences, noirceurs, billets sacrifiés, flatteries, médisances, bagatelles ! me voilà prêt à tout. Nous n'en serons pas plus riches à la fin ; mais nous rirons bien : n'est-ce pas, monsieur ?

MONCADE.

Ah ! je suis ravi de te voir raisonnable.

PASQUIN.

Ah ! monsieur, qu'un diable et un hermite vivent ensemble quelque temps, l'hermite deviendra diable, ou le diable hermite ; j'en suis absolument convaincu. Çà voyons qui sera la malheureuse que vous allez mettre en réputation par quelque nouvelle perfidie ; car aussi bien vois-je clairement que votre tendresse est usée pour la marquise ?

MONCADE.

Laquelle ?

PASQUIN.

Hélas ! celle à qui vous juriez il n'y a pas long-temps de n'être jamais infidèle.

MONCADE.

Non, je ne l'aime plus.

PASQUIN.

Vos feux ne sont guère plus véhémens pour cette bonne dame à qui je portai votre portrait le même jour ?

MONCADE.

Ah ! fi ! je ne la puis souffrir ; elle met du blanc.

PASQUIN.

Et l'autre, sa bonne amie ?

MONCADE.

Elle n'a point d'eprit.

PASQUIN.

Et la veuve de ce conseiller ?

MONCADE.

Elle n'est pas riche.

PASQUIN.

Et sa sœur ?

MONCADE.

Elle ne peut souffrir l'odeur du tabac.

PASQUIN.

L'odeur du tabac ?... Eh! mort de ma vie! de toutes celles-là il n'y en a pas une dont vous ne m'ayez rompu la tête... « Ah! Pasquin, disiez-vous, elle est toute » charmante ; je l'aimerai toute ma vie ; je souffrirais » mille morts plutôt que d'avoir conçu le dessein de » changer. » Je vous écoute, je la regarde, je l'examine; je trouve que vous avez raison. Pour le lendemain, je suis un sot : elle n'a pas le cœur délicat ; ses manières sont rudes ; elle vous aime trop ; elle est jalouse, ou bien indifférente ; elle ne peut souffrir l'odeur du tabac; enfin vous leur trouvez toujours quelque défaut pour justifier votre inconstance.

MONCADE.

Que t'importe ?

PASQUIN.

Comment donc! que m'importe? Vous ne comptez pour rien mille faux sermens que je fais tous les jours?

MONCADE.

Pourquoi les fais-tu ?

PASQUIN.

Pour rétablir votre réputation chancelante.

MONCADE.

Qui t'a chargé de ce soin ?

PASQUIN.

Ah! ah! ceci n'est pas mauvais; qui m'en a chargé, dites-vous?

MONCADE.

Oui.

PASQUIN.

Mon honneur.

MONCADE.

L'honneur de Pasquin !

PASQUIN.

Assurément. Ne voudriez-vous pas que j'aidasse à confirmer partout que le plus scélérat, le plus vain, le plus infidèle, le moins amoureux homme du monde, c'est vous ?

MONCADE.

Cela ne me plairait point du tout.

PASQUIN.

Eh ! que voulez-vous que je dise à de semblables discours ! car vous ne voyez-là que l'ébauche du portrait
qu'on me fait de vous tous les jours. Que faut-il donc
que je réponde ?

MONCADE.

Rien ; te taire, et commencer dès à présent.

PASQUIN.

Oh ! monsieur, qui ne dit mot consent ; et je ne veux
point qu'on croie dans le monde que je connaisse votre
caractère, et que je l'approuve, puisque je reste avec
vous ; et d'ailleurs, par ma foi, je ferais bien mes affaires et les vôtres ; car enfin, voyez-vous, chacun
songe à son petit intérêt. Je n'aurais qu'à me taire,
vraiment, sur cent questions que l'on me fait. « Mon
» pauvre Pasquin, me dit l'une, tiens, voilà une bague ;
» je te prie, apprends-moi ce que fait ton maître ; à
» quelle heure est-il revenu ? Comment est-il quand il
» ne me voit pas ? Songe-t-il à moi ? Te parle-t-il de
» moi ? Est-il inquiet, joyeux, triste, gai, mélancoli-
» que, content, taciturne, évaporé, chagrin, plaisant,
» sage, fou ? » Que diable sais-je ? et cent mille autres
de semblable nature.

MONCADE.

Eh bien ! que réponds-tu pour lors ?

PASQUIN.

Selon la bague.

MONCADE.

Ah ! je savais bien que chez toi mon honneur et le
tien marchaient bien loin après ton intérêt. Changeons
de discours. Sais-tu bien une chose ?

PASQUIN.

Qu'est-ce ?

MONCADE.

Je crois que je suis amoureux.

PASQUIN.

Quoi ! amoureux ? là, ce qu'on appelle amoureux de
bonne foi ?

MONCADE.

Oui, te dis-je, amoureux.

Baron.   2

PASQUIN.

Mais parlez-vous là sérieusement?

MONCADE.

Veux-tu que je me donne au diable pour te le faire croire?

PASQUIN.

Eh! Lucinde?

MONCADE.

Oh! Lucinde, Lucinde; elle n'en saura rien.

PASQUIN.

Tant mieux pour vous! Mais, dites-moi, combien cela durera-t-il?

MONCADE.

Tu m'en demandes trop; comme si l'on pouvait répondre de cela!

PASQUIN.

La connais-je?

MONCADE.

Tu la connais.

PASQUIN.

Il faut que vous l'aimiez depuis fort peu de temps, car je ne vous en ai jamais ouï parler.

MONCADE.

A peu près.

PASQUIN.

Est-elle belle? Bon! peste du sot! est-ce à présent qu'il faut vous le demander? Vous me le direz dans peu de temps. Où loge-t-elle? loin d'ici?

MONCADE.

Non.

PASQUIN.

Tant mieux; car dans les commencemens c'est une fatigue de diable quand il faut porter régulièrement trois billets tous les jours.

MONCADE.

Tu n'auras pas grand'peine à le faire, tu les donneras sans sortir.

PASQUIN.

Eh! comment?

MONCADE.

Elle loge ici.

PASQUIN.

C'est Léonor ?

MONCADE.

Tu l'as dit.

PASQUIN.

Ah ! monsieur...

MONCADE.

Qu'as-tu ?

PASQUIN.

Songez-vous bien à ce que vous faites ?

MONCADE.

Fort bien.

PASQUIN.

Léonor, amie de Lucinde, à sa vue ! Vous n'y songez pas, ou vous voulez vous perdre absolument. Eh ! monsieur, où est la probité, l'honneur ? Songez - vous, dis-je...

MONCADE.

J'aime les moralités, elles endorment.

PASQUIN.

Tenez, monsieur, voilà Marton ; instruisez la de tout ce beau dessein.

SCÈNE VIII.

MONCADE, PASQUIN, MARTON.

MONCADE.

Eh ! bonjour, Marton. Que voulez-vous ?.

MARTON.

Vous donner le bonjour, monsieur. J'ai à vous parler de la part de madame.

MONCADE , *à Pasquin.*

Mon juste-au-corps.

(*il s'habille pendant toute cette scène sans écouter Marton.*)

MARTON.

Si je n'avais cru rendre service à madame et à vous, monsieur, je ne me serais pas chargée de vous parler : je me suis flattée que vous écouteriez agréablement ce que j'ai à vous dire. Vous savez si je suis dans vos intérêts ! Cela me fait peine de voir que vous ne vouliez pas devenir heureux. Que ne donnerais-je pas pour vous voir faire de sérieuses réflexions sur votre humeur ! Pour moi, je vous crois trop honnête pour ne vous pas reprocher quelquefois votre conduite avec Lucinde.

MONCADE, à Pasquin.

Ma montre.

MARTON.

Oserait-on vous dire que vos sentimens, dispersés à vingt coquettes, ne vous rendront ni plus aimable, ni plus heureux ? A qui devraient-ils être fidèles ces sentimens que nous ne voyons plus, si ce n'est à la plus tendre, et peut-être à la plus aimable personne du royaume ? Croyez-moi, monsieur, et vous croirez une fille toute affectionnée à vos intérêts : soyez heureux pendant que vous pouvez l'être ; il vient un temps où le désir de le devenir n'est plus qu'un désir désespérant. Vous ne serez pas toujours aimable, et vous ne trouverez pas toujours une Lucinde qui vous aime.

MONCADE, à Pasquin.

Mon épée.

MARTON.

Cinquante mille écus et Lucinde en ce temps-ci, la jolie somme ! Cela devrait être bien tentant pour vous ; et je ne sache guère que vous qui voulût s'aviser de n'être point tenté de tout cela.

MONCADE, à Pasquin.

Ma bourse.

MARTON.

En vérité, monsieur, vous avez beau dire et beau faire, à quelque usage que vous prétendiez mettre tout le mérite que vous avez, et vous en avez beaucoup si l'on en croit les connaisseuses, je veux devenir la plus grande demoiselle de Paris, s'il peut jamais vous valoir cinquante mille écus et Lucinde.

MONCADE, à Pasquin.

Ma perruque.

MARTON.

Ce que je vous dis devrait-il vous paraître assez désagréable pour ne vouloir pas seulement me dire un mot ?

MONCADE.

Suis-je bien, Marton ?

MARTON.

Eh ! vous n'êtes que trop bien, et nous en enrageons !

MONCADE, à Pasquin.

Mes gants, mon chapeau... Adieu, Marton... Eh ! Pasquin !

PASQUIN.

Monsieur.

MONCADE.

Ecoute.

(il parle bas à Pasquin et puis s'en va.)

SCÈNE IX.

PASQUIN, MARTON.

MARTON, à part.

Par ma foi, voilà un vilain petit homme ! (à Pasquin.) Et toi, t'imagines-tu que je m'accommode de tes froideurs et de tes absences d'amour ?

PASQUIN.

J'aime les moralités, elles endorment.

MARTON.

Va, va, traître ! je t'apprendrai...

PASQUIN.

Tu ne sais ce que tu dis.

MARTON.

Comment ! à une fille comme moi, un homme comme toi ? Scélérat ! infâme !...

PASQUIN.

Laisse, laisse ces beaux noms, ces noms illustres à l'indigne petit-maître que je sers ; donne-m'en de plus doux, et qui me conviennent.

MARTON.

A toi des noms plus doux ?

PASQUIN.

Ah ! pardon, ma fille ; j'ai la tête si pleine des folies
de Moncade...

MARTON.

Et des tiennes ?

PASQUIN.

Que sans penser que tu fusses là...

MARTON.

Manière de justification assez obligeante ! Je t'en tiendrai compte !

PASQUIN.

Je te redisais les mêmes paroles qu'il m'a dites lorsque j'ai voulu fronder sa conduite.

MARTON.

Je le crois... Tu sais que j'ai à me plaindre de toi,
et que je trouve fort mauvais...

PASQUIN.

Suis je bien, Marton ?

MARTON.

Ah ! traître ! tu copies Moncade ; mais ne penses pas
que je sois assez folle pour copier Lucinde.

PASQUIN.

Adieu, mon enfant. Je vous donne le bonjour.

MARTON.

La peste soit du maroufle !

FIN DU PREMIER ACTE.

ACTE II.

SCÈNE Ire.

ARAMINTE, un laquais.

LE LAQUAIS.

Je vais savoir si l'on peut voir madame.

ARAMINTE.

Eh ! mon enfant, dis-moi un peu, je te prie, Moncade est-il ici ?

LE LAQUAIS.

Je ne sais ; je ne crois pas... Sonnerai-je, madame ?

ARAMINTE.

Oui, sonne... (*à part.*) Où peut être Moncade ? sa conduite ne me satisfait point : il a le don de gâter tout ce qu'il fait d'agréable dans le même moment qu'il le fait ; et le peu d'empressement qu'il marque pour me voir, détruit le plaisir que j'ai reçu de la montre qu'il m'a envoyée ce matin.

SCÈNE II.

ARAMINTE, MARTON, LE LAQUAIS.

MARTON, *au laquais.*

Eh bien, qui diantre te fait sonner si fort ?

LE LAQUAIS.

On demande madame.

(*il sort.*)

ARAMINTE, *à Marton.*

Que fait-elle ?

MARTON.

Elle n'a point dormi de toute la nuit ; elle vient de s'assoupir tout à l'heure. Si vous voulez pourtant j'irai lui dire...

ARAMINTE.

Non, Marton, j'attendrai qu'elle soit éveillée.

MARTON.

Ou que Moncade soit revenu ?

ARAMINTE.

Pourquoi Moncade ?

MARTON.

Pour vous tenir compagnie en attendant madame.

ARAMINTE.

Je n'ai que faire de Moncade.

MARTON.

Et cependant, madame (pardonnez-moi si je vous parle si librement), il court un bruit que vous ne le haïssez pas.

ARAMINTE.

Moi ?

MARTON.

Tout le monde dit qu'il vous aime du moins.

ARAMINTE.

Tout le monde a menti, Marton ; et s'il est vrai que certains rapports entre les gens forment ordinairement les passions, je ne me tiendrais guère plus coupable de l'aimer que de lui avoir inspiré de l'amour. De grace, quand vous entendrez de pareilles sottises... Mais qui prend donc plaisir à semer des bruits de la sorte ? Moncade lui-même n'y aurait-il point de part ?

MARTON.

Eh, madame, à quoi vous arrêtez-vous ? ce qui vous fâche aujourd'hui fait la gloire de la plus part des dames et le plaisir de faire dire qu'on les aime l'emporte sur celui d'être aimées véritablement.

ARAMINTE.

Je ne suis point de celles-là, Marton ; et Moncade serait de tous les hommes celui de qui je voudrais le moins qu'on le dît.

MARTON.

C'est cependant, dit-on, la coqueluche de Paris.

ARAMINTE.

Ce n'est pas la mienne.

MARTON.

Il a de l'esprit, pourtant ?

ARAMINTE.

Je le trouve d'une sottise, et le plus ennuyeux personnage...

MARTON.

Il est bien fait.

ARAMINTE.

Cela se peut-il dire ? je ne le puis souffrir.

MARTON.

Pour écrire, personne n'écrit mieux que lui.

ARAMINTE

Que dites-vous ? il est vrai que je n'ai point vu de ses lettres ; mais enfin, à ses manières, je le crois incapable de rien faire de bien.

MARTON.

Ah ! j'en connais d'assez difficiles qui ne laisseraient pas de s'en accommoder.

ARAMINTE.

Eh! qui, Marton ?

MARTON.

Quel intérêt y prenez-vous ?

ARAMINTE.

J'ai des raisons pour le savoir.

MARTON.

J'en ai peut-être pour ne vous pas le dire.

ARAMINTE.

Je t'en conjure !

MARTON.

Que vous importe ?

ARAMINTE.

Je voudrais connaître la malheureuse qui s'attacherait si mal à propos.

LE LAQUAIS, *à Marton.*

Cidalise demande à voir madame.

MARTON.

Tenez, voilà justement une de ces malheureuses.
(*elle entre chez Lucinde, et le laquais sort.*)

SCÈNE III.

CIDALISE, ARAMINTE.

CIDALISE.

Vous voilà bien seule, madame.

ARAMINTE.

Vous voyez madame.

CIDALISE.

Où est Lucinde, madame ?

ARAMINTE.

J'attends qu'elle soit éveillée

CIDALISE.

Il faut que je fasse la même chose, puisque aussi-bien je viens de renvoyer mon carrosse.

ARAMINTE

J'ai le mien là-bas, madame, dont vous pouvez librement disposer.

CIDALISE.

Pourrais-je être mieux qu'avec vous ; madame ?

Baron.   3

ARAMINTE.

Je sais des gens que vous me préféreriez sans peine.

CIDALISE.

C'est du moins quelque chose que je vous le dise.

ARAMINTE.

C'est peu de chose lorsque l'on est instruite du contraire... (*remarquant sur Cidalise l'agrafe de diamans qu'elle a envoyée à Moncade.*) Mais que vois-je ?

CIDALISE.

Que voyez-vous, madame ?

ARAMINTE.

J'admire votre attache... les diamans en sont fort nets ; ils sont tout-à-fait bien mis en œuvre.

CIDALISE.

La trouvez-vous belle, madame ?

ARAMINTE.

Fort belle, madame.

CIDALISE.

Je suis ravie qu'elle soit de votre goût.

ARAMINTE.

Il n'y a pas long-temps que vous l'avez, madame ?

CIDALISE.

Il y très-long-temps, madame ; mais je la porte rarement.

ARAMINTE.

Me tromperais-je ?... (*examinant l'agrafe de très-près.*) Avec votre permission, madame... Non, madame, il n'y a pas si long-temps que vous dites.

CIDALISE.

Je vous dis vrai, madame.

ARAMINTE.

Je sais ce que je dis, madame.

CIDALISE.

Et moi, madame, je sais que vos questions commencent à me lasser.

ARAMINTE.

Mais, de grace, dites-moi comment vous l'avez eue,

CIDALISE.

Je n'ai point de compte à vous rendre la-dessus.

ARAMINTE.

Où l'avez-vous achetée ?

CIDALISE.

Finissons, s'il vous plaît.

ARAMINTE.

Elle ne vous coûte guère.

CIDALISE, *reconnaissant sur Araminte la montre qu'elle a envoyée à Moncade.*

Elle me coûte, madame, elle me coûte autant que vous avez payé de votre montre.

ARAMINTE.

Quel galimatias me faites-vous, madame ? Qu'a de commun ma montre avec l'attache dont je vous parle ?

CIDALISE.

Madame, n'entrons point dans un éclaircissement fâcheux : dans ces sortes d'affaires, le meilleur est de passer la chose sous silence. Il s'en trouve de bien plus malheureuses. Dans cette aventure, du moins si nous perdons un amant, nous retrouvons nos bijoux ; je vais vous rendre votre attache, ou je la garderai, si vous en voulez faire autant de la montre.

ARAMINTE.

Non, madame, je ne veux rien garder qui me donne le moindre souvenir du plus scélérat de tous les hommes.

CIDALISE.

Tenez, madame, voilà votre attache.

ARAMINTE.

Et voilà votre montre.

SCÈNE IV.

CIDALISE, ARAMINTE, MARTON.

MARTON.

Quel troc faites-vous là ? Que je voie.

CIDALISE.

Ce n'est rien, Marton. (*à Araminte.*) Adieu, madame : je vais prendre votre carrosse.

ARAMINTE.

Ne le gardez pas.

CIDALISE.

Je ne vais qu'ici près.

MARTON.

Madame va venir ici.

CIDALISE.

Je me suis souvenue d'une affaire pressée.

(elle sort.)

ARAMINTE.

Ta maîtresse vient, dis-tu ?

MARTON.

Je l'entends.

ARAMINTE , à part.

Je prétends tout à l'heure me venger de la perfidie de Moncade.

SCÈNE V.

LUCINDE , ARAMINTE.

LUCINDE.

MADAME , je suis au désespoir de vous avoir fait attendre.

ARAMINTE.

Je suis venue ici pour vous dire la chose du monde qui doit vous surprendre le plus.

LUCINDE.

Ne tardez point , madame ; je suis déjà dans une impatience...

ARAMINTE.

Non, madame , s'il vous plaît ; ce sera devant Moncade.

LUCINDE.

A-t-il quelque part dans ce que vous avez à me dire ?

ARAMINTE.

Je veux vous faire connaître quel est le cœur d'un homme que vous estimez peut-être trop.

LUCINDE.

Madame, voilà la porte de son appartement. (appelant.) Marton ! Marton !

MARTON , *entrant.*

Madame.

LUCINDE.

Dites à Moncade que madame veut lui parler.

MARTON.

Moncade ? il est sorti , madame , il y a plus d'une heure.

LUCINDE.

Voilà qui est bien...

(*Marton sort.*)

Je n'apprendrai donc point , madame , ce qu'il était , disiez-vous , si important que je susse ?

ARAMINTE.

Outrage-t-on ainsi les gens ? Non . madame , je vous le répète encore une fois : Moncade ne mérite pas d'être considéré par une personne comme vous.

LUCINDE.

Vous me paraissez assez bien instruite , madame , et la manière dont vous parlez de lui commencerait à me déplaire , si vous continuiez à me cacher les raisons qui vous y obligent

ARAMINTE.

Eh bien ! madame , apprenez , à votre honte et à la mienne , que Moncade nous trompait toutes deux , qu'il est le plus scélérat , des hommes , et qu'enfin , désabusée par ses perfidies , j'ai cru que je devais vous tirer de l'erreur où vous êtes.

LUCINDE.

Vous m'obligez beaucoup , madame , quoiqu'un peu tard , et vous souffrirez , sans vous fâcher , s'il vous plaît , que je vous dise que vous vous consoleriez aisément de mon erreur , si vous étiez encore dans la vôtre.

ARAMINTE.

Moncade m'a fait croire aisément tout ce qu'il a voulu , madame , et ce sont des éclaircissemens qu'entre lui , vous et moi...

LUCINDE.

Ah ! madame , de pareils éclaircissemens entre trois personnes sont ordinairement fâcheux : évitons-les , et me donnez sans eux , je vous prie , toutes les marques que vous pourrez de son infidélité.

ARAMINTE.

Vous allez voir Moncade tout entier , madame.

LUCINDE , à part.

Ah ! volage !

SCÈNE VI.

ARAMINTE , LUCINDE , PASQUIN.

PASQUIN , restant dans le fond.

On parle de mon maître.

ARAMINTE , à Lucinde.

Je vous rendrai certaine...

LUCINDE , à part.

Perfide !

PASQUIN , à part.

C'est de lui.

ARAMINTE , en tirant une lettre de sa poche.

Tenez , madame , lisez.

LUCINDE , à part.

Traître ! infidèle !

PASQUIN , à part.

Oh ! c'est de lui assurément : je le reconnais aux épithètes... Ecoutons.

ARAMINTE , à Lucinde.

Vous saurez , je vous prie , que c'est la seule qui me soit restée de plus de trente lettres qu'il m'a écrites , et que j'aurais encore sans l'imprudence d'une de mes femmes qui les lui laissa prendre dans ma cassette. Heureusement j'avais celle-ci sur moi , elle suffit.

PASQUIN , à part.

Je crois que nous n'avons qu'à déloger au plus tôt.

ARAMINTE , après qu'elle a lu la lettre.

Qu'en dites-vous , madame ?

LUCINDE.

Hélas ! madame , que dirais-je ? Je ne dis rien.

ARAMINTE.

Vous prenez cette affaire avec bien de la modération.

LUCINDE.

Dans celles de cette nature le bruit sert à peu de chose.

PASQUIN, *à part.*

Plût au ciel que nous en fussions quittes pour du bruit.

ARAMINTE, *à Lucinde.*

Adieu, madame.

LUCINDE.

Madame, je vous donne le bonjour.

ARAMINTE.

Ne me rendez-vous pas ma lettre ?

LUCINDE.

Non, madame ; de grace, laissez-la moi.

ARAMINTE.

Ces sortes de choses ne sont bonnes qu'entre les mains des personnes intéressées.

LUCINDE.

Elle ne sortira pas des miennes.

ARAMINTE.

Adieu donc, madame... Où allez-vous ?

LUCINDE.

Madame, je vous laisse ; aussi bien ne suis-je guère en état...

ARAMINTE.

Rentrez donc.

SCÈNE VII.

LUCINDE, PASQUIN.

PASQUIN, *à part, dans le fond.*

Je le savais bien, moi, que nos bonnes fortunes nous feraient bien voir du pays. Juste Ciel !

LUCINDE.

Ah ! Pasquin, où est ton maître ?

PASQUIN.

Je crois qu'il est allé jouer quelque part.

LUCINDE.

Va-t-en lui dire qu'il vienne me parler tout à l'heure, mais tout à l'heure ; entends-tu ? Dis-lui que j'ai quelque chose à lui apprendre de la dernière conséquence ;

qu'il vienne incessamment : amène-le avec toi. Entends-tu bien au moins ?

PASQUIN.

Eh ! oui , madame , je n'entends que trop , et je n'ai que trop entendu.

LUCINDE.

Va donc vite .. Attends ; demeure. Je vais lui écrire un mot : cela le pressera davantage ; j'aurai fait dans un instant.

(*elle rentre dans sa chambre.*)

PASQUIN , *seul.*

Ah ! c'est à ce coup-ci que nous voilà perdus sans ressources... Que la peste étouffe les coquets, la coquetterie , et tous ceux qui l'ont inventée ! Nous voilà pris au trébuchet !

SCÈNE VIII.

MONCADE , PASQUIN.

PASQUIN.

Ah ! monsieur...

MONCADE.

Qu'y a-t-il ?

PASQUIN.

Vous êtes perdu !

MONCADE.

Comment?

PASQUIN.

Monsieur, Araminte, cette maudite Araminte, par des raisons que je ne comprends pas.

MONCADE.

Eh bien ?

PASQUIN.

Elle a remis entre les mains de Lucinde la lettre que vous lui écrivîtes hier.

MONCADE.

Eh bien?

PASQUIN.

Eh bien !... Que voulez-vous davantage ? Ne devinez-vous pas la suite ?

MONCADE.

Eh bien ?

PASQUIN.

Vous rêvez, je pense, avec votre eh bien ?

MONCADE.

Eh bien ?

PASQUIN.

Eh bien, eh bien, eh bien ! Oh ! eh mal ! de par tous les diables ! dites-le donc une fois.

MONCADE.

Attends; demeure ici... je vais...

PASQUIN.

On va me donner ordre de vous aller chercher.

MONCADE.

N'importe, je vais... Je voudrais qu'Araminte fût montée.

PASQUIN.

Oh ! qu'elle est laide à présent ! n'est-ce pas, monsieur ?

MONCADE.

Il faut...

PASQUIN.

Voici Lucinde.

SCÈNE IX.

MONCADE, LUCINDE, PASQUIN.

LUCINDE.

Tiens, Pasquin, porte à Moncade.... Ah ! vous voilà, monsieur ? Je suis ravie de vous trouver si à propos.

MONCADE.

Eh ! madame, songez-vous encore que je suis au monde ?

LUCINDE.

J'y ai songé du moins jusqu'ici ; mais désormais...

MONCADE.

Ce n'est pas d'aujourd'hui que vos résolutions sont prises.

LUCINDE.

Plût au Ciel que je ne t'eusse jamais vu, monstre, que je ne regarde qu'avec horreur !

PASQUIN, *à part.*

Cela commence assez bien.

MONCADE.

Je reconnais à ces termes ceux qui vous les ont inspirés.

LUCINDE.

Et tu reconnaîtras par les effets la récompense qui t'est due !

MONCADE.

Je sais à qui je dois rendre grace de l'indifférence que vous me marquez depuis quelque temps.

LUCINDE.

Ne t'en prends qu'à toi-même du mépris que toute ma vie je veux avoir pour toi.

MONCADE.

Vous m'apprîtes hier qu'il fallait que je commençasse à m'y accoutumer.

LUCINDE.

Infidèle ! je n'ai jamais passé un jour sans te donner quelque marque de ma tendresse.

MONCADE.

C'en sont de bien tendres, madame, de répondre si mal aux empressemens que l'on a de recevoir une lettre sans daigner faire savoir aux gens !.... Mais, madame, ne parlons plus de cela.

LUCINDE.

Quelle lettre, perfide ! que veux-tu dire ?

MONCADE.

Ah ! cessons ce discours, ou m'épargnez de semblables noms !

LUCINDE.

Non, non ; je veux que tu t'expliques. Je me justifierai de tout aisément, et j'en aurai plus de plaisir à te convaincre après de la lâcheté la plus noire. Pour-

suis encore une fois ; de quelle lettre prétends-tu me
parler ?

MONCADE.

Eh ! madame, à quoi tout cela est-il bon ? De la
lettre que Pasquin vous rendit hier.

LUCINDE.

A moi ?

MONCADE.

A vous, madame.

LUCINDE.

Moi, j'ai reçu une lettre !

MONCADE.

Eh ! vous-même, madame.

LUCINDE.

Que Pasquin m'a rendue !

MONCADE.

Lui-même.

LUCINDE.

Cela est faux.

MONCADE.

Pasquin !

PASQUIN.

Monsieur.

MONCADE.

N'écrivis-je pas une lettre hier ?

PASQUIN.

Oui, monsieur.

MONCADE.

Ne te dis-je pas de la porter à Paris ?

PASQUIN.

Cela est vrai.

MONCADE.

A qui te dis-je de la rendre ?

PASQUIN.

A qui ?

MONCADE.

Oui, coquin ! à qui ? N'était-ce pas à madame ?

PASQUIN.

Oui, monsieur.

MONCADE.

N'es-tu pas venu tout exprès ?

PASQUIN.

J'en demeure d'accord.

MONCADE.

N'es-tu pas entré dans ce logis pour la donner?

PASQUIN.

Cela est certain.

MONCADE.

Eh bien! qu'en as-tu fait? bourreau! Réponds.

PASQUIN.

Monsieur....

MONCADE.

Tu l'as perdue, n'est-ce pas?

PASQUIN.

Monsieur, quand je suis entré dans la chambre de madame, lorsque j'ai cru prendre la lettre pour la mettre entre ses mains...

MONCADE.

Eh bien!

PASQUIN.

Je ne l'ai pas trouvée.

MONCADE.

Ah! coquin! (à *Lucinde.*) Madame, je vous demande pardon. (à *Pasquin.*) Je ne sais qui me tient! (à *Lucinde.*) Je suis au désespoir de vous avoir accusée aussi injustement que j'ai fait. (à *Pasquin.*) Cherche cette lettre, maraud! Y avait-il quelqu'un dans la chambre?

PASQUIN.

Il y avait mille gens, monsieur.

MONCADE, *à Lucinde.*

Ma lettre sera perdue! je suis au désespoir. On verra que je vous priais de venir passer à la campagne quelques heures avec moi chez ma tante, et ceux qui ne cherchent que l'occasion de vous déchirer... Mais, de grace, madame, puisque je n'ai pu vous déguiser mes sujets de chagrins, apprenez-moi ce qui vous agite si furieusement contre moi.

LUCINDE.

Ah! le détour est fort adroit, je l'avone; et je serais peut-être assez bonne pour te croire, si le billet pouvait s'accorder à ce que tu me dis. Je l'ai, ce billet, il est entre mes mains : ne t'informe point de la manière dont il y est venu, et voyons comme tu feras pour tourner à mon avantage tout le mépris qu'il y paraît pour moi.

MONCADE.

Du mépris pour vous.

LUCINDE.

Oui, cruel! et dans toute son étendue... Ecoute.
     (*elle lit.*)
« Je suis à la campagne depuis deux jours, et j'y suis
» sans Lucinde. La complaisance que je suis obligé d'a-
» voir pour une tante malade me fait rester ici dans
» une étrange solitude. N'essaiera-t-on point de me la
» rendre supportable ? Si vous ne vous chargez de ce
» soin, Lucinde, toute la terre ensemble n'en viendrait
» pas à bout : je n'aimerai et n'adorerai que vous de
» ma vie. Adieu. »

PASQUIN, *à part.*

Vous verrez qu'on aura contrefait son écriture... Que dira-t-il ?

MONCADE.

Ah! je connais à présent qu'il n'est rien que l'on n'em-poisonne.... Donnez-moi ce billet, madame, je vous prie...
     (*Lucinde lui donne la lettre, et il la lit de cette
                  manière.*)
« Je suis à la campagne depuis deux jours, et j'y suis
» sans Lucinde! La complaisance que je suis obligé d'a-
» voir pour une tante malade me fait rester ici dans
» une étrange solitude. N'essaiera-t-on point de me la
» rendre supportable ? Si vous ne vous chargez de ce
» soin, Lucinde.... toute la terre ensemble n'en vien-
» drait pas à bout. Je n'aimerai et n'adorerai que vous
» de ma vie. Adieu. »
Ce billet est rempli de mépris pour vous ?

LUCINDE.

Ah! Moncade, Moncade, vous avez bien des enne-mis, ou je suis bien faible.

MONCADE.

Ceci cache quelque chose encore, madame : éclaircissez-m'en, je vous en conjure ; que je connaisse les gens de qui je dois me défier.

LUCINDE.

Non, Moncade, contentez-vous que je n'ajoute point de foi aux trahisons dont je vous soupçonnais.

MONCADE.

Madame, je suis le plus heureux homme du monde aujourd'hui. Mais l'innocence est-elle toujours reconnue, et ne dois-je point appréhender que la mienne ne succombe à la fin sous les traits de quelque imposture nouvelle ?

LUCINDE.

Ah! Moncade, vos intérêts peuvent-ils être en de meilleures mains que les miennes ? Je ne suis que trop ingénieuse à chercher des raisons pour vous excuser ; et mes soupçons ne commencent que lorsque je ne puis vous trouver innocent.

MONCADE.

Cependant, madame, aujourd'hui que devenais-je si, par un miracle que je ne comprends pas, la vérité ne se fût montrée à vos yeux ? Je perdais pour jamais un cœur que mes soins, mes respects, ma fidélité, me doivent conserver éternellement. Puis-je être un moment désormais sans des inquiétudes mortelles ? Oui, madame, il me passe par la tête cent choses plus bizarres l'une que l'autre : je sens que je consentirais dès à présent à ne vous voir de ma vie plutôt que de vous voir encore une fois si cruellement prévenue... Moi, perfide à ma chère Lucinde !... Madame, si vous ne me rassurez contre tout ce qu'on peut tenter contre moi, si vous ne me promettez de fermer la bouche de ceux qui me desservent auprès de vous, vous me verrez mourir de désespoir.

LUCINDE.

Vous n'aimez que moi, Moncade ?

MONCADE.

Je hais tout ce qui n'est point vous.

LUCINDE.

Ah ! Moncade, ne me trompez point.

MONCADE.

Pourquoi le ferais-je, madame ?

LUCINDE.

Que sais-je ? Pour entasser conquête sur conquête,
pour satisfaire une vanité ridicule dont tous les jeunes
gens se piquent aujourd'hui : les choses si aisées ne font
point d'honneur, Moncade.

MONCADE.

Ah ! madame, j'aimerais mieux mourir !

LUCINDE.

Que ferez-vous aujourd'hui ?

MONCADE.

Madame, mon frère m'a demandé de me rendre chez
lui.

LUCINDE.

Irez-vous ?

MONCADE.

Tout à l'heure, madame.

LUCINDE.

Quand vous reverra t-on ?

MONCADE.

Tout le plus tôt que je pourrai.

LUCINDE.

Adieu, Moncade : songez à moi.

SCÈNE X.

MONCADE, PASQUIN.

PASQUIN.

Eh ! bien monsieur, je m'apprends comme vous
voyez.

MONCADE.

Tu fais des merveilles !

PASQUIN.

Tout franc, monsieur, si vous n'aviez été secondé,
notre barque était renversée. En vérité ; quelque peine
que vous ait donnée cette aventure, je ne suis point fâché qu'elle vous soit arrivée ; car je ne doute point qu'a-
près une alarme si chaude vous ne preniez une ferme
résolution de ne plus retomber dans de pareilles fautes.

MONCADE, *regardant à sa montre.*

Quelle heure est-il? Comment diable! à quatre heures
Dorise m'attend dans l'Ile.

PASQUIN.

Monsieur !...

MONCADE.

Tais-toi.

PASQUIN, *à part.*

Ah! quel homme! (*haut.*) Vous suivrai-je?

MONCADE.

Non... j'oubliais... Porte ce billet à la comtesse Dorvoir.

PASQUIN.

A la comtesse Dorvoir? Il y a quinze mois que vous
ne l'avez vue.

MONCADE.

Va, te dis-je.

PASQUIN, *à part.*

Quelle diable d'imagination!... Ah! ah! elle a vendu
une terre depuis huit jours... J'y vais. (*à Moncade.*)
Mais où vous trouverai-je ?

MONCADE.

Chez Bélise, ou je dois être précisément à cinq
heures : ne sais-tu pas ? ne te fais pas attendre au moins;
car je n'y serai pas long-temps.

SCÈNE XI.

PASQUIN, *seul.*

ALLEZ, allez, nous sommes d'ordre ; et à force d'ordre
à la fin tout n'ira rien qui vaille. Que maudite soit la
première guenon qui le mit en réputation. Car enfin
qu'a-t-il donc de si merveilleux ? N'ai-je pas un nez,
des yeux, un corps , à peu près comme lui? C'est le hasard tout pur qui conduit toutes ces choses : il ne faut
d'abord que faire un peu de bruit , et tout vous réussit.. Madame la marquise est amoureuse d'un tel, cela
se dit : elle passe pour connaisseuse; toutes les dames
galantes veulent savoir si elle a raison, toutes s'empres-

sent à lui plaire, l'une par un véritable entêtement , l'autre par jalousie de sa beauté; celle-ci pour se venger d'un amant qui l'aura quittée ; celle-ci pour réveiller les ardeurs d'un amant languissant ; toutes enfin pour suivre la mode ; car il y a de la mode, oui ; en ceci comme en autre chose. Mais allons l'attendre. Pourvu que je n'aie à tromper que six personnes dans le reste du jour , j'en serai quitte à bon marché.

FIN DU SECOND ACTE.

ACTE III.

SCÈNE Ire.

ÉRASTE , LÉONOR , MARTON.

ÉRASTE.

MA sœur , j'ai vu Damis, comme vous me l'avez conseillé ; je me suis gardé de lui parler de l'attachement que Lucinde sa nièce a pour Moncade : sans doute il est instruit de ce qui se passe , et je n'ai pas cru qu'il fût honnête d'aigrir encore un homme qui me paraît au désespoir, outre que ce sont de mauvaises manières pour gagner le cœur des gens que l'on estime. Mais, ma sœur, je crois que le hasard aura fait tout ce que nous espérions. En deux mots, ma sœur, Araminte, que je viens de rencontrer , m'a assuré qu'elle venait de désabuser Lucinde, qu'elle lui avait remis entre les mains une lettre de Moncade.

LÉONOR.

Une lettre de Moncade écrite à Araminte ?

ÉRASTE.

Oui, vous dis-je.

MARTON.

Ah ! madame, que j'en suis aise. Nous allons voir par ma foi, le maître et le valet bien penauds! Ce petit fre-

Baron.   4

luquet de Moncade avec ses airs impertinens ! et ce maraud de Pasquin qui commençait à faire comme lui !...
Mais écoutez, au moins ne vous y trompez pas ; cimen-
tez la chose comme il faut ; si vous leur donnez le temps
de se raccommoder...

LÉONOR.

Ah ! je ne saurais croire, après ce que j'entends , que
Lucinde ait le cœur assez lâche...

MARTON.

Mon Dieu ! Lucinde aime, Lucinde est crédule; et
Moncade est un scélérat fort aimable. Défiez-vous de
tout : prenez-la dans l'emportement, ou vous ne tiendrez
rien. Mais pour moi j'ai de la peine à ajouter foi aux
choses que vous me dites ; et je n'ai , ce me semble ,
remarqué aucune altération dans son visage.

ÉRASTE.

Elle étouffe sans doute son ressentiment. Je tiens la
chose d'Araminte.

LÉONOR.

Allez donc, mon frere, allez la trouver : examinez la
situation de son ame ; profitez d'un moment si favorable ; et, quelque chose enfin qui arrive, soyez sûr que
nous tendrons tant de piéges à Moncade qu'à la fin nous
ferons ouvrir les yeux à Lucinde.

ÉRASTE.

Ah ! ma sœur , il est temps que vous le fassiez ; car
en vérité je me meurs : cette préférence injuste m'as-
sassine ; et je crois que je souffrirais moins si Moncade
ne la trompait pas.

MARTON.

A quoi vous amusez-vous ? Vous nous dites ici les
plus belles choses du monde; quand vous serez devant
elle , vous ne pourrez desserrer les dents. Si vous voyiez
Moncade auprès de ma maîtresse, il ne déparle point
quand il devrait cent fois lui répéter les mêmes
choses.

ÉRASTE.

Il est heureux , Marton !

MARTON.

Allez le devenir si vous pouvez.

SCÈNE II.

LÉONOR, MARTON.

LÉONOR.

Mais, Marton, plus je songe à ce que vient de me dire mon frère, et moins j'y trouve d'apparence.

MARTON.

Je n'y comprends rien non plus que vous. Moncade était fort gai lorsqu'il est sorti : Lucinde n'était point triste ! il y a du mal-entendu en tout ceci, ou Moncade aura joué quelque tour de son métier.

LÉONOR.

Qu'aura-t-il pu lui dire contre une preuve si forte ?

MARTON.

Par ma foi, je n'en sais rien. Que vous dirais-je ? il ouvre de grands yeux, il soupire, il menace, il pleure, il se jette à genoux, se promène à grands pas, casse une chaise, déchire une manchette, s'arrache des cheveux, ronge ses ongles, et à la fin il a raison.

LÉONOR.

Voilà de belles manières de se justifier !

MARTON.

Mais, par ma foi, madame, n'était que je lui ai déjà vu jouer mille fois le même rôle, je ne saurais qu'en dire. Il m'a fait pleurer, moi, dans les commencemens ; mais à présent je suis aguerrie. Mais vous, madame, qui parlez, si vous avez tant d'envie de servir votre frère, qui le peut mieux que vous ? Car enfin, je ne suis puis aveugle ; je m'aperçois depuis assez long-temps que Moncade vous lorgne : et parce que je voyais que vous répondiez assez bien à toutes ses minauderies, je croyais que vous ne manqueriez pas de vous prévaloir de sa passion pour détromper Lucinde.

LÉONOR.

Vous avez de bons yeux, marton. Eh bien ! puisque vous l'avez découvert, je veux bien vous en faire la confidence. C'est à quoi je songe tous les jours, mais c'était le dernier remède dont je voulais me servir, parce que je le trouvais le plus honteux.

MARTON.

Allez , madame, rien n'est honteux pour punir un scélérat.

LÉONOR.

Mais j'ai peur qu'il ne se défie de moi.

MARTON.

Bon ! lui , il se défierait de vous si vous lui disiez que vous le haïssez : il est si prévenu de son mérite, qu'il croit qu'on est forcé de l'aimer dès qu'on le voit.... J'entends quelqu'un... c'est peut-être lui. Il donnera dans tous les panneaux que vous lui tendrez.

LÉONOR.

Il est plus fin que tu ne crois.

MARTON.

S'il ne faisait point de sottises il n'aurait pas besoin de finesse. C'est à vous de l'embourber si bien que rien ne soit assez fort pour le dégager.

LÉONOR.

Laisse-moi faire.

SCÈNE III.

MONCADE , LÉONOR.

MONCADE , *avec embarras.*

Je ne sais ce que je dois faire , madame.

LÉONOR.

Il faudrait lire dans votre pensée pour vous donner conseil.

MONCADE.

Dois-je rester , madame, et m'exposer au plus grand péril que j'aie couru de ma vie ?

LÉONOR.

Cette énigme est assez difficile à développer ; mais je ne vois point quel péril vous courez à demeurer ici.

MONCADE.

Ah ! madame, que mes yeux m'ont mal servi ! que mes soupirs se sont mal expliqués ! Quoi ! toutes mes actions n'ont pu se faire entendre ?

LÉONOR.

Je n'ai remarqué en vous que ce que vous prodiguez aisément à tout le monde.

MONCADE.

Ah ! madame, si je n'ai conservé que des airs honnêtes pour les autres, bien différens toutefois de ceux que j'ai pour vous, vous devez m'en tenir compte ; je ne l'ai fait que pour mieux cacher mon amour.

LÉONOR.

Ah ! Moncade, pensez-vous bien à ce que vous me dites ?

MONCADE.

Oui, madame, j'y ai songé : je sais tout ce que je hasarde ; je sais que je perds Lucinde pour jamais si vous abusez du sincère aveu que je vous fais ; mais je sais que je ne pouvais plus vivre et vous cacher ma tendresse.

LÉONOR.

Je vous vois de trop près pour croire vos discours sincères.

MONCADE.

Eh ! que vons disent-ils, madame, qui ne doive vous assurer de la plus forte passion qu'on ait jamais sentie ?

LÉONOR.

Ne jurez-vous pas tous les jours à Lucinde la même chose ?

MONCADE.

Jugez par ses reproches continuels de l'amour que je sens pour elle.

LÉONOR.

Mais vous la trompez donc ?

MONCADE.

Eh ! madame, ne savez-vous pas vous-même comment la chose s'est faite ? ne vous a-t-on point dit que mon oncle m'ordonna de m'attacher à elle, et que les grands biens dont elle est pourvue lui firent entrer ce projet dans la tête ? Je n'avais pour lors aucun engagement, je consentis à tout ce qu'on voulut : mais je vous vis, madame, et l'intérêt de mon amour me ferait sans balancer négliger une fortune bien plus considérable.

LÉONOR.

Ah ! Moncade , je ne sais si tout ce que vous me dites est vrai ; mais je sens bien que je voudrais du moins...

MONCADE , *se jetant à ses pieds.*

Ah! madame, souffrez, je vous prie , que je me jette à vos genoux et que je vous conjure, au nom de la tendresse la plus vive , d'une passion qui ne finira jamais , de me mettre à l'épreuve la plus forte que vous puissiez imaginer. Voulez-vous les lettres de Lucinde? je vous les abandonne. Voulez-vous que je ne la voie jamais ? j'y consens. Voulez-vous qu'à vos yeux je brise son portrait? Je le ferai. Il n'est rien que je ne vous sacrifie : commandez.

LÉONOR.

Je voudrais ne vous avoir jamais parlé.

MONCADE.

Que ne vous ai-je offert mes premiers vœux ! je serais encore fidèle.

LÉONOR.

. Mais , Moncade , que me demandez-vous ?

MONCADE.

Que vous m'aimiez , que vous le pensiez et que vous me le disiez sans cesse.

LÉONOR.

Vous me trahirez ?

MONCADE.

Non, madame , jamais.

LÉONOR.

Me le signerez-vous ?

MONCADE.

De mon sang , s'il le faut.

LÉONOR.

Vous n'aimez point Lucinde ; vous vivrez éternellement pour moi : vous me le promettez, et votre main est prête , dites-vous , à m'en signer l'aveu ?

MONCADE.

A l'instant même : commandez.

LÉONOR.

N'oubliez donc rien, Moncade, de tout ce qui peut me confirmer vos sermens.

MONCADE.

Je vais vous le porter, madame, pourvu qu'à votre tour vous me donniez des marques d'une tendresse véritable.

LÉONOR.

Vous serez content.

MONCADE.

C'est assez.

LÉONOR.

Je vous attends.

(*Moncade sort.*)

SCÈNE IV.

LÉONOR, MARTON, *peu après* LUCINDE, ÉRASTE.

MARTON.

Eh bien ! madame ?

LÉONOR.

Tout va le mieux du monde... Et mon frère, que fait-il ?

MARTON, *voyant paraître Éraste et Lucinde.*

Pas grand'chose, madame... Le voici.

ÉRASTE, *à Lucinde.*

Quoi ! madame, rien ne peut vous désabuser ?

LUCINDE.

Allez, Éraste, j'en sais là-dessus plus que vous tous. Cela est comme je vous l'ai dit.

LÉONOR.

Comment donc ?

ÉRASTE.

La lettre qu'Araminte a rendue à madame était une lettre écrite pour elle.

LUCINDE, *à Léonor.*

Cela est ainsi.

ÉRASTE, *à Léonor.*

Araminte, par des raisons que l'on ne veut point

expliquer , s'est servie du hasard qui la lui a fait trouver pour nuire à Moncade.

LÉONOR.

Eh bien ? mon frère , la chose est douteuse. Madame aime Moncade ; elle prend son parti : que trouvez-vous là d'extraordinaire ?

LUCINDE.

La chose n'est point douteuse , madame ; il y a des circonstances qui m'assurent de la vérité.

LÉONOR, *à Eraste.*

Madame a raison. Montrez-lui qu'on la trompe sans que Moncade puisse le nier, alors...

LUCINDE.

Ah ! je vous réponds que si vous pouviez en venir à bout , je ne le verrais de ma vie,

ÉRASTE.

Mais , madame , que faut-il donc davantage ?

LÉONOR.

Oh ! mon frère , que vous êtes étrange ! Entrez dans cette chambre ; je veux vous parler.

ÉRASTE.

Mais...

LÉONOR.

Je veux vous parler , vous dis-je ; suivez-moi.
(*elle sort avec Eraste.*)

SCÈNE V.

LUCINDE, MARTON.

LUCINDE.

Ah! j'en vois plus que je n'en veux voir ! ou veut chasser Moncade de mon cœur ; on prend des moyens pour le faire qui ne réussiront point.

MARTON.

Pour cela , madame , on a tort. Pour moi , je suis à présent de son côté : il vous dit qu'il vous aime ; pourquoi ne le pas croire ? On le soupçonne mal-à-propos. On dit qu'il vous trompe ; toute la terre le croit, qu'importe ? Vous êtes la partie intéressée , une fois : il vous fait entendre ce qu'il lui plaît; cela suffit. A-t-il à rendre compte de ses actions à d'autres ?

LUCINDE.

Mon dieu, Marton, j'entends ce langage-là ; mais surtout soyez persuadée que je ne suis pas dupe, et que j'aurais des yeux comme une autre dans une affaire qui ne regarde que moi.

MARTON.

Moi, madame, je vous parle sérieusement ; ce garçon-là vous aime terriblement !

(*elle sort.*)

SCÈNE VI.

MONCADE, LUCINDE.

MONCADE, *tenant un papier à la main, et le présentant à Lucinde, qu'il prend pour Léonor.*
TENEZ, madame, voilà...

LUCINDE.

Que tenez-vous là ? Que voulez-vous faire de ce billet ?

MONCADE, *revenu de sa méprise.*

Je venais vous l'apporter, madame.

LUCINDE.

Que je le voie.

MONCADE.

Il faut, s'il vous plaît, que je vous dise auparavant les raisons qui me l'ont fait écrire.

LUCINDE.

Je vous écoute.

MONCADE.

Il faut que vous m'aidiez, s'il vous plaît, dans cette affaire.

LUCINDE.

Dites donc vite.

MONCADE.

Madame, je n'ai pu souffrir plus long-temps tous les discours méprisans qu'on tient de vous et de moi dans le monde. Je sais que Léonor ne s'y épargne pas : j'ai

Baron. 5

résolu de les faire finir, et je n'ai trouvé d'autre moyen pour y réussir que de feindre d'avoir de l'amour pour elle.

LUCINDE.

Comment ?

MONCADE.

Ecoutez, madame : voici bien le meilleur. Dès la première entrevue j'ai si bien avancé mes affaires que nous en sommes venus aux conditions.

LUCINDE.

Que dites-vous ?

MONCADE.

Ecoutez le reste, je vous prie. Elle a exigé de moi une promesse que je n'aimerais jamais qu'elle, et m'a même engagé à y mettre que je ne vous avais jamais aimée.

LUCINDE.

Vous avez pu l'écrire ?

MONCADE.

Pardonnez-le-moi ; tout m'a paru permis pour vous venger.

LUCINDE.

Eh ! qui m'assurera que cette feinte ne cache point une vérité ?

MONCADE.

Tout, madame, et surtout le soin que j'ai pris de ne lui point remettre ce papier entre les mains sans vous l'avoir montré.

LUCINDE.

Ah ! Moncade, je ne pourrai jamais m'accoutumer à cette feinte !

MONCADE.

Ah ! madame, je vous prie, que j'aie une lettre de Léonor entre mes mains.

LUCINDE.

Montrez-moi ce papier.

MONCADE.

Madame, j'entends Léonor ; contraignez-vous, je vous prie.

LUCINDE.

J'aurai bien de la peine.

MONCADE.

Il le faut.

SCÈNE VII.

MONCADE, LUCINDE, LÉONOR.

LUCINDE, *à Léonor.*

D'où venez-vous donc, madame ?

LÉONOR.

Madame, je viens d'entretenir mon frère sur une affaire qui vous regarde.

MONCADE, *donnant son billet à Léonor.*

Madame, en voilà plus que vous ne m'en avez demandé... (*Léonor prend le billet et le lit tout bas, après quoi elle le donne à Lucinde.*) Madame, que faites-vous ?

LÉONOR.

Moncade, ne soyez pas surpris, si ; après avoir trompé tant de fois, on vous trompe à votre tour. Je ne vous aime point, et n'en ai point la moindre envie, mais je n'ai pu souffrir que vous vous soyez joué plus long-temps d'une personne qui ne méritait pas qu'on la jouât. D'ailleurs l'intérêt de mon frère m'a engagée à tout ceci. Je vais donc découvrir votre perfidie ; mais, croyez-moi, à l'avenir profitez de cette aventure. Vous êtes bien fait, vous êtes jeune, vous avez de l'esprit : mêlez à tout cela un peu de sincérité, et par la suite j'espère que vous me remercierez de l'avis que je vous donne. (*à Lucinde.*) Lisez, madame.

LUCINDE, *à Moncade.*

Moncade !

LÉONOR, *après que Lucinde a lu.*

Eh bien ! que dites-vous ?

LUCINDE.

Que je suis ravie, madame, de connaître votre bonne foi, et d'être persuadée que vous n'ayez pas voulu me trahir.

LÉONOR.

Vous reverrez Moncade ?

LUCINDE.

Oui , madame.

LÉONOR.

Vous l'aimerez ?

LUCINDE.

Plus que je n'ai fait de ma vie.

LÉONOR.

Il faut donc ne vous voir jamais.

(*elle sort.*)

LUCINDE.

Moncade, je vous laisse... Je ne veux point la laisser plus long-temps dans l'erreur où elle est.

(*elle sort.*)

SCÈNE VIII.

MONCADE , *seul.*

QUE veut dire ceci ? Lucinde ne me paraît plus trop désabusée. L'inquiétude où elle était en me quittant, ses yeux, qui n'ont pu se contraindre, quelques soupirs qu'elle n'a pu retenir, toutes ces choses ne m'annoncent rien de bon. Ma surprise à son abord sans doute m'avait trahi. Qu'y faire ? Ta foi, tant pis pour elle ! Je prends toutes les précautions qu'il faut prendre pour lui épargner des chagrins ; elle .veut s'en donner, j'y consens. Pour moi je n'ai rien à me reprocher. Le détour dont je me suis servi, s'il n'est point vrai, du moins me paraît vraisemblable, et elle doit toujours me compter pour quelque chose les soins que je me suis donnés à la vouloir tromper.

SCÈNE IX.

MONCADE, ÉRASTE.

ÉRASTE.

AH! mon cher Moncade , que je suis ravi !

MONCADE.

Eh! de quoi, Eraste?

ÉRASTE.

De ce que l'on vient de me dire.

MONCADE.

Eh? que vous a-t-on dit ?

ÉRASTE.

Que vous aimez ma sœur.

MONCADE.

Cela est vrai.

ÉRASTE.

Oh! bien , je viens vous assurer qu'il ne tiendra qu'à vous que nous soyons bientôt heureux tous deux.

MONCADE.

Eh! comment ?

ÉRASTE.

Je vous promets, si vous voulez, d'employer tout le crédit que j'ai sur elle pour la faire consentir à vous épouser.

MONCADE.

Je ne veux point me marier.

ÉRASTE.

Comment donc ?

MONCADE.

Cela est ainsi.

ÉRASTE.

Ne m'aviez-vous pas dit que vous aimiez ma sœur ?

MONCADE.

J'en demeure d'accord.

ÉRASTE.

Eh! que prétendez-vous en l'aimant ?

MONCADE.

L'aimer.

ÉRASTE.

Moncade !

MONCADE.

Eraste !

ÉRASTE.

Vous n'y songez pas !

MONCADE.

Pardonnez-moi.

ÉRASTE.

Vous aimiez ma sœur et ne songiez point à l'épouser ?

MONCADE.

Epouse-t-on toutes celles qu'on aime?

ÉRASTE.

Il y a de certaines gens qu'on ferait mieux de ne pas aimer avec de pareils sentimens.

MONCADE.

C'est ce que je voulais voir.

ÉRASTE.

Vous perdez le sens.

MONCADE.

Je ne vois pas que c'en soit une bonne marque de ne vouloir point se marier.

ÉRASTE.

Adieu, Moncade, vous ne serez peut-être pas toujours ni si habile, ni si heureux.

(il sort.)

MONCADE.

Nous verrons... parbleu, cela est plaisant! Dans un autre temps j'eusse peut-être accepté le parti; mais après le tour que sa sœur vient de me jouer...

SCÈNE X.

MONCADE, PASQUIN.

PASQUIN.

Vraiment, vous êtes fort exact. Je viens de chez Bélise...

MONCADE.

Paix.

PASQUIN.

J'ai appris là-dedans aussi...

MONCADE.

Paix.

PASQUIN.

J'ai passé pour votre écharpe...

MONCADE.

Tais-toi.

PASQUIN.

Pour votre juste-au-corps...

MONCADE.

Te tairas-tu ?

PASQUIN, *à part.*

Ouais!

MONCADE.

Pasquin !

PASQUIN.

Monsieur.

MONCADE.

Donne-moi le miroir... Ecoute... Ma tabatière... Attends... Approche ce fauteuil... Eh !... Mon écritoire... Non..... Donne-moi un peigne... Allons donc, te dépêcheras-tu ?

PASQUIN.

Dites-moi donc auparavant ce que vous voulez.

MONCADE.

Je ne sais... Je veux m'asseoir... Madame Léonor , madame Léonor , vous m'avez joué un tour !

SCÈNE XI.

MONCADE, PASQUIN, MARTON.

MARTON, *à Moncade.*

MADAME demande si vous souperez ici.

MONCADE.

Pourquoi cela , Marton ?

MARTON.

C'est que si vous n'y soupiez pas, elle irait souper en ville.

MONCADE.

Je ne veux point la contraindre , Marton.

MARTON.

Eh ! vous ne la contraindrez pas pourvu que vous y soyez : y souperez-vous, ou non ?

MONCADE.

J'y souperai si cela lui fait plaisir.

MARTON.

Je vais le dire à madame.

SCÈNE XII.

MONCADE, PASQUIN.

MONCADE.

Sais-tu tout ce qui s'est passé?

PASQUIN.

Vraiment, on ne parle pas d'autre chose là-dedans.

MONCADE.

Mais Lucinde est donc persuadée que la chose est comme je la lui ai voulu faire entendre ?

PASQUIN.

Apparemment, puisqu'elle envoie savoir si vous souperez avec elle.

MONCADE.

Par ma foi, cela est trop plaisant.

PASQUIN.

Oh! oui, cela est bien drôle. Vous n'avez qu'à continuer.

MONCADE.

Oh ! assurément elle ne se doute de rien ; ce qu'elle vient de m'envoyer dire me le confirme assez..... Mais achève : que voulais-tu tantôt me dire de Bélise ?

PASQUIN.

Je voulais vous dire qu'elle ne veut jamais vous voir ; qu'elle vous a nommé à tous momens un homme sans foi, sans honneur, médisant, indiscret, traître, scélérat, infidèle...

MONCADE.

Eh ! que dis-tu ?

PASQUIN.

Je ne dis rien, monsieur ; c'est Bélise...

MONCADE.

Mes porteurs sont-ils là-bas ?

PASQUIN.

Oui, monsieur.

MONCADE.

Suis-moi.

FIN DU TROISIÈME ACTE.

ACTE IV.

SCENE Ire.

ÉRASTE, LÉONOR, MARTON.

MARTON, *à Éraste.*

ALLEZ, allez, ne craignez plus rien : Lucinde commence à ouvrir les yeux : notre homme sera bientôt pris, je vous en réponds.

ÉRASTE.

Je crains plus que jamais.

LÉONOR, *à Marton.*

Franchement, j'ai de la peine à me persuader que ce que tu as imaginé réussisse : tout ce qui s'est passé le rendra peut-être sage.

MARTON.

Lui? cela le rendra cent fois plus fou, je vous en réponds. Vous vous connaissez bien mal en caractères! Il compte, à l'heure où je vous parle, qu'il ferait croire à Lucinde que ce qui est blanc est noir. L'expérience qu'il en a, ne servira qu'à le rendre plus téméraire : vous verrez si je ne me connais pas bien en gens.

ÉRASTE.

Si tu peux me rendre heureux par ton adresse, crois que...

MARTON.

Tenez, ne m'ayez point d'obligation de tout ce que j'entreprends : je le fais parce que je veux bien le faire; c'est une pente naturelle qui me porte à desservir tous ces petits animaux-là dont tout le mérite n'est presque toujours que dans de certaines manières affectées qui font mal au cœur ; un regard languissant, un sucement de lèvres, tirer son bas, peigner sa perruque, et répondre par un soupir aux choses qu'ils n'ont pas seulement écoutées. Ah! que si toutes les femmes étaient de mon goût... J'enrage quand je songe à cela ; car il est vrai qu'ils font déserter tous les jours de bien plus honnêtes gens qu'eux. Eh! pourquoi? je n'en sais rien : un diable de jargon qu'ils ont entre eux qui me fait mourir; des sermens, cent minauderies... Ah! fi! n'en parlons plus; cela me mettrait en colère tout de bon.

ÉRASTE.

Ton homme est-il averti?

MARTON.

Il est instruit de ce qu'il faut faire.

LÉONOR.

N'est-il point homme à se laisser gaguer par de l'argent?

MARTON.

Oh! de cela je ne puis vous rien dire; je ne sais si la médiocrité de ses richesses et le désir naturel que les hommes ont d'en acquérir ne l'emporteront point sur une probité mal éprouvée. Mais il y a un remède à cela; promettez-lui de le récompenser en cas seulement que l'affaire aille bien, et vous verrez qu'il en fera la sienne.

ÉRASTE.

Oh! de cela, Marton, il peut bien s'assurer. Où est-il?

MARTON.

Il attend dans le Palais-Royal qu'on l'envoie chercher.

ÉRASTE.

J'y vais moi-même.

MARTON.

Vous ferez bien.

SCÈNE II.

LÉONOR, MARTON.

LÉONOR.

JE ne te cèle pas, Marton, que pour tout autre que pour mon frère je n'entrerais point dans ceci : je n'aime point à faire du mal.

MARTON.

Vous n'étiez pas si scrupuleuse ce matin.

LÉONOR.

Je te l'avoue, et j'en ignore la cause.

MARTON.

Je la sais bien, moi.

LÉONOR.

Eh quoi ?

MARTON.

Voulez-vous que je vous la dise ?

LÉONOR.

Oui.

MARTON.

C'est depuis qu'il vous a dit qu'il vous aimait.

LÉONOR.

Moi, je t'avoue que si son cœur répondait à ses manières...

MARTON.

Déjà plus de la moitié du chemin est faite. Par ma foi, je croyais parler à une personne raisonnable ; mais je vois bien...

LÉONOR.

Comme tu prends les choses !

MARTON.

Eh ! mon dieu, j'entends ce langage-là. Le cœur fait comme les manières. Tenez, voilà du jargon dont je vous parlais tantôt.

LÉONOR.

Que tu es folle !

MARTON.

Je ne suis point folle, je m'y connais.

SCÈNE III.

LUCINDE, LÉONOR, MARTON.

LUCINDE.

Eh bien ! madame, enfin me voilà rendue et sur le point d'être désabusée, Hélas ! où est le temps que l'on m'aurait désobligée de me montrer Moncade infidèle ?

MARTON.

Le temps était encore ce matin.

LUCINDE.

Non, non, Marton, ne vous abusez point : il y a

plus d'un jour que je me défie de Moncade ; mais se détache-t-on si aisément ?

LÉONOR.

Écoutez, madame : pour moi je ne vous dis plus rien, une erreur qui plaît nous contente ; un autre état vous semblera plus rude. Je ne veux point empoisonner le repos de votre vie.

LUCINDE.

Non, non, madame, non ; achevons, il est temps : je ne me trouverais peut-être de ma vie dans les sentimens où je suis ; et je suis lasse d'être plainte.

MARTON.

Ah ! voilà qui va bien ! voilà une femme, cela ! Courage, madame.

LUCINDE.

Je crois qu'il est chez Bélise : si j'y envoyais ?

MARTON.

A quoi cela serait-il bon ? Ils ne vous le diront point, et vous les rendrez plus heureux qu'ils ne sont.

LUCINDE.

Fais donc ce que tu voudras.

MARTON.

Je ne ferai que ce que j'ai dit. Voilà Ergaste bien à propos : c'est l'homme dont je vous avais parlé.

SCÈNE IV.

LUCINDE, LÉONOR, MARTON, ERGASTE.

LUCINDE, *à Ergaste.*

MARTON ne vous a-t-elle pas dit tout ce qu'il fallait faire ?

ERGASTE.

Ne vous mettez en peine de rien, madame.

MARTON.

Avez-vous quelque camarade vigoureux avec vous ?

ERGASTE.

J'ai tout ce qu'il me faut.

LUCINDE.

Ne lui faites point de mal au moins.

ERGASTE.

Ce n'est pas ma pensée.

LÉONOR, *à part.*

En vérité, elle me fait pitié (*à Lucinde.*) Madame,
encore une fois, ne poussons pas la chose plus avant :
vous en aurez du déplaisir.

LUCINDE.

Non, madame, vous dis-je, quand j'en devrais
mourir.

MARTON.

J'entends quelqu'un sur le petit degré; retirez-vous :
c'est peut-être Moncade. Eh! vite; il ne faut pas qu'il
voie Ergaste.

SCÈNE V.

PASQUIN, MARTON.

PASQUIN.

MARTON, n'as-tu pas vu mon maître ?

MARTON.

Eh! bonne bête, tu sais mieux où il est que moi.

PASQUIN.

Non, je me donne au diable.

MARTON.

Je viens d'entendre ses porteurs.

PASQUIN.

Il est vrai; mais c'était moi qu'ils portaient.

MARTON.

Toi, en chaise ?

PASQUIN.

Va, va, j'en vois tous les jours en carrosse qui ont
couru long-temps après avant de l'attraper.

MARTON.

Mais pourquoi en chaise? es-tu malade?

PASQUIN.

Moi? Non : je voulais leur faire gagner leur argent.
J'ai perdu mon maître à l'Opéra; je ne sais ce qu'il est
devenu : je croyais que quelqu'un de ses amis l'avait ramené ici.

MARTON.

Tiens, je l'entends... c'est lui assurément... Adieu.

PASQUIN.

Adieu, ma princesse. (*seul.*) Le joli terme! Voilà ce que c'est que de servir des maîtres spirituels, on apprend toujours quelque chose. Ma princesse, ma belle dame, mon petit ange, ma reine, ma petite.... ces mots, assaisonnés de quelques soupirs, il n'en faut guère davantage pour tourner la cervelle à plusieurs dames de ma connaissance.

SCÈNE VI.

MONCADE, PASQUIN.

MONCADE, *riant.*

Ah, ah, ah, ah, ah, ah!

PASQUIN.

Qu'avez-vous donc à rire?

MONCADE, *riant encore.*

Ah, ah, ah, ah!

PASQUIN.

Dites-moi donc ce que c'est afin que j'en rie aussi.

MONCADE.

J'étais à l'Opéra, comme tu sais?

PASQUIN.

Vraiment oui, vous y étiez : à qui diable en vouliez - vous? Parterre, théâtre, amphithéâtre, loges hautes et basses, il n'y a point d'endroit où vous n'ayez été.

MONCADE.

Ne m'as-tu pas vu dans une de ces coulisses?

PASQUIN.

Vraiment oui, je vous y ai vu, et j'ai vu l'heure où le parterre allait vous siffler : on ne siffle encore que les mauvais acteurs; si vous continuez, vous amenerez la mode de siffler les spectateurs, les ridicules, s'entend. Quelles diables de contorsions faisiez-vous, tantôt sur un pied, tantôt sur l'autre?

MONCADE.

Je faisais des mines à une femme d'une seconde loge,
que je croyais connaître.

PASQUIN.

Appelez-vous cela faire des mines? Ah! du moins
je ne suis plus si fâché. je sais à présent faire des
mines; se déhancher, secouer la tête, baiser le bout
de son gant bien tendrement : cela s'appelle faire des
mines, n'est-ce pas? Eh bien! répondait-on à ces
mines?

MONCADE.

Si bien que je suis monté dans la loge où elle était,
où je n'ai demeuré qu'un moment avec elle, à cause
d'un jaloux qui perçait le parterre pour nous venir
trouver : nous ne l'avons pas attendu; et d'une autre
loge où nous nous sommes mis, nous l'avons vu quereller une femme qui s'était mise à la place de celle
avec qui j'étais; je crois même qu'il lui a donné quelques coups de poing; enfin cela a causé une telle rumeur
que l'opéra a cessé : le parterre et les loges se sont
tournés de leur côté. Nous n'avons point voulu attendre
la fin de l'aventure : je l'ai ramené chez elle. Ne trouves-
tu pas cela plaisant?

PASQUIN.

Point du tout. De tout cela je n'aime que les mines :
je veux étudier sous vous; vous me paraissez expert à
ce métier.

MONCADE.

Moi? je ne suis encore qu'un écolier : je t'en veux
faire remarquer un à l'Opéra, et devant lequel il faut
mettre pavillon bas.

PASQUIN.

N'en est-ce pas un... là... qui fait toujours le doucereux, qui croit que toutes les dames sont amoureuses
de lui, qui pousse des soupirs qu'on entend du fond du
parterre?

MONCADE.

T'y voilà.

PASQUIN.

Ah! oui; je le connais : c'est un homme à bonne
fortune aussi?

MONCADE.

Il le dit.

PASQUIN.

Est-il riche ?

MONCADE.

Pourquoi ?

PASQUIN.

C'est que j'appelle cela avoir en de bonnes fortunes...
Ah ! j'en aurai aussi, par ma foi, puisque cela est si
facile. J'ai envie de retourner à l'Opéra, pour faire des
mines. N'y a-t-il personne ici qui aime les mines ?

MONCADE.

Tais-toi, tu es si sot !...

PASQUIN.

On frappe par le petit escalier.

MONCADE.

Qui pourrait-ce être ?

PASQUIN.

Je ne sais. Verrai-je ?

MONCADE.

Vois : à l'heure qu'il est je n'attends personne.

PASQUIN.

L'on demande à vous parler, et l'on demande si vous
êtes seul.

MONCADE

Quel homme est-ce ?

PASQUIN.

Il se cache : je n'ai pu le voir.

MONCADE.

Son nom ?

PASQUIN.

Il ne veut pas dire de quelle part... Renvoyons-le,
monsieur, de peur d'accident : il a mauvaise physionomie.

MONCADE.

Tu dis que tu ne l'as point vu.

PASQUIN.

Cela est vrai ; mais son air mystérieux, un certain
chapeau enfoncé, un manteau qui lui entoure le nez...
Que diable sais-je ?

MONCADE.

C'est-à-dire que son manteau a la physionomie mauvaise ?... Fais-le entrer.

PASQUIN.

Monsieur, on parle de voleurs ; si c'en était un ?

MONCADE.

Ne sommes-nous pas deux ?

PASQUIN.

Nous ne sommes qu'un tout au plus.

MONCADE.

Fais ce que je te dis.

SCÈNE VII.

MONCADE, ERGASTE, PASQUIN.

PASQUIN, *à Ergaste.*

ENTREZ, monsieur.

ERGASTE.

C'est vous, monsieur, qu'on appelle monsieur de
Moncade ?

MONCADE.

Oui, monsieur.

ERGASTE.

Ne saurions-nous être entendus ?

MONCADE.

Non, si vous ne parlez bien haut.

ERGASTE.

Vous plairait-il de faire retirer vos gens ?

PASQUIN, *avec effroi.*

Volontiers.

MONCADE.

Demeurez. (*à Ergaste.*) Monsieur, Pasquin est discret; on peut tout dire devant lui.

ERGASTE.

C'est une affaire de conséquence.

MONCADE.

Je ne lui cache rien.

ERGASTE.

Si vous voulicz pourtant...

Baron.   6

MONCADE.

Monsieur, j'aime mieux ne rien apprendre de ce que vous avez à me dire.

ERGASTE.

Puisque vous le voulez ainsi il faut bien s'y résoudre, monsieur... En deux mots, une femme veuve, de la première qualité...

PASQUIN, *à part.*

Je respire : pour cela nous avons du courage.

ERGASTE.

Une femme de qualité, vous dis-je, voudrait vous entretenir une heure.

MONCADE.

Qui est-elle ?

ERGASTE.

Bien loin de vous dire son nom, monsieur, vous ne lui parlerez qu'à de certaines conditions, que vous n'accepterez peut-être pas.

MONCADE.

Il faut voir.

ERGASTE.

Voulez-vous vous résoudre à vous laisser bander les yeux dans l'endroit où je vous prendrai pour vous mener chez elle ?

MONCADE.

A quoi bon toutes ces précautions ?

ERGASTE.

Monsieur, on le veut ainsi. Vous avez trop d'esprit, monsieur, pour ne pas voir aussi bien que moi que l'on veut savoir l'état de votre cœur avant que de se découvrir à vous. Je vous en dis trop peut-être, et je passe ma commission.

MONCADE.

Etes-vous à elle ?

ERGASTE.

Monsieur, je n'ai rien à vous dire là-dessus.

MONCADE.

Je sais qui c'est.

ERGASTE.

Peut-être.

MONCADE.

Elle est brune?

ERGASTE.

Cela se pourrait.

MONCADE.

De grands yeux ?

ERGASTE.

A peu près.

MONCADE.

La bouche ni grande ni petite?

ERGASTE.

Je ne dirai plus rien.

MONCADE.

La main belle?

ERGASTE.

Je ne répondrai pas.

MONCADE.

Les dents admirables ? Le nez... Va, va, mon enfant, je sais qui c'est... Pasquin, c'est celle qui au bal... C'est elle assurément!... (*à Ergaste.*) Oui, mon enfant, j'irai ; oui, j'irai : je t'en réponds...Oh! çà, mon ami, avoue-le moi : je l'ai devinée? Ne loge-t-elle pas proche de l'Arsenal ?... Eh ! plaît-il ? Oh ! j'irai, sur ma parole ! ma foi, je l'ai trouvée ; n'est-il pas vrai ?

ERGASTE.

Monsieur...

MONCADE.

Oh! tu es un fat, mon pauvre cœur, je suis plus fin que toi. En quel endroit ? à quelle heure ? tu n'as qu'à dire.

ERGASTE.

A l'heure, à l'endroit que vous voudrez.

MONCADE.

Dans la cour du Palais , à huit heures.

ERGASTE.

Non ; c'est trop tôt.

MONCADE.

Eh bien ! à neuf.

ERGASTE.

C'est assez.

SCÈNE VIII.

MONCADE, PASQUIN.

MONCADE.

C'est Julie, je n'en doute point.

PASQUIN.

Oh ! je le crois... Mais vous aviez promis que vous souperiez avec Lucinde.

MONCADE.

Je serai revenu. Ce n'est pas là ce qui m'embarrasse ; c'est ce que je ferai d'ici à neuf heures. (*regardant à sa montre.*) Il n'en est tout au plus que sept. Pour moi je ne puis rester une heure au même endroit ; il faut que je fasse quelque chose.

PASQUIN.

Le temps où vous ne faites rien n'est pas celui que vous employez le plus mal.

MONCADE.

Et toi, tu n'as jamais plus d'esprit que lorsque tu te tais... Dis-moi un peu : comment me trouves-tu ?

PASQUIN.

Fort bien.

MONCADE.

Ce juste-au-corps-là me paraît avoir la taille un peu courte : qu'en dis-tu ?

PASQUIN.

Effectivement, je ne sais... Oui, cela est vrai.

MONCADE.

Donne-m'en un autre.

PASQUIN.

Lequel ?

MONCADE.

Lequel tu voudras... Apporte-moi celui que j'avais avant-hier.

PASQUIN.

Fi !

MONCADE.

Pourquoi ?

PASQUIN.

Il ne vous va pas bien. Gardez plutôt le vôtre.

MONCADE.

Je n'en veux point.

PASQUIN.

L'autre vous fait les épaules grosses.

MONCADE.

N'importe.

PASQUIN.

Quand vous voulez quelque chose vous le voulez.

MONCADE.

Que de discours !... Iras-tu ?

PASQUIN.

Monsieur...

MONCADE.

Quoi ?

PASQUIN.

Vous allez vous fâcher contre moi ?

MONCADE.

Que veut donc dire ce maraud ? Me donneras-tu mon juste-au-corps ?

PASQUIN, *pleurant à demi.*

Monsieur...

MONCADE.

Eh bien ?

PASQUIN.

J'ai répandu du suif dessus, en le voulant nettoyer.

MONCADE.

Où est-il ?

PASQUIN.

Je l'ai donné à dégraisser afin qu'il n'y parût plus.

MONCADE.

Va le chercher tout à l'heure.

PASQUIN.

Monsieur, il ne sera pas accommodé.

MONCADE.

Apporte-le-moi en quelque état qu'il soit.

PASQUIN.

Monsieur...

MONCADE.

Qu'y a-t-il encore ? Veux-tu marcher ?

PASQUIN.

Monsieur , il faut vous dire la vérité : je l'ai prêté pour une tragédie au collége.

MONCADE.

Mon juste-au-corps au collége , à un enfant ?

PASQUIN.

Non , monsieur; c'est un grand garçon, beau, bien fait , comme vous , et qui fait le roi de la tragédie.

MONCADE.

Ah ! vraiment , je suis bien aise de savoir que tu prêtes mes hardes !... Mais à l'heure qu'il est la tragédie est finie , va le reprendre à l'instant même... Quoi donc ! tu ne feras pas ce que je te dis ?

PASQUIN.

Monsieur...

MONCADE.

Ah ! je vois ce que c'est ; tu l'as mis en gage , n'est-ce pas ?

PASQUIN.

monsieur , vous l'avez deviné. Comme vous ne me deviez rien sur mes gages , et que vous n'aimez pas à avancer de l'argent , le besoin que j'en ai eu m'a fait recourir aux expédiens les plus prompts.

MONCADE.

Tu me paieras celle-là , je t'en réponds. Donne-moi le rouge.

(*Pasquin passe dans un cabinet voisin.*)

MONCADE , *seul.*

Mais voyez un peu ce maraud ! mettre mes habits en gage!

PASQUIN , *apportant un juste-au-corps rouge.*

Le voilà.

MONCADE , *ne mettant pas le juste-au-corps que Pasquin lui apporte, mais lui demandant différentes autres choses, que Pasquin lui donne à mesure qu'il les demande.*

Ah ! je t'apprendrai à vivre , je t'assure !... Une autre perruque... Je t'apprendrai à me jouer de pareils tours !... Un autre chapeau... Mais voyez un peu , je vous prie !... Un miroir... Qui a jamais ouï parler d'une chose semblable ? Un coquin pour qui j'ai mille bontés !... De la fleur d'orange... Abuser ainsi de ma facilité ! Ah ! tu ne me connais pas encore , je le vois bien. Une mouche... Tu t'en repentiras , sur ma parole ! (*entendant frapper.*) Va ouvrir... Tu verras un peu la différence qu'il y a...

SCÈNE IX.

MONCADE , MARTIN , *tenant une écharpe* , PASQUIN.

PASQUIN , *à Moncade.*
Monsieur Martin , pour votre écharpe.

MONCADE.
Ah ! monsieur Martin , votre serviteur. Vous me voyez en colère.

MARTIN.
Monsieur , ce n'est pas ma faute.

MONCADE , *à Pasquin.*
Prendras-tu ce miroir ?

(*Pasquin lui tend un miroir.*)

MARTIN.
Je suis venu...

MONCADE , *à Pasquin.*
Je suis bien aise de vous connaître.

MARTIN.
Je suis au désespoir...

MONCADE , *à Pasquin.*
Je m'en souviendrai.

MARTIN.
On a dû vous dire...

MONCADE , *à Pasquin.*
Un bélître !...

MARTIN.
Monsieur !

MONCADE , *à Pasquin.*
Un insolent !...

MARTIN.

Monsieur !

MONCADE , *à Pasquin.*

Un effronté !...

MARTIN.

Monsieur !

MONCADE , *à Pasquin.*

Un coquin ! un fripon !...

MARTIN.

Ah ! Monsieur !

MONCADE.

Ne voyez-vous pas que c'est à ce maraud que je parle ?

PASQUIN, *bas, à Martin.*

Voulez-vous en être de moitié.

MARTIN , *bas.*

Non , je ne joue pas si gros jeu.

MONCADE, *à Pasquin.*

Je crois que tu plaisantes ?

PASQUIN, *montrant Martin.*

Demandez : je n'ai pas parlé.

MONCADE, *à Martin.*

Çà , voyons : avez-vous là mon écharpe ?

MARTIN.

La voilà.

MONCADE , *examinant l'écharpe.*

Elle est fort belle Vous l'a-t-on payée ?

MARTIN.

Ce matin , une dame masquée , en chaise , est venue me la payer. Il n'était que dix heures : j'ai cru que vous ne seriez pas éveillé. Une autre dame , masquée aussi , l'a payée à ma femme. ma femme est sortie ; une troisième a encore donné à ma fille ce qu'il fallait : que ferai-je de cet argent s Je ne connais point celles qui me l'ont donné.

MONCADE.

Faites-moi deux autres écharpes.

MARTIN.

De la même façon ?

MONCADE.

Non , *de différentes manières* : vous avez de l'esprit ;
ajustez cela comme il faut.

MARTIN.

C'est assez, monsieur ; vous les aurez cette semaine.

SCÈNE X.

MONCADE, PASQUIN.

PASQUIN.

Monsieur, en faveur de tant d'écharpes ne me par-
donnerez-vous point un pauvre petit juste-au-corps ?

MONCADE.

Je te le pardonne ; mais si de ta vie... Je vais passer
un moment chez cette petite marchande, ici près, en
attendant l'heure.

PASQUIN.

Irai-je vous trouver ?

MONCADE.

Non, je n'ai que faire de toi, il faut que je sois seul :
ne me l'a-t-on pas dit ?

SCÈNE XI.

PASQUIN, *seul.*

La peste ! que je n'étais pas si sot que de lui donner
le juste-au-corps qu'il me demandait, c'est un juste-au-corps
heureux pour les bonnes fortunes ; car il s'en sert ordinairement pour les grandes expéditions ; et je veux
m'en servir : car enfin une fois en ma vie je veux savoir ce que c'est qu'une bonne fortune... Je sais déjà
faire des mines ; pour le jargon j'y suis grec : je n'ai
donc qu'à m'habiller au plus vite... (*il prend tout ce
qui lui est nécessaire pour s'habiller en petit-maître.*)
Oh! çà, prenons donc ce divin juste-au-corps... Non,
commençons par la ringrave : la peste ! qu'elle est
étroite!... Eh! faut-il tant de façons ? Un coup de
ciseaux, trois ou quatre points d'aiguille ne sont pas
une affaire. Allons donc, mes hanches , abaissez-

vous... Elles n'en feront rien. Qu'importe ? Je dirai qu'on les porte comme cela. Vous verrez que j'amenerai la mode des hanches hautes. J'ai bien vu autrefois à la cour la mode des grosses épaules et des coudes en arrière. Voici un juste-au-corps qui ne me paraît pas trop facile à mettre. Ces maudits tailleurs font les boutonnières si éloignées des boutons !... J'y creverai !... Que ne fait-on point pour aller en bonne fortune? Quel chapeau! Ne voilà-t-il pas un homme bien bâti? la tête grosse, le ventre menu, les hanches basses. Morbleu ! je veux faire oublier que Moncade est au monde. Tête-bleu ! j'oubliais moi même le meilleur : de l'eau de fleur d'orange ! peut-on aller en bonne fortune sans eau de fleur d'orange ? (*il prend sur la toilette un flacon d'eau de fleur d'orange , et il s'en parfume.*) Voilà qui est bien. J'ai, ce me semble, tout l'attirail de bonne fortune... Dieu nous garde de mal-en-combre !

FIN DU QUATRIÈME ACTE.

ACTE V.

SCÈNE Ire.

MARTON, *peu après* ÉRASTE.

MARTON.

Où diantre est Léonor? où est Eraste ? Ergaste ne revient point ! Qu'est-ce que tout ceci ? Mais, par ma foi, je suis folle! Je prends cette affaire avec autant de chaleur que si c'était la mienne. (*à Eraste.*) Eh ! d'où venez-vous?

ÉRASTE.

Je viens de chez Araminte et de chez Cidalise.

MARTON.

Pourquoi faire ?

ÉRASTE.

Pour les rendre témoins de la comédie. Ne m'as-tu pas dit qu'il était nécessaire qu'elles y fussent présentes pour ne laisser aucun retour à Lucinde ?

MARTON.

Oui ; mais auparavant il est bon de savoir si la comédie se jouera.

ÉRASTE.

Puisque Ergaste n'est point revenu, tout va bien ; il songe à tout ce qu'il lui faut, sans doute.

MARTON.

Oh ! çà , çà , tout coup vaille ; cela ne gâte rien.

ÉRASTE.

Que fait Lucinde ?

MARTON.

Oh ! par ma foi ! elle est bien résolue de ne voir jamais Moncade, s'il donne dans le panneau.

SCÈNE II.

ÉRASTE, MARTON, ERGASTE.

ERGASTE , *à Éraste.*

MONSIEUR.

ÉRASTE.

Ah ! vous voilà ! Eh bien ?

MARTON , *à Ergaste*

Qu'avez-vous fait ?

ERGASTE.

Il s'est enferré de lui-même. Il s'est persuadé qu'il connaissait la personne imaginaire dont je lui parlais ; je n'ai point voulu le détromper : enfin, il s'est résolu à tout.

MARTON.

A se laisser bander les yeux ?

ERGASTE.

A tout, vous dis-je.

MARTON.

Ah ! le plaisant Colin-Maillard ! Ce nom lui demeurera.

ERGASTE.

Il m'attend dans la cour du Palais, à neuf heures.

ÉRASTE.

Il n'en est pas loin, je pense ? Il vaut mieux que
vous l'attendiez ; dépêchez-vous. Vous avez un carrosse ?

ERGASTE.

J'ai tout ce qu'il me faut.

MARTON.

Si par hasard il voulait ôter son bandeau ?

ERGASTE.

Ne vous mettez en peine de rien : nous sommes deux
qui saurons bien l'en empêcher.

MARTON.

Allez donc.

SCENE III.

LUCINDE, LÉONOR, ÉRASTE, MARTON.

LUCINDE, *à Marton.*

Eh bien ! vient-il enfin ?

MARTON.

Oui, madame.

LUCINDE.

Aux conditions qu'on lui a imposées ?

MARTON.

Oui, madame.

LUCINDE.

J'ai beaucoup de peine à me le persuader.

ÉRASTE.

C'est la tendresse qui parle encore pour lui, madame.

LUCINDE.

Ne parlons plus de tendresse, Eraste, mais permettez-
moi de douter de ce que je ne vois pas.

ÉRASTE.

Devriez-vous avoir besoin de cette preuve , madame ,
après tout ce qui s'est passé ?

LUCINDE.

Mon Dieu ! Eraste, je ne prends point son parti ;

mais enfin, tout ce qui s'est passé ne le convainc point absolument.

LÉONOR.

Mon frère s'obstine toujours mal à propos.

LUCINDE.

Point du tout, madame ; et nous pouvons avoir raison tous deux.

MARTON.

Le Colin-Maillard nous sortira d'intrigues.

LUCINDE.

Taisez-vous, Marton ; ces plaisanteries-là ne me plaisent point ; entendez-vous ?

SCÈNE IV.

ARAMINTE, CIDALISE, LUCINDE, LÉONOR, ÉRASTE, MARTON.

LUCINDE, à Araminte et à Cidalise.

Ah ! mesdames, que je suis ravie de vous voir ici ! Vous ne pouviez y arriver plus à propos.

ARAMINTE.

Pourquoi donc, madame ?

CIDALISE.

Eh ! comment, madame ?

MARTON.

Nous allons jouer à Colin-Maillard : ne dites rien.

LUCINDE, à Araminte.

Et surtout vous, madame.

ARAMINTE.

Si c'est quelque chose qui regarde Moncade, comme m'a dit Éraste, (montrant Cidalise.) madame y pourrait prendre autant de part que moi.

LÉONOR.

Cidalise serait-elle aussi rivale de Lucinde ?

CIDALISE.

Moi, je ne sais ce que l'on veut me dire seulement.

MARTON.

Allez, allez, madame ; avouez la dette : il n'y en a point ici que Moncade n'ait trompée.

ÉRASTE.

En vérité, cela mérite une punition publique.

LUCINDE.

Vous ne vous y prenez pas mal, monsieur ; mais aussi sa gloire en sera plus grande, s'il n'est point tel que vous vous imaginez.

CIDALISE.

Je ne sais ce que veut dire ceci.

LÉONOR, *se retirant dans un coin du théâtre avec Cidalise.*

Je vais vous instruire, madame.

LUCINDE.

Mais, madame, si Moncade ne vient point, à quoi cela sera-t-il bon ?

MARTON.

Eh bien ! voilà un grand mal ! Madame n'est-elle pas partie intéressée ?

ARAMINTE, *allant du côté où sont Léonore et Cidalise.*

Je veux savoir tout cela aussi, moi ; on ne me l'a dit qu'imparfaitement.

LUCINDE.

Eraste, l'heure se passe ; Moncade ne vient point : je vous avoue que je ne serais pas fâchée qu'il se fût moqué de vous.

ÉRASTE.

J'aurai du moins la consolation, madame, de connaître qu'il mérite la tendresse que vous avez pour lui. Mais je ne vois pas ce qui doit tant vous faire espérer ; il n'est encore que neuf heures.

ARAMINTE, *à Léonore.*

En vérité, cela est plaisant !

CIDALISE.

Serait-il assez sot pour hasarder la chose ?

MARTON.

Oh ! qu'oui.

LUCINDE.

J'en doute, Marton. Un homme du caractère dont vous voulez qu'il soit, serait plus diligent.

MARTON.

A moins qu'une autre femme ne le retienne, je ne conçois pas ce qui le peut arrêter.

LUCINDE.

Eraste, il ne vient point. (*à Léonore.*) Madame, il
ne vient point. (*à Cidalise.*) Madame, croyez-vous
qu'il vienne ?

CIDALISE.

En vérité, je ne sais , madame.

MARTON.

Les premiers jours manquait-il aux rendez-vous que
vous lui donniez ?

CIDALISE.

Oh ! taisez-vous, Marton ; je me fâcherais.

LÉONOR.

J'entends du bruit.

SCÈNE V.

LUCINDE , LÉONOR , ARAMINTE , ERGASTE , CIDALISE , ERASTE , MARTON.

ERGASTE , *à Marton.*

CACHEZ les flambeaux.
(*Marton cache les lumières à l'entrée d'un cabinet.*)

LUCINDE , *à part.*

Je suis perdue !

ERGASTE.

Mon homme le garde dans l'anti-chambre , le laissera-
t-on entrer ?

LUCINDE.

Oui, qu'il entre : je veux le voir... Attendez... Qui
lui parlera ? Pour moi, je vous avoue que je n'en ai pas
la force.

ÉRASTE.

Est-il besoin de lui parler ? N'êtes-vous pas contente ,.
madame ? D'ailleurs il connaîtra votre voix.

MARTON.

Ne connaît-il que la voix des dames qui sont ici ? Il
connaît leur cœur , de par tous les diables ! c'est le pis
que j'y trouve... Attendez : je contrefais la mienne à
miracle. Faites le entrer. (*à Lucinde.*) Le voulez-vous ,
madame ?

LUCINDE.

Fais ce que tu voudras.

SCÈNE VI.

MARTON, ERGASTE, ARAMINTE, ÉRASTE, LUCINDE, LÉONOR, CIDALISE, PASQUIN *vêtu en petit-maître, et avec un bandeau sur les yeux.*

ERGASTE, *à Pasquin.*

Nous entrons dans son appartement ; il ne tient qu'à vous d'être heureux,

PASQUIN.

Eh ! je l'ai tant été, mon enfant ! Je t'assure que si ce n'était à ta considération, et que je ne veux pas te faire perdre la récompense qui t'est promise, j'apaiserais à l'heure qu'il est deux de mes maîtresses irritées.

ERGASTE.

Je vous suis bien obligé. Songez qu'il y va de la vie au moindre effort que vous ferez pour voir madame.

PASQUIN.

Que je n'ai garde ! Va, va, mon ami ; je suis accoutumé à ces sortes d'aventures, et nous en avons mis à fin de plus périlleuses que celle-ci.

ERGASTE.

Vous êtes à présent dans sa chambre, et je vous laisse seul avec elle.

MARTON, *bas.*

Silence ! ne faites point de bruit surtout.

PASQUIN, *à part.*

Gare le pot au noir !

MARTON, *à part.*

Le beau début !

LUCINDE, *à part.*

Le traître !

PASQUIN.

Eh bien ! mon ange, me voilà.

MARTON.

Réservez de pareilles douceurs pour quand vous me connaîtrez mieux : écoutez, auparavant que de me répondre, les choses que j'ai à vous dire.

PASQUIN.

La peste ! vous me prendriez pour un grand sot ! Je
veux vous faire voir si je mérite le choix que votre
cœur a fait ; car je crois que vous ne m'envoyez pas
chercher pour me dire que vous me haïssez ?

MARTON.

Vous ne saurez pas aussi mes véritables sentimens si
vous n'éclaircissez par ordre le doute où je suis.

PASQUIN.

Allons, mon petit cœur, ma reine, ne nous amusons
point à la faribole : regardez ces airs penchés, cette
taille ! Quand nous nous connaîtrons un peu mieux, je
vous ferai des mines.

LUCINDE , *à part.*

Ce n'est point là Moncade !

ARAMINTE , *à demi-voix.*

Non, assurément.

PASQUIN.

Qui est-ce qui dit là que je ne suis pas Moncade ?
Vous en avez menti !

LÉONOR , *à Eraste.*

Mon frère, ce n'est pas lui.

ÉRASTE.

Je ne sais qu'en dire.

CIDALISE.

Ce n'est pas lui.

MARTON , *à Lucinde, à demi-voix.*

Madame, c'est Pasquin.

PASQUIN.

Comment donc Pasquin ? Qu'est-ce donc que ceci,
ma petite amie ?

MARTON , *à Lucinde.*

C'est lui, madame.

ÉRASTE , *à demi-voix.*

Un bâton !

PASQUIN.

Comment donc un bâton ? Madame, je vous désho-
norerai.

ÉRASTE , *à Marton.*

Vite.

(*Marton donne des coups de bâton à Pasquin.*)

PASQUIN, *criant et ôtant son bandeau.*

Les voies de fait... Encore... Au meurtre! on m'assomme!

ÉRASTE.

Comment, coquin, tu te jouais de nous?

LUCINDE.

Eh bien! n'ai-je pas raison? Allez, Eraste, désabusez-vous : Moncade m'aime ; et, pour se mieux moquer de vous, il a feint de donner dans le piége. (*à Araminte et à Cidalise.*) Qu'en dites-vous, mesdames?

ARAMINTE.

Je dis qu'il n'est pas étonnant qu'il en ait évité un seul en sa vie.

LUCINDE, *à Cidalise.*

Et vous, madame?

CIDALISE.

Qu'il a pu se repentir.

LÉONOR, *à Lucinde.*

Pour moi, je ne dis rien.

MARTON.

Et moi, je dirai toujours que c'est un fourbe.

ÉRASTE.

Il y a quelque chose à tout ceci que je ne comprends pas ; mais j'en serai éclairci. (*à Pasquin.*) Parleras-tu?

PASQUIN.

Monsieur...

ÉRASTE.

Allons vite.

PASQUIN.

Monsieur...

ÉRASTE, *portant la main à son épée.*

Je te tuerai.

PASQUIN, *se jetant à genoux.*

Epargnez un homme à bonne fortune.

ÉRASTE.

Allons, tout à l'heure avoue.... Que veut dire ceci?

PASQUIN.

Monsieur, puisque vous le voulez...

ÉRASTE.

Eh bien?

PASQUIN.

La curiosité d'aller en bonne fortune, et la facilité
que j'ai trouvée en celle-ci m'ont fait entreprendre ce
que vous voyez.

ÉRASTE.

Ah, coquin!... Et comment as-tu fait?

PASQUIN.

J'ai dit à mon maître de ne se trouver au rendez-
vous qu'à dix heures, et je me suis rendu à neuf à sa
place.

ÉRASTE, *à Ergaste.*

Il n'y a rien de gâté encore : il n'est que dix heures
au plus. Ergaste, retournez au Palais : vous avez pris
l'un pour l'autre. Vous trouverez Moncade, amenez-le
comme vous avez fait celui-ci.

ERGASTE.

Si je le trouve, je serai ici dans un moment.

SCÈNE VII.

LUCINDE, LÉONOR, ARAMINTE, CIDALISE, ÉRASTE, MARTON, PASQUIN.

ÉRASTE, *à Lucinde.*

MADAME, Moncade ne sera pas si fidèle que vous
l'imaginez.

LUCINDE.

Pasquin, crois-tu qu'il vienne.

PASQUIN.

Moi, madame? Je n'en sais rien.... Mais si de ma
vie je vais en bonne fortune...

MARTON.

Elles ne réussissent pas toujours au moins.

PASQUIN.

L'expérience ne m'en laisse pas douter un moment.
Mais au moins que je connaisse le frappeur qui me
frappait si distinctement : si c'est une frappeuse, elle
est diablement forte.

MARTON.

C'était moi : je t'en devais il y a bien long-temps.

PASQUIN.

Je vous remercie de vos faveurs.

ARAMINTE, *à Lucinde.*

Si Moncade doit venir, nous ne serons pas long-temps
à le savoir ; le Palais n'est pas loin d'ici.

CIDALISE.

Je serais bien fâchée de ne point voir la fin de cette
aventure, puisque je l'ai préférée à une partie qui n'é-
tait pas trop désagréable.

LUCINDE, *à Marton.*

Marton, voyez là-bas si personne ne vient.

(*Marton sort.*)

PASQUIN, *à Lucinde.*

J'irai le faire hâter, si vous voulez, madame.

ÉRASTE, *à Lucinde.*

Madame, qu'il ne sorte point, s'il vous plaît.

LUCINDE, *à Marton qui rentre.*

Quelqu'un vient-il, enfin ?

PASQUIN, *à part.*

Je vois bien qu'il ne viendra que trop tôt.

MARTON.

Madame, notre homme vient de m'envoyer dire qu'il
serait ici dans un moment : il lui fait prendre plusieurs
détours, afin qu'il ne puisse rien juger sur la mesure du
chemin.

LUCINDE.

Allons, voilà qui est fait ; me voilà guérie absolument, et je ne pense pas l'avoir connu de ma vie.

CIDALISE.

Puisque vous voulez un aveu de moi, sachez que j'ai
bien plus de résolution que vous, et que je l'ai oublié
avec autant de facilité que j'en avais eu à l'aimer.

ARAMINTE.

Pour moi, je n'ai pas eu l'ame si forte.

CIDALISE, *à Léonor.*

Mais vous, madame, il vous aimait.

LÉONOR.

Comme les autres.

PASQUIN.

Je vous assure que vous êtes la seule femme au monde
dont je ne lui ai point ouï dire de mal.

LUCINDE.

Et de moi, Pasquin ?

PASQUIN

Oh ! pour vous, il vous aime, madame.

LUCINDE.

On n'en peut pas douter après ceci.... Je m'en vais lui
parler moi-même : je n'aurai pas de peine à changer le
ton de ma voix.

ÉRASTE.

Madame...

LUCINDE.

Laissez-moi faire, je vous prie, je veux lui parler...
(à Léonor, à Araminte et à Cidalise.) Mesdames,
mettez-vous sur ces siéges. Eraste, retirez-vous aussi.

ÉRASTE.

Recommandez à Pasquin de se taire.

PASQUIN.

Je ne veux plus dire qu'un mot. (à Lucinde.)
Traite-t-on tous les gens à bonne fortune comme je l'ai
été ?

LUCINDE.

Il n'est rien que ne méritât un traître, un perfide
comme ton maître !

PASQUIN.

J'aurai donc ma revanche.

MARTON, *bas, à Lucinde.*

Madame, le voici.

LUCINDE.

Qu'on se retire.

(*tout le monde se place dans le fond.*)

SCÈNE VIII.

MONCADE, *les yeux bandés* ; ERGASTE, LU-
CINDE, LÉONOR, ARAMINTE, CIDALISE,
ÉRASTE, MARTON, PASQUIN.

LUCINDE, *à Moncade, en contrefaisant sa voix.*

VOICI une de ces aventures qui ressemble assez à celles
des romans. Je crois, monsieur, que vous ne trouverez
point mauvaises les précautions que j'ai prises. Votre réputation, assez mal établie à l'égard des dames, n'a pu
me permettre de vous voir autrement ; et d'ailleurs la
nature, qui m'a peut-être assez mal partagée, m'engageait à connaître l'état de votre cœur avant de me découvrir. Quelques soins qu'on ait bien voulu se donner
pour me persuader que j'étais belle, que j'avais de l'esprit, je me suis toujours rendu justice ; et je n'ai jamais
trouvé en moi tout ce qu'il faut pour faire un infidèle.
Quand ma vanité même m'aurait flattée au point de me
le faire croire, la bonté de mon cœur m'eût détourné
de l'entreprendre. Mes plaisirs ne s'augmentent point
par le chagrin des autres : je cherche un bonheur plus
tranquille. Un perfide ne cesse point de l'être, et vous
tombez avec lui tôt ou tard dans des malheurs que je ne
veux point éprouver. Parlez-moi donc sincèrement, si
vous le pouvez : êtes-vous libre ?

MONCADE.

Vous jugerez, madame, si je suis sincère par l'aveu
que vous allez entendre. Je n'ai point le cœur libre,
madame ; je ne veux pas vous tromper : j'aime, et depuis long-temps. Vous voyez du moins que mon procédé
dément la réputation qu'on me donne.

ÉRASTE, *bas, à Léonor.*

Il la reconnaît !

LÉONOR, *bas.*

Taisez-vous.

LUCINDE.

Vous aimez, Moncade, et depuis long-temps, dites-
vous ?

DHONCDE.

Oui, j'aime, madame, et d'un amour qui ne finira qu'avec ma vie.

LUCINDE.

Mais cet amour si tendre n'est-il point offensé par la démarche que vous faites ?

MONCADE.

J'aurais peine à vous dire ce qui m'a fait venir ici.

LUCINDE,

En vérité, je ne saurais m'empêcher de vous louer. Si je ne puis gagner votre cœur, j'ai le plaisir du moins de voir qu'il n'est point tel qu'on me l'avait dépeint. Mais, Moncade, pour prix de ma tendresse, obtiendrai-je une grace de vous ?

MONCADE.

Il n'est rien que je ne fasse, madame, de tout ce qui pourra ne point blesser ma passion.

ÉRASTE, *bas à Cidalise.*

Il la reconnaît; vous dis-je.

CIDALISE, *bas.*

Eh ! taisez-vous.

LUCINDE, *à Moncade.*

Je ne veux point de vous une chose bien extraordinaire : je ne cherche pas même à vous voir indiscret; mais, Moncade, si je devine votre maîtresse je veux que vous me l'avouiez. Est-ce Araminte ?

MONCADE.

Ah ! madame, de qui me parlez-vous ?

LUCINDE.

Qui vous fait récrier si fort ? N'a-t-elle point du mérite ?

MONCADE.

Ah ! madame, n'entrons point dans le détail d'Araminte ; nous y trouverions si peu de naturel et tant de choses empruntées !... De grace, madame, n'en parlons point davantage : il y a des gens dont on ne doit jamais rien dire.

ARAMINTE, *bas, à Cidalise.*

Je n'y puis pas tenir !

CIDALISE , *bas.*

Attendez jusqu'au bout.

LUCINDE , *à Moncade.*

Il court dans le monde que vous aimez Cidalise ?

MONCADE.

C'est une folle.

PASQUIN , *bas à Eraste.*

Elle en est quitte à bon marché.

ÉRASTE , *bas.*

Te tairas-tu ?

LUCINDE , *à Moncade.*

Oh ! je l'ai deviné c'est Léonor qui demeure chez Lucinde ?

MONCADE.

Ah ! madame, la connaissez-vous ? Défiez-vous-en : c'est le plus méchant esprit.

LUCINDE.

Nommez-la donc vous-même.

MONCADE.

Ah ! madame, si vous la connaissiez comme moi, vous me pardonneriez aisément mon insensibilité.

LUCINDE.

A-t-elle de l'esprit ?

MONCADE.

Oui, madame, elle en a, mais non pas de ces esprits qui s'en font trop accroire : il semble que le sien ne lui sert que pour en découvrir aux autres.

LUCINDE.

Voilà un fort joli caractère ! Elle est belle, sans doute ?

MONCADE.

Ah ! ne m'engagez point à faire son portrait... Je pourrais pourtant le faire sans vous offenser ; et, ne vous ayant peut-être jamais vue, je puis vous dire que je la trouve la plus adorable femme du monde.

LUCINDE.

Elle doit être contente de le paraître à vos yeux.

MONCADE.

Ne dissimulons point davantage, madame, et permettez-moi de jouir de la vue de la seule personne pour qui je veux vivre.

(il veut ôter son bandeau.)

LUCINDE , le retenant.

Arrêtez !

MONCADE.

Eh ! madame, à quoi bon tous ces retardemens ? Je vous connais ; je sais qui vous êtes.

LUCINDE.

Attendez... A qui croyez-vous parler ?

MONCADE.

A vous, madame.

LUCINDE.

Je ne suis point Lucinde.

MONCADE.

Aussi n'est-ce point à elle à qui j'adresse mes vœux ; et, s'il faut vous le dire, le seul espoir que ce pourrait être Julie m'a fait venir ici. Si ce n'est point elle à qui je parle, je m'en retourne sans vous voir.

LUCINDE.

Vous n'aimez point Lucinde ?

MONCADE.

Non, madame, et je ne l'ai jamais aimée.

LUCINDE

Tu ne l'as jamais aimée, perfide ! tu me l'oses dire à moi-même ! eh ! pourquoi donc me trompais-tu ?

(elle lui arrache le bandeau.)

PASQUIN , à part.

Cela n'est point plaisant sans coups de bâton... Cela était plus plaisant à moi.

ARAMINTE , à Moncade.

Adieu, monsieur de Moncade. Je vous remercie des bons sentimens que vous avez pour moi.

LÉONOR , à Moncade.

Pour moi je suis contente.

CIDALISE , à Moncade.

Adieu, Moncade.

MARTON , à Pasquin.

Adieu, monsieur Pasquin.

Baron.   8

LUCINDE , *à Eraste.*

Eraste , voulez-vous recevoir ma main ?

ÉRASTE.

Si je le veux ?

LUCINDE.

Je vous la donne. (*à Moncade.*) Adieu , perfide ! Ne me vois jamais !

(*Lucinde , Eraste , Léonor , Araminte , Cidalise , Ergaste et Marton passent dans l'appartement de Lucinde.*

PASQUIN.

Allons, monsieur , ne faut-il pas déloger ? Nous aurons bientôt déménagé. Surtout changeons de nom et de quartier : nous sommes décriés dans celui-ci comme la fausse monnaie.

MONCADE, *accablé de confusion.*

Juste ciel !

PASQUIN , *à part.*

Si cela pouvait le rendre sage !

FIN DE L'HOMME A BONNE FORTUNE.

LA COQUETTE

ET

LA FAUSSE PRUDE,

COMÉDIE

EN CINQ ACTES ET EN PROSE,

DE

BARON,

Représentée, pour la première fois, en 1686.

PERSONNAGES.

DAMIS, mari de Céphise.
ÉRASTE,
M. DURCET, conseiller,
M. BASSET, financier, } amans de Cidalise.
LE COMTE, amant de Lucile.
LE PETIT CHEVALIER, frère de Lucile.
PASQUIN, valet d'Éraste.
Un laquais de Cidalise.
Un laquais d'avocat.
CÉPHISE, femme de Damis.
CIDALISE, nièce de Damis.
LUCILE, cousine de Cidalise.
MARTON, femme-de-chambre de Cidalise.

*La scène est à Paris, dans l'antichambre
de Cidalise.*

LA COQUETTE

ET

LA FAUSSE PRUDE,

COMÉDIE.

ACTE PREMIER.

SCÈNE Ire.

DAMIS, CIDALISE, MARTON.

DAMIS, *à Cidalise.*

Eh! ventrebleu, madame, mariez-vous, mariez-vous, mariez-vous; eh! mariez-vous, pour la centième fois, et ne vivez point comme vous faites.

CIDALISE.

Que fais-je donc, monsieur, de grace, qui mérite des réprimandes de la sorte?

DAMIS.

Eh! mariez-vous, vous dis-je, et ne me forcez point à m'expliquer mieux.

CIDALISE.

Vous êtes mon oncle, monsieur.

DAMIS.

Oui, têtebleu! je le suis.

CIDALISE.

Je ne conseillerais pas à qui que ce fût dans le royaume de penser la moindre des choses que vous m'osez dire.

DAMIS.

Je ne connais aussi personne dans le royaume qui
voulût penser la moindre des choses que vous faites.

CIDALISE.

En vérité, monsieur, vous m'en dites un peu trop.

DAMIS.

N'en faites pas tant, je vous en dirai moins.

MARTON, *bas*, *à Cidalise*.

Ne lui répondez point, madame.

CIDALISE.

Laisse-moi.

DAMIS.

Il n'est point de patience qu'on ne poussât à bout.

CIDALISE.

Expliquez-vous, de grace.

DAMIS.

Eh! madame...

CIDALISE.

Parlez, je vous prie.

DAMIS.

Eh! madame...

CIDALISE.

Oh! parlez, monsieur, s'il vous plaît, ou me laissez
en repos. Votre silence m'outrage plus que tout ce que
vous me pourriez dire.

DAMIS.

Par la morbleu! si je le rencontre chez vous...

CIDALISE.

- Encore?

DAMIS.

Je veux être le dernier des hommes...

CIDALISE.

Eh bien!

DAMIS.

Si je n'avertis votre père.

CIDALISE.

De quoi?

DAMIS.

Des visites d'Eraste, à qui j'ai défendu de venir ici.

CIDALISE.

En vérité, monsieur, si vous n'étiez point mon oncle,

je vous dirais des choses qui ne vous plairaient point du tout.

DAMIS.

Et moi, parce que vous êtes ma nièce, je vous dirai que vous êtes une extravagante; et que, si vous n'y donnez ordre, et promptement, vous vous repentirez de n'avoir pas mieux profité de mes conseils.

MARTON.

Oh! par ma foi, je ne sais plus où j'en suis. Quoi! toujours des emportemens, des menaces! Il semble, à vous entendre, que nous ayons mérité.... que sais-je, moi? Mais aussi, n'est-il pas vrai; ne dirait-on pas que nous commettons tous les crimes imaginables? Car enfin, qui parle à madame, parle à moi; qui la querelle, m'offense: je ne saurais m'accoutumer à tout ceci; c'est tous les jours chose nouvelle; et quelque déraisonnable que vous soyez aujourd'hui, il ne tiendra qu'à vous de l'être demain davantage.

CIDALISE.

Vous voyez, monsieur, ce que vos manières vous attirent.

DAMIS.

Je vous avais déjà prié, madame, de vous défaire de mademoiselle Marton.

MARTON.

Eh bien! monsieur, je sortirai, j'y consens; je ne la verrai plus quereller mal à propos du moins.

DAMIS.

Souvenez-vous-en, madame, je vous prie.

MARTON.

Allez, allez, monsieur, laissez-moi ce soin. Quelque plaisir qu'on ait d'être à madame; que ne ferait-on point pour ne vous plus voir?

DAMIS.

Faites-la taire, madame; cela n'a point bon air du tout, croyez-moi.

CIDALISE.

Ce n'est pas elle, monsieur, que j'aurais le plus d'envie qui se tût.

MARTON.

Oh! par ma foi, je veux jouer de mon reste; et si je

sors, au moins ne sera-ce point sans vous avoir dit ce que j'ai sur le cœur. Je voudrais bien savoir de quel droit vous vous érigez ici en pédagogue éternel. Madame ne sait-elle pas tout ce qu'elle doit faire ? Ah ! oui vraiment vous m'empêcheriez de voir du monde !

DAMIS.

Mademoiselle Marton, parlé-je à vous ?

MARTON.

Une femme veuve ne rend compte de ses actions à personne.

DAMIS.

Voici de belles maximes !

MARTON.

Je serai mariée quelque jour peut-être...

DAMIS.

Madame, je vous prie...

MARTON.

Et je deviendrai veuve, s'il plaît à Dieu.

DAMIS.

Faites-la retirer du moins.

MARTON.

Les oncles n'auront qu'à venir...

DAMIS.

Encore ?

MARTON.

Le premier oncle qui viendra contrôler ma conduite...

DAMIS.

Eh bien, madame ?

MARTON.

Je le traiterai de fou, de ridicule, d'extravagant, d'impertinent, de.... Allez, allez, qu'il me vienne un oncle seulement ; vous verrez ce que c'est qu'une nièce qui a de l'esprit. Adieu.

SCÈNE II.

DAMIS, CIDALISE.

DAMIS.

Vous avez beaucoup d'honneur de garder une telle insolente ! Mais laissons cela, j'ai des choses plus importantes à vous faire savoir. Vous me pousserez à des extrémités, dont je me repentirai peut-être.

CIDALISE.

Allez-vous recommencer ?

DAMIS.

Comment donc ! Qu'est-ce à dire ceci ?

CIDALISE.

Je rappellerai Marton.

DAMIS.

Perdez-vous l'esprit ?

CIDALISE.

Si vous continuez, je ne doute point que cela n'arrive.

DAMIS.

Souhaitez que je continue. Il vous importe que je prenne intérêt à votre conduite ; lorsque je l'abandonnerai toute à votre discrétion, défiez-vous des suites, si elle ne répond à mes intentions.

CIDALISE.

Quel galimatias me faites-vous de ma conduite, des suites, de vos intentions ? Que voulez-vous dire ?

DAMIS.

Il n'y a point de galimatias, madame ; ce sont les sentimens de votre père, et les miens ; et vous entendez fort bien ce que je veux vous faire entendre. Vous savez, je vous l'ai répété plus d'une fois, que le grand monde m'incommode ; c'est ici le rendez - vous de tous les fainéans de la cour et de la ville : point de distinction, tout y est bien reçu ; et ce serait un miracle, de ne trouver pas tout à la fois dans votre chambre, provinciaux, gens de robe, abbés, poëtes, musiciens : et quelque fat de la cour : car il faut qu'il le soit pour demeurer

Baron.   9

en si mauvaise compagnie. Il ne se dit point de sottise à Paris, que l'on n'ait faite ou entendue chez vous. Vous croyez, par ce cahos, fermer les yeux à tout le monde : vous vous trompez ; on démêle tout. Le comte, on le sait, ne vient vous voir, que pour entretenir Julie ; la marquise, pour le chevalier ; Angélique, pour monsieur l'abbé, On sait aussi qu'Eraste, monsieur le conseiller, monsieur Basset le financier, n'y viennent que pour vous, et que vous les trompez tous trois. Eh ! mariez-vous, madame, mariez-vous. Prenez l'époux qu'un père vous destine, et ne nous forcez point à prendre des mesures qui vous chagrineraient.

CIDALISE.

Oh ! faites, monsieur ; oh ! faites tout ce que vous voudrez, et tout ce que vous pourrez, pourvu que je n'entende plus de semblables discours.

DAMIS.

Oh bien ! madame, c'est assez. Vous verrez si votre père... Vous verrez, vous dis-je... C'est assez.

SCÈNE III.

CIDALISE, *seule.*

Ah ! juste ciel ! que tout ceci commence à me lasser ! Serai-je toute ma vie en tutelle ? bon Dieu... Marton.... Il est impossible de résister à tout cela... Marton...... Quoi ! tous les jours la même chose !... Mar...

SCÈNE IV.

MARTON, CIDALISE.

CIDALISE.

Ah ! te voilà.

MARTON.

Votre oncle est sorti, Dieu merci !

CIDALISE.

Je n'en puis plus.

MARTON.

Comment ! Vous a-t-il dit encore quelque chose ?

CIDALILE.

Tu n'as rien entendu.

MARTON.

La maudite nation que les oncles!

CIDALISE.

Il y en avait pour mourir.

MARTON.

Pour moi, je suis à bout ; je ne le comprends point.

CIDALISE.

Ni moi non plus.

MARTON.

Qui peut l'irriter de la sorte?

CIDALISE.

Je commence à le deviner.

MARTON.

Il ne faut qu'une bagatelle pour le mettre de mauvaise humeur.

CIDALISE.

Un rien suffit pour le mettre en colère.

MARTON.

Cela est vrai. Vous ne vous levâtes pas hier assez matin, et vous le fîtes attendre à dîner : il querella deux heures; je ne vois pas, pour moi...

CIDALISE.

Dîne-t-on devant trois heures à Paris?

MARTON.

C'est ce que je lui dis. Il se plaint aussi que vous voyez trop de monde, et que...

CIDALISE.

Veut-il que je ferme la porte à tous mes amis?

MARTON.

Quelle apparence? Vous allez, dit-il, souvent aux comédies, à l'Opéra; au bal; et vous jouez gros jeu.

CIDALISE.

Le carnaval, peut-on faire autre chose?

MARTON.

J'en demeure d'accord. L'été, vous aimez à vous promener, et vous ne revenez pas de bonne heure d'ordinaire.

CIDALISE.

N'est-ce pas une chose bien étrange de se promener l'été?

MARTON.

Rien n'est plus naturel, sans doute. Vous avez des amans; et le nombre peut-être pourrait...

CIDALISE.

Est-ce un crime d'avoir des amans?

MARTON.

Bon! un crime. Voilà un plaisant crime, ma foi! C'est un crime bien plutôt de n'en avoir pas aujourd'hui. Allez, allez, madame, il se moque de nous. Ne vous contraignez point. Pourvu qu'on ait la conscience nette, qu'importent des discours? Laissez quereller monsieur votre oncle, n'en faites pas moins tout ce que vous voudrez. La liberté est une belle chose; vous en jouirez tous deux. Il se veut fâcher, il se fâchera. Vous voulez vivre à votre manière, vous y vivrez.

CIDALISE.

Depuis très-peu de temps, ma conduite le blesse, et j'en découvre les raisons.

MARTON.

Il faut effectivement qu'il y ait quelque chose à tout ceci, que je ne comprends point. Depuis deux ans que je suis avec vous, nous avons toujours vécu comme nous vivons, et votre oncle ne nous persécute que depuis trois mois.

CIDALISE.

Et tu ne pénètres point encore d'où cela vient?

MARTON.

Non, ma foi.

CIDALISE.

Tu ne vois pas là l'esprit de ma tante à découvert?

MARTON.

Non, vous dis-je.

CIDALISE.

Tu ne connais pas que c'est elle qui pousse mon oncle à me tourmenter?

MARTON.

Et pourquoi?

CIDALISE.

Par jalousie.

MARTON.

Et de qui?

CIDALISE.

De moi.

MARTON.

Expliquez-vous.

CIDALISE.

Elle s'imagine que je suis le seul obstacle à l'amour qu'elle a sans doute pour Eraste.

MARTON.

Ah! par ma foi, madame, vous avez raison. Je rappelle mille et mille choses qui me convainquent de ce que vous dites. En vérité, je suis bien sotte!

CIDALISE.

Ne remarques-tu pas, toutes les fois qu'Eraste me vient voir, que ma tante descend aussitôt ici?

MARTON.

Justement.

CIDALISE.

Qu'elle me charge toujours de quelque affaire qui m'oblige à sortir, afin qu'elle demeure seule avec lui? J'ai vingt fois eu la pensée d'en avertir mon oncle.

MARTON.

Cela n'aurait de rien servi, madame. Il la verrait dans les bras de trente hommes, qu'il n'en prendrait aucun soupçon. Ses dehors affectés, ses discours éternels de morale et de vertu, son déchaînement contre tous les plaisirs, dont elle sait goûter jusqu'aux moindres délicatesses, lui donnent un empire absolu sur l'esprit de monsieur votre oncle.

CIDALISE.

C'est aussi ce qui m'a empêchée de hasarder la chose.

MARTON.

Vous avez fort bien fait.

CIDALISE.

Mais enfin ils auront beau me persécuter; la jalousie de ma tante, le pouvoir de mon oncle, ni celui de mon père même, ne me forceront point à me remarier contre mon inclination.

MARTON.

Gardez-vous bien, madame, de rien précipiter là-dessus. Vertu de ma vie ! ce ne sont point ici des bagatelles. Vous iriez prendre quelque brutal de provincial peut-être, qui nous taillerait de la besogne. Eh ! ne vous mariez point, madame, sans avoir bien examiné celui que vous choisirez. Brutal pour brutal, j'aime mieux un oncle qu'un mari.

CIDALISE.

Il faudra que je sois bien assurée de la complaisance de celui qui me déterminera au mariage.

MARTON.

Vous parlez en femme de bon sens. Un choix, bon ou mauvais, est excusable la première fois ; la curiosité peut faire faire bien des choses ; mais, la seconde, il faut d'autres raisons que la curiosité.

CIDALISE.

Ah ! je sais trop ce qu'il m'en a coûté pour avoir obéi aveuglément.

MARTON.

Dans les sentimens où je vous vois, monsieur Durcet est celui qu'il vous faut.

CIDALISE.

Et sur quoi juges-tu cela, Marton ?

MARTON.

Sur le grand attachement que vous avez pour la liberté.

CIDALISE.

Monsieur Durcet est un fort honnête homme : mais, ma pauvre Marton, je n'aime point les gens de robe.

MARTON.

Je ne vous en parlais que pour cette liberté qui vous est si précieuse. S'il découvre vos sentimens, il se pendra, madame, assurément. Il est vrai que vous ne le traitez pas plus mal que les autres, à qui vous promettez la même chose.

CIDALISE.

Tant que mon procès durera, dont il est rapporteur, je me garderai bien de le désabuser.

MARTON.

J'ai ouï dire que c'était un homme admirable pour les procès désespérés. Mais, madame, monsieur Basset n'est point homme de robe, c'est un de ceux que vous flattez aussi de la même espérance.

CIDALISE.

Il n'est pas gentilhomme seulement.

MARTON.

Comment ! Madame, vous moquez-vous ? Son père et lui ne sont-ils pas dans les affaires ?

CIDALISE.

Ce n'est pas une conséquence.

MARTON.

Mais n'est-ce pas dans les affaires où l'on s'enrichit

CIDALISE.

Ordinairement.

MARTON.

Allez, allez, madame, il sera bientôt noble. Le nom changé fait tout ; au lieu de Basset, monsieur le marquis. Acheter une charge, répandre deux milliers de pistoles à prêter à propos ; il trouvera des amis et des parens à la cour même. Son père l'a fait riche ; il fera son père gentilhomme. La plume usurpe la noblesse aussi bien que l'épée.

CIDALISE.

Quoi qu'il en soit, Marton, je ne serai jamais la femme de monsieur Basset, sous quelque nom ni quelque qualité que ce soit.

MARTON.

Pourquoi le lui promettez-vous ? Ah ! vraiment, je l'avais oublié. Les mille pistoles qu'il vous envoya hier, devaient bien m'en faire souvenir.

CIDALISE.

En vérité, c'est l'homme le plus obligeant que je connaisse. Il fit cela de la meilleure grace du monde, et sans lui, en vérité, je ne sais ce que je ferais, tou mon bien étant saisi comme il est.

MARTON.

Enfin donc, madame, la roture de monsieur Basset

et la robe de monsieur Durcet vous déterminent en faveur d'Eraste.

SCÈNE V.

CIDALISE, DURCET, MARTON.

CIDALISE, *bas*, *à Marton*.

TAIS-TOI ; voici monsieur Durcet. (*haut.*) En vérité, monsieur Durcet, je vous ai des obligations infinies. Vous faites paraître, en tout ce qui me regarde, une exactitude charmante.

DURCET.

Vous voyez, madame, que je n'ai seulement pas voulu quitter ma robe pour en être plus tôt auprès de vous.

CIDALISE.

L'empressement des gens que l'on considère fait un extrême plaisir.

MARTON.

Monsieur ne serait pas de ces gens qui, au retour d'un voyage, vont descendre chez le baigneur, pour ne pas dégoûter leur maîtresse.

DURCET.

Non, je vous en réponds ; j'y viendrais tout botté.

MARTON.

Tout botté !

CIDALISE.

Marton, ne plaisante point : il y a bien autant de passion à l'un qu'à l'autre.

MARTON.

Moi, madame, je ne plaisante point.

CIDALISE.

Hé bien ! monsieur, comment va mon procès ?

DURCET.

Ah ! madame, le rapporteur se tiendrait fort heureux, si vous aviez autant d'ardeur pour lui qu'il en a pour tout ce qui vous touche.

CIDALISE.

Dites-moi, je vous prie ; en quel état est mon procès ?

DURCET.

Madame , rien ne m'embarrasse sur votre affaire ; et, quand il y aurait plus de difficulté qu'il n'y en a , j'ai des amis qui voudront bien me servir en appuyant mes sentimens. Si l'appel de la sentence de liquidation de vos conventions matrimoniales eût été plus tôt conclu et reçu, il y a long-temps que vous seriez hors d'affaire ; et je n'aurais pas manqué de vous accorder tout ce qui aurait dépendu de mon ministère , et au-delà , avec une rude condamnation de tous dépens, dommages et intérêts.

CIDALISE.

Quand tout cela sera fait , monsieur , aurai-je gagné mon procès ? Car je ne comprends rien à ces choses.

DURCET.

Tout ira bien , madame , ne vous en mettez point en peine.

MARTON.

Hé ! monsieur , comment pouvez-vous dormir avec tout ce tintamarre-là dans la tête ?

DURCET.

Ah ! Marton , si je n'avais autre chose qui m'empêchât de dormir...

CIDALISE.

Achevez , monsieur ; que voulez-vous dire ?

DURCET.

Il vient des gens les soirs , qui me réveillent de bon matin , madame...

CIDALISE.

C'en est assez , je vous entends ; et je veux bien calmer vos inquiétudes. Les assiduités de monsieur Basset vous chagrinent ; croyez qu'elles me chagrinent autant que vous. C'est mon oncle qui l'oblige d'être sans cesse ici pour nous épier : je suis bien aise de vous en avertir, afin que vous évitiez de le rencontrer. Ces petits soins ne partent pas d'une ame tout-à-fait indifférente. Ah ! ne me croyez pas , je vous en dis trop. Je ne vous aime point au moins ; mais je ne veux pas que vous croyiez que j'en aime quelque autre.

DURCET.

Ah ! madame , souffrez , je vous prie...

CIDALISE.

Ah ! monsieur , c'en est assez. Après cela , je ne puis plus vous regarder.

DURCET.

Adieu , madame; songez à moi quelquefois.

CIDALISE.

Adieu donc. Allez-vous-en ; ne me regardez pas.

MARTON , *à Durcet.*

Ah ! ne me regardez pas.

SCÈNE VI.

CIDALISE, MARTON.

MARTON , *riant.*

Ah , ah , ah ! monsieur Durcet aurait grand besoin d'un bon verre de limonade. Mais n'appréhendez-vous point , madame , qu'Eraste , emporté , fou comme il est...

CIDALISE.

A propos d'Eraste , nous sommes mal ensemble.

MARTON.

Ah! vraiment , je ne m'étonne donc plus que nous n'en ayons entendu parler d'aujourd'hui.

CIDALISE.

Il n'est point venu ici , dis-tu ?

MARTON.

Non , madame.

CIDALISE.

Il n'y a point envoyé ?

MARTON.

Personne n'est venu.

CIDALISE.

Cela ne se peut. Tandis que mon oncle vous parlait peut-être...

MARTON.

Cela se peut fort bien , madame ; car j'ai descendu là-bas tout exprès pour m'en informer.

CIDALISE.

Tu te trompes.

MARTON.

Je ne me trompe point.

CIDALISE.

Le portier dormait, sans doute.

MARTON.

Il ne dormait point.

CIDALISE.

Il y enverra donc. Attends ici. Voilà son portrait.
Cette bague est de lui. Prends ce miroir encore. S'il
vient lui-même, remets-lui tout cela entre les mains. Si
Pasquin vient le premier, qu'il le reporte à son maître;
qu'il me rende mes lettres.; et que, surtout, il sache que
je ne le veux plus voir.

MARTON.

Et que ne me disiez-vous cela d'abord? je ne vous
aurais pas tant questionnée, pour savoir qui des trois
vous aimez davantage.

CIDALISE.

Fais ce que je te dis.

SCÈNE VII.

MARTON, *seule.*

S'il ne tient qu'à dire à Eraste qu'on ne veut plus
le voir, la chose n'est pas difficile; ou, si le maître ne
vient point, en instruire le valet, cela est fort aisé. A
l'égard de ce qu'il faut remettre entre les mains de l'un
ou de l'autre, il y a bien des choses à dire là-dessus.
Pour la bague, Eraste me la donnerait sans doute.
Pour ce miroir, je n'aurais qu'à le lui demander. Je serais bien ingrate de ne pas garder le portrait d'un homme
qui me veut tant de bien.

SCÈNE VIII.

PASQUIN, MARTON.

PASQUIN.

Bonjour, Marton.

MARTON.

Bonjour.

PASQUIN.

Bonjour.

MARTON.

Eh bien ! bonjour, bonjour ! N'as-tu que cela à me dire ? Te voilà bien effaré !

PASQUIN.

Oui vraiment, je le suis. Tu parles bien à ton aise. Vois-tu, quand on est amoureux...

MARTON.

Toi ! amoureux ?

PASQUIN.

Moi amoureux ? Non, je me donne au diable. Je ne veux point devenir fou comme mon maître ; je veux dormir, boire et manger : ces choses si utiles à la vie sont les choses dont on parle le moins chez nous. Au diantre soit l'amour ! Tiens, tiens, voilà une lettre pour ta maîtresse ; je crois qu'elle n'en sera pas aussi contente que des autres.

MARTON.

Cidalise ne veut entendre parler ni d'Éraste, ni de ses lettres.

PASQUIN.

Tant mieux. Je vais lui reporter celle ci. N'as-tu rien à me dire autre chose ?

MARTON.

Tu lui diras que j'ai fait humainement pour lui tout ce que j'ai pu faire auprès de ma maîtresse ; et qu'elle est si fort irritée, qu'il m'a été impossible de l'adoucir.

PASQUIN.

Ah ! bien, bien, billes pareilles. Mon maître est dans une rage contre elle à n'en revenir jamais. Il avoue qu'on le trompe ; et l'avoue pour la première fois de sa vie : l'aventure d'hier l'a dégagé absolument.

MARTON.

Mais d'où donc est venu tout ce désordre ?

PASQUIN.

Tu ne le sais point ?

MARTON.

Non, ma foi.

PASQUIN.

Je vais te l'expliquer. Peste ! l'affaire est délicate ; et l'on romprait à moins.

MARTON.

Point tant de disgressions ; achève, je te prie.

PASQUIN.

Mon maître était à la foire hier avec ta maîtresse.

MARTON.

Eh bien ? ton maître était à la foire ; après ?

PASQUIN.

Il passa un jeune homme que Cidalise trouva fort bien fait. Aussitôt Eraste regarde une jeune personne, qu'il trouva fort aimable. Cidalise redoubla ses louanges pour le cavalier ; Eraste exagéra les siennes pour la jeune personne. Ta maîtresse recommençait toujours, mon maître ne finissait point ; et la fin de la conversation fut, qu'ils se trouvèrent tous deux si laids, si laids, qu'ils se séparèrent, avec des sermens de ne se revoir de leur vie.

MARTON.

Tu n'as plus rien à me dire ? Adieu.

PASQUIN.

Demeure ici. J'entends Eraste, paie-le de son impatience ; aussi-bien lui feras-tu mieux comprendre les choses.

SCÈNE IX.

PASQUIN, MARTON, ÉRASTE.

ÉRASTE, *à Pasquin.*

As-tu parlé à Cidalise elle-même ?

MARTON.

Monsieur...

ÉRASTE.

Eh bien, Marton?

PASQUIN.

Voici la lettre.

ÉRASTE.

Une réponse? Elle me fait beaucoup d'honneur, vraiment!

MARTON.

Monsieur, je suis chargée...

ÉRASTE.

Attendez, Marton, je vous prie.

PASQUIN.

Monsieur, Marton n'a point voulu...

ÉRASTE.

Tais-toi.

MARTON.

Monsieur, je suis fâchée...

ÉRASTE.

Un moment, s'il vous plaît. (*à Pasquin.*) C'est ma lettre?

PASQUIN.

Oui, monsieur.

ÉRASTE, *à Marton.*

Elle ne l'a point voulu recevoir?

MARTON.

Non, monsieur.

ÉRASTE, *à Pasquin.*

Pourquoi donc demeurer si long-temps?

PASQUIN.

J'instruisais Marton de votre démêlé.

MARTON.

Je le priais de vous dire qu'il n'aurait pas tenu à moi.

ÉRASTE.

C'est assez, Marton, voilà qui va le mieux du monde. (*il parle à l'oreille à Pasquin, et lui remet une clef.*)

PASQUIN.

Oui, monsieur.

ÉRASTE.

Pasquin, tu n'as point parlé à Cidalise? Ah! tu m'as déjà dit que non. Va-t'en.

PASQUIN.

Je suis ici dans un moment.

SCÈNE X.

ÉRASTE, MARTON.

ÉRASTE.

Eh bien donc, Marton, on ne me veut plus voir?

MARTON.

Monsieur...

ÉRASTE.

J'en suis ravi, je vous jure. Elle m'a prévenu, comme vous voyez. Elle vous a entretenu de son procédé avec moi?

MARTON.

Non, monsieur, je vous assure. J'ai su qu'elle ne voulait plus vous voir, sans en apprendre la cause.

ÉRASTE.

Que je sois le dernier des hommes, que tous les malheurs imaginables m'arrivent, si je lui parle de ma vie, si je ne romps avec elle pour jamais, si je ne l'oublie, ou si je m'en souviens, que pour me venger de ses perfidie! Où est-elle?

MARTON.

Elle est dans sa chambre, monsieur.

ÉRASTE.

Ah! qu'elle y demeure; je suis las d'essuyer ses caprices. Que fait-elle?

MARTON.

Je crois qu'elle essaie une robe.

ÉRASTE.

Elle peut faire tout ce qu'il lui plaira; mais je n'en serai plus la victime, sur ma parole. Elle n'est point sortie depuis qu'elle est levée?

MARTON.

Non, monsieur.

ÉRASTE.

Qu'elle sorte, qu'elle ne sorte point; qu'elle aille au bout du monde, j'y prends peu d'intérêt. Que voulait ce laquais qui sortait quand je suis entré?

MARTON.

Je n'ai vu de laquais ici que le vôtre.

ÉRASTE.

Ah ! mon enfant, je n'ai point de curiosité, je vous jure. Je croirai, si vous voulez, que personne ne l'est venu voir d'aujourd'hui.

MARTON.

Non , je vous en réponds.

ÉRASTE.

Eh ! que m'importe ? Je ne veux rien apprendre de ce qui la regarde. Qu'elle soit tranquille comme je le suis , et comme elle l'est sans doute.

MARTON.

Je ne sais point lire dans les cœurs.

ÉRASTE.

Qu'elle me méprise.

MARTON.

Cela serait difficile.

ÉRASTE.

Qu'elle me haïsse.

MARTON.

Elle ne hait personne.

ÉRASTE.

Adieu, Marton. (*il va pour sortir, et revient sur ses pas.*) Je vous demande en grace qu'elle ne sache point que je suis venu ici.

MARTON.

Je ferai ce que vous voudrez.

ÉRASTE.

Je vous en prie au moins.

MARTON.

Cela suffit.

ÉRASTE.

Vous vous en souviendrez ?

MARTON.

Je vous en réponds.

ÉRASTE, *va pour sortir, et revient sur ses pas.*

Non, Marton... Je vous prie, dites-lui que vous m'avez vu.

MARTON.

Je le veux bien.

ÉRASTE.

Peignez-moi à ses yeux aussi indifférent que je vous le parais.

MARTON.

Je n'y manquerai pas.

ÉRASTE.

Dites-lui bien tout ce que je vous ai dit.

MARTON.

Je le ferai.

ÉRASTE.

Que je ne songe plus à elle.

MARTON.

C'est assez.

ÉRASTE.

Que je ne l'aime plus.

MARTON.

Je lui dirai.

ÉRASTE.

Que je ne la veux plus voir.

MARTON.

Je n'oublierai rien.

ÉRASTE.

Adieu, Marton.

MARTON.

Adieu, monsieur.

ÉRASTE, *va pour sortir, et revient sur ses pas.*

Il faut qu'elle apprenne mes sentimens de ma propre bouche.

MARTON.

Oh! pour cela, monsieur, je ne puis.

ÉRASTE.

Comment donc?

MARTON.

Elle m'a défendu expressément de vous laisser entrer.

ÉRASTE.

Je ne veux lui dire qu'un mot.

MARTON.

Il m'est impossible.

ÉRASTE.

Ma pauvre Marton...

MARTON.

Non, monsieur, je n'en ferai rien.

Baron.   10

SCÈNE XI.

PASQUIN, MARTON, ÉRASTE.

PASQUIN.

Monsieur...

ÉRASTE.

Attends un moment. (*à Marton.*) Ma pauvre Marton,
fais-moi le plaisir, au moins, de lui dire que je suis ici

MARTON.

Vous me ferez gronder.

ÉRASTE.

Oblige-moi; je t'en conjure.

MARTON.

Cela ne servira de rien.

ÉRASTE, *lui donnant une bague.*

Tiens, Marton; va, je te prie.

MARTON, *mettant la bague à son doigt.*

On ne peut vous rien refuser.

(*elle sort.*)

SCÈNE XII.

PASQUIN, ÉRASTE.

ÉRASTE.

M'as-tu apporté tout ce que je demandais?

PASQUIN.

Voilà premièrement la clef de votre cassette: les
lettres que vous me demandiez n'y étaient point.

ÉRASTE.

Elles étaient dans mon écritoire.

PASQUIN.

Je les y ai trouvées aussi.

ÉRASTE.

Les as-tu enfin?

PASQUIN.

Oui, monsieur.

ÉRASTE.

Donne donc.

SCÈNE XIII.

MARTON, ÉRASTE, PASQUIN.

ÉRASTE.

Eh bien, Marton ? (*à Pasquin.*) Attends.

MARTON.

Je vous l'avais bien dit, monsieur, que je serais querellée. Elle ne veut plus vous voir absolument. On m'appelle. Adieu, monsieur, j'en suis au désespoir.

SCÈNE XIV.

PASQUIN, ÉRASTE.

ÉRASTE.

Où sont ces lettres ?

PASQUIN.

Les voici.

ÉRASTE.

Les tablettes ?

PASQUIN.

Les voilà.

ÉRASTE.

Le portrait ?

PASQUIN.

Je le tiens.

ÉRASTE.

Le cachet ?

PASQUIN.

Vous le voyez.

ÉRASTE.

Donne tout cela à Marton ; qu'elle le rende à sa maî-tresse.

PASQUIN.

Je vais lui donner tout à l'heure.

SCÈNE XV.

PASQUIN, *seul.*

OUI-DA! Oh! quelque sot, ma foi. Donnant, donnant; autrement point d'affaire. J'ai bonne mémoire;
il nous revient un miroir, un portrait, aussi une bague.
Si l'on rend, nous rendrons; et si l'on garde, nous
garderons.

SCÈNE XVI.

PASQUIN, MARTON.

MARTON.

Ton maître est sorti?

PASQUIN.

Oui; pourquoi? Veut-on parler d'accommodement?
Faut-il ménager quelque entrevue? Parle; je suis plé-
nipotentiaire absolu. Tu n'as qu'à dire.

MARTON.

Tu ne dis que des sottises; tais-toi. J'ai oublié de lui
demander les lettres de ma maîtresse.

PASQUIN.

Je suis ici resté pour te redemander celles de mon
maître.

MARTON.

Je crois que j'ai les siennes ici.

PASQUIN.

Je pense avoir celles de ta maîtresse aussi.
(*ils se remettent mutuellement un paquet de lettres.*)

MARTON.

N'as-tu plus rien à me dire?

PASQUIN.

N'as-tu plus rien à me faire savoir?

MARTON.

J'ai, ce me semble, encore quelque chose à te donner.

PASQUIN.

J'ai, si je ne me trompe, quelque chose encore à te
rendre.

MARTON.

Non, je m'abuse. Mais rends-moi ce que tu veux
dire.

PASQUIN.

Non, je rêvais, Marton ; je n'ai plus rien à te donner.

MARTON.

Que parles-tu là d'un cachet ?

PASQUIN.

Que murmures-tu d'une bague ?

MARTON.

Ah! vraiment, je m'en ressouviens. Tiens, tiens,
Pasquin, voici...

PASQUIN.

Ah! je m'en ressouviens aussi, Tiens, tiens, Marton.
voilà...

MARTON.

On m'a chargé de remettre ceci entre tes mains.

          (elle rend un porte-lettre.)

PASQUIN.

J'ai ordre de remettre ceci entre les tiennes.

          (il rend un bracelet de cheveux.)

MARTON.

Ce n'est point là le cachet.

PASQUIN.

Ce n'est point là la bague.

MARTON.

Peste soit du fripon !

PASQUIN.

Friponne toi-même ! Que veux-tu dire ? Rends-moi
le bracelet, je te rendrai le porte-lettre.

MARTON.

Je dirai tout cela à ton maître.

PASQUIN.

Et moi je le dirai à ta maîtresse. Tiens, vois-tu, sans
tant barguigner, rends moi la bague, et voilà le cachet.

MARTON.

La bague vaut mieux.

PASQUIN.

Tiens ; voilà encore les tablettes par-dessus ; j'y perds
par ma foi.

MARTON.

Donne.

PASQUIN.

Au voleur.

MARTON.

Prends donc, maraud. Te tairas-tu? donne-moi le portrait de ma maîtresse, je te rendrai celui de ton maître.

PASQUIN.

Et le miroir?

MARTON.

Le voilà.

PASQUIN.

Tiens. Mais je ne veux plus de commerce entre nous; j'aime les gens de bonne foi.

MARTON.

Point de chagrin.

PASQUIN.

Va, va, je suis bon prince.

MARTON.

Sois discret, au moins.

PASQUIN.

Ne babille pas seulement.

MARTON.

Bouche close.

PASQUIN.

Chut.

FIN DU PREMIER ACTE.

ACTE II.

SCÈNE Ire.

CIDALISE , MARTON.

MARTON.
Vous avez mis Eraste au désespoir.

CIDALISE.
Ce n'est point cela à présent dont il est ici question.
Que fait mon oncle? que dit-il?

MARTON.
Votre oncle est parti pour aller trouver votre père.

CIDALISE.
Pour aller trouver mon père?

MARTON.
Rien n'est plus assuré.

CIDALISE.
Qui te l'a dit?

MARTON.
Personne ; mais il est sorti à six chevaux , il a pris sa
petite calèche : où voudriez-vous qu'il allât ?

CIDALISE.
Il y a bien de l'apparence à ce que tu dis. J'ai peur
de quelque extravagance. C'est un homme dont je crains
tout.

MARTON.
On appelle cela justement avoir peur de son ombre.
Que vous peut-il faire ?

CIDALISE.
Il était ce matin dans une furieuse colère.

MARTON.
Il était, il y a huit jours , dans une rage effroyable.

CIDALISE.
Quand donc ? Je ne m'en souviens point.

MARTON.
Vous avez bientôt perdu la mémoire. Quoi ! vous avez
oublié cette charmante nuit , où tous les élémens se dé-
chaînèrent pour nous faire enrager ; cette nuit , où le

vent, l'eau et le vin nous causèrent tant de désordre; point de flambeaux, plus de laquais, le cocher ivre mort, ses chevaux et nous au milieu d'un bourbier?

CIDALISE.

Ce jour que nous revînmes à huit heures au matin?

MARTON

Celui-là même. Ne vous souvient-il point non plus que monsieur votre oncle nous attendait dans la cour ; qu'il se promenait en long, en large : qu'il prenait le ciel à témoin, qu'il tempêtait, qu'il menaçait?

CIDALISE.

Oh! pour ce jour-là, je t'avoue que j'en eus pitié.

MARTON.

Madame votre tante ne vous fit-elle point de pitié aussi, qui le contrefaisait en tout, et l'adoucissait d'ne manière à l'irriter mille fois davantage.

CIDALISE.

Je crois qu'elle s'évanouit aussi?

MARTON.

Elle en fit semblant du moins : mais je lui jetai une aiguiérée d'eau par le nez, qui lui fit bientôt changer de résolution. Mort de ma vie! je n'aime point les hypocrites; elle n'était fâchée que de n'avoir pas été avec nous.

CIDALISE.

Il n'en faut point douter.

MARTON.

Oh! çà donc, croyez-moi, ne vous allez point mettre de fariboles dans la tête, qui ne sont bonnes à rien. Que monsieur votre oncle se fâche ou ne se fâche point, tout cela est la même chose à votre égard.

CIDALISE.

Tu as raison.

MARTON.

Voyons donc pour Eraste.

SCÈNE II.

CIDALISE, MARTON, un laquais.

LE LAQUAIS.
Monsieur Basset, madame.

CIDALISE, *à Marton*.
Faites monter.

SCÈNE III.

CIDALISE, *seule*.

La visite de cet homme m'embarrasse. On n'aime point à voir les gens à qui l'on a de certaines obligations.

SCÈNE IV.

CIDALISE, BASSET.

CIDALISE.
Eh ! bonjour, monsieur Basset : j'ai bien des remerciemens à vous faire.

BASSET.
Je suis ravi, madame, d'avoir eu une occasion en ma vie de vous faire un petit plaisir.

CIDALISE.
Il est certain que peu de gens aiment aussi délicatement que vous. La plupart ne vous disent que des sottises : ils croient avoir bien rencontré de vous dire qu'ils vous adorent, et qu'ils vont mourir pour vous, si vous ne les aimez ; que, si vous leur faites cette grace, ils vous serviront toute leur vie ; comme si l'on avait bien affaire de leurs services ! et, dans les choses essentielles, ils demeurent tout court.

BASSET.
Pour moi, madame, je ne m'amuse point à la bagatelle : vous me trouverez toujours, mon coffre-fort ouvert.

Baron.   11

CIDALISE.

Je ne crois pas, monsieur, que je vous mette souvent à de pareilles épreuves. Vous êtes bien persuadé qu'aussitôt que mes affaires seront terminées...

BASSET.

Ne parlons plus de cela, madame, je vous prie : ce sont des bagatelles, vous dis-je, qui ne méritent pas qu'on s'en souvienne.

CIDALISE.

Vous avez l'ame belle, monsieur.

BASSET.

Point du tout, madame, cela ne me coûte rien : mes droits de présence me valent cela en une année.

CIDALISE.

En vérité, monsieur, je ne saurais assez vous témoigner...

BASSET.

Si vous aviez autant d'envie de reconnaître la tendresse que j'ai pour vous, qui mériterait bien mieux d'être récompensée...

CIDALISE.

Oh! monsieur Basset, je vous prie, laissez-moi terminer mes affaires. Je n'ai plus qu'une année à passer pour être absolument maîtresse de mes volontés; donnez-vous patience jusque-là, s'il vous plait, alors je vous permets de vous plaindre si vous n'avez pas lieu d'être content de moi.

BASSET.

Vous me faites une belle promesse, madame; vous me permettez de me plaindre.

CIDALISE.

Oh! monsieur Basset, que vous donnez un mauvais sens aux choses qu'on vous dit.

BASSET.

Eh bien! madame, je prendrai patience, pourvu que vous ne voyiez plus monsieur Durcet.

CIDALISE.

Ah! vraiment, j'oubliais bien de vous en parler. C'est un homme qui me désespère. Il est ici presque tous les jours : j'ai découvert ce qui l'amène. Mon oncle

l'a prié d'observer ceux qui viennent ici ; et, dans la
pensée que mon père et lui ont de me faire épouser un
gentilhomme de leur province, ils veulent m'ôter la liberté de voir qui que ce soit. Ils vous redoutent plus
qu'un autre : c'est pourquoi je vous prie bien fort d'é-
viter, autant que vous pourrez, la présence de monsieur Durcet.

BASSET.

En vérité, madame, vous me rendez la vie.

SCÈNE V.

MARTON, CIDALISE, BASSET.

MARTON.

Lucile, votre jeune cousine, voudrait vous parler un
moment.

CIDALISE.

Hélas ! la pauvre petite personne, je serai bien aise
de la voir. Adieu, monsieur Basset ; que rien ne vous
inquiète.

BASSET.

Quand on aime comme je fais...

CIDALISE.

Adieu, monsieur Basset.

SCÈNE VI.

CIDALISE, LUCILE, MARTON.

CIDALISE.

Eh bien, ma chère enfant, il y avait long-temps que
je ne vous avais embrassée. Vous ne me dites mot ?

LUCILE.

Ma cousine, au moins je vous prie bien fort de ne
point dire à ma mère que je suis venue ici.

CIDALISE.

Pourquoi donc cette précaution ? Est-ce qu'il y a du
mal à me venir voir ?

LUCILE.

Eh ! mon Dieu, ne savez-vous pas son humeur ? Elle

ne me croit jamais bien qu'avec elle ; et, pour surcroît encore, Céphise, votre tante, l'achève de gâter. Ma mère m'a envoyée chez elle ; mais j'ai pris ce temps-là pour vous prier de me faire une grace.

CIDALISE.

J'apprends tous les jours des choses nouvelles de ma chère tante. Marton, Céphise n'a pas manqué de parler de moi chez la mère de ma cousine dans ses termes ordinaires.

MARTON.

Sans mentir, voilà un méchant esprit.

LUCILE.

Ne lui en témoignez rien, je vous prie.

CIDALISE.

N'ayez aucune peur. Mais que dit-elle de moi à votre mère ?

LUCILE.

Oh ! ma cousine, je n'oserais vous le dire.

MARTON.

Allez, allez, ne craignez rien ; nous sommes accoutumées à son langage ; car je crois qu'elle ne m'épargne pas plus que les autres.

LUCILE.

Ah ! vraiment non, elle commence toujours par vous.

MARTON.

Eh bien ?

LUCILE.

Eh bien ! elle dit que vous êtes la plus méchante fille du monde ; que c'est vous qui entraînez ma cousine dans le libertinage où elle vit ; que c'est vous qui l'empêchez de se remarier, parce que tous ses amans vous font des présens ; que vous avez intérêt de faire durer ce manége autant de temps que vous le pourrez, puisqu'un mariage ferait bientôt cesser ce commerce. Que sais-je, moi ? Je n'aurais jamais fait, si je vous disais tout ce qu'elle dit.

MARTON.

Par ma foi, madame, avec tout le respect que je vous dois, voilà une impudente carogne !

CIDALISE.

Ne vous contraignez point, Marton ; je vous avoue
de tout. Et de moi, ma cousine, que dit-elle ?

LUCILE.

Mais elle dit que vous ne la voulez point croire ; que
vous ne faites rien qu'à votre tête ; qu'elle s'est bannie
de chez vous, parce que vous vous moquiez de ses cor-
rections ; que cependant elle avait pour vous toutes
sortes de complaisances ; que vous la traîniez dans tous
les plaisirs, qu'elle prenait comme autant de mortifica-
tions.

MARTON.

La scélérate !

CIDALISE.

Après, ma cousine ?

LUCILÉ.

Mais après, elle dit que vous donnerez la mort à son
mari ; qu'il y a huit jours que vous ne revîntes qu'à
huit heures du matin ; et que cela, joint avec d'autres
choses qu'elle ne dit point, suffiront pour avoir des
moyens de vous punir.

CIDALISE.

Oh ! je la mets au pis. Si l'on approfondissait son
cœur et le mien, malgré cette vertu dont elle fait tant
de bruit, on y trouverait de terribles différences. Mais
poursuivez, je vous prie.

LUCILE.

Mais elle me fait sans cesse de grands sermons, qui
durent deux heures, de ne jamais parler à pas un
homme ; que ce sont tous des trompeurs.

MARTON.

Eh ! d'où diantre le sait-elle ? Quelqu'un l'a-t-il jamais
voulu tromper ?

LUCILE.

Ah ! vraiment vous n'auriez qu'à lui dire cela.

CIDALISE.

Ensuite, ma cousine ?

LUCILE.

Mais ensuite, je m'endors ; et ma mère me donne un
soufflet pour me réveiller.

CIDALISE.

Mais, ma chère cousine, je vous en prie, tâchez de vous ressouvenir de toutes les faussetés dont elle me noircit.

LUCILE.

Oh! dame, ma cousine, je ne suis pas venue ici pour cela. Chacun songe à ses affaires, voyez-vous.

CIDALISE.

Eh! mon enfant, quelles affaires avez-vous?

LUCILE.

J'aurai bien de la peine à vous le dire.

CIDALISF.

Je ne puis pas non plus le deviner.

LUCIIE.

Mais, ma cousine, vous n'en parlerez donc à personne au moins?

MARTON.

Voulez-vous que je m'en aille?

LUCILE.

Bien au contraire, puisque vous êtes si habile, vous m'aiderez, s'il vous plaît.

CIDALISE.

Dites donc vite, car il pourrait venir quelqu'un.

LUCILE.

Tenez, Marton sait bien ce que c'est, car elle me regarde.

MARTON.

Je parie qu'elle aime quelqu'un.

LUCILE.

Eh bien! oui, puisque vous voulez le savoir.

CIDALISE.

Eh bien! ma cousine, ce n'est pas un grand crime.

LUCILE.

Ah! vraiment, si vous entendiez et ma mère et Céphise, il n'y a point assez de tourmens pour punir une fille qui aime.

CIDALISE.

Mais, c'est selon, ma cousine. Il y a des amours criminelles, dont je ne vous crois point capable.

LUCILE.

Mais quel crime peut-il y avoir d'aimer bien tendrement, de souhaiter d'être incessamment avec la personne qu'on aime, et d'être au désespoir de ne le pouvoir pas?...

CIDALISE.

Est-ce un homme de qualité?

LUCILE.

Assurément. On l'appelle monsieur le comte; mais si vous le voyiez, ma cousine, vous l'aimeriez : il est petit, mais il a le meilleur air du monde, les yeux si beaux! il chante comme un ange; il danse, qu'on ne peut pas mieux.

CIDALISE.

Vous lui avez donc parlé?

LUCILE.

Fort souvent, ma cousine. Il passait le soir par-dessus la muraille du jardin d'un de ses amis; ce jardin donnait dans le nôtre; une demoiselle de ma mère, qu'on a chassée pour cela, le faisait monter dans sa chambre, et nous causions tous trois toute la nuit.

MARTON.

Ces pauvres enfans !

LUCILE.

Oh! Marton, vous ne savez pas tout; il a été une fois trois jours au logis à ne vivre que de confitures.

MARTON.

Et il n'en est point mort?

LUCILE.

J'en serais bien fâchée.

CIDALISE.

Mais enfin de quoi s'agit-il?

LUCILE.

Il va venir, ici, ma cousine, si vous le trouvez bon. Comme nous ne pouvons plus nous voir chez nous, j'ai cru que vous voudriez bien me faire le plaisir de souffrir qu'il vînt ici quelquefois. Je demanderai congé pour aller voir Céphise; je n'y demeurerai qu'un moment, et je viendrai passer quelques heures avec vous et avec lui.

MARTON.

La pauvre petite innocente !

CIDALISE.

Très-volontiers, ma cousine ; et même je vous réponds, si c'est un parti qui vous convienne, d'en faire parler à votre mère par des gens qu'elle aura peine à refuser.

LUCILE.

Hélas ! ma cousine, que je vous aurai d'obligation !

SCÈNE VII.

CIDALISE, PASQUIN, MARTON, LUCILE.

CIDALISE.

Eh, bon Dieu ! Pasquin, que veut dire ceci ? Que signifie cet équipage ?

PASQUIN.

Il ne signifie rien de bon

MARTON.

Explique-toi.

PASQUIN.

Hélas ! j'ai le cœur si serré.

CIDALISE.

Eh ! de quoi ?

PASQUIN.

Ah ! madame...

MARTON.

Eh bien ! Parleras-tu ?

PASQUIN.

Adieu parens, amis, patrie. Adieu, Paris ; adieu, Saint-Cloud, Boulogne et Vincennes. Peut-on quitter de si braves gens sans étouffer de douleur ?

CIDALISE.

Et pourquoi les quitter ?

PASQUIN.

Pour ne vous plus voir, madame. Nous allons chercher, mon maître et moi, un pays où l'on ne trompe point.

MARTON.

Et où le trouveras-tu ce pays ?

PASQUIN.

Partout où il n'y aura point de femmes.

MARTON.

Mais tu trouveras des femmes partout.

PASQUIN.

Elles ne seront peut-être pas comme ici

MARTON.

Elles seront partout de même.

CIDALISE.

Oh ! finis, je t'en prie. Que demandes-tu ? que veux-tu ?

PASQUIN.

Mon maître m'a chargé, madame, de venir vous faire ses adieux.

CIDALISE.

Où va-t-il ?

PASQUIN.

Il ne me l'a point dit, madame.

CIDALISE.

Mais qui le fait partir si promptement ?

PASQUIN.

Le désespoir où vous l'avez mis ce matin. Franchement, madame, vous en avez usé un peu cavalièrement avec nous. Enfin, rebuté de vos mépris, il s'est jeté dans son carrosse, à ce qu'on m'a dit, car si j'y avais été, je l'eusse bien empêché d'en rompre les glaces, soit dit par parenthèse. Il est entré chez lui ; il a donné mille coups de bâton à tous ses gens.

MARTON.

Y étais-tu pour lors, Pasquin,

PASQUIN.

Non, Marton, heureusement : quand je suis arrivé, l'expédition était faite. Il est ensuite monté dans sa chambre ; j'y étais pour lors. Ah ! que je suis misérable, a-t-il dit, de m'attacher à la plus franche coquette de Paris. Je ne redis pas fidèlement les paroles, mais c'est le sens toujours. Allons, allons, a-t-il poursuivi, méprisons ceux qui nous méprisent, c'est trop long-temps passer pour une dupe. Je ne vous dis point qu'il assaisonnait chaque parole de coups de pied contre les fauteuils, d'égratignures au visage ; cela s'en va sans dire. Enfin, madame, lassé de faire le possédé, il est demeuré immobile ; la nature a cédé à des efforts si violens ; il s'est traîné contre son lit ; ses genoux se sont dérobés sous lui ; sa tête est tombée sur ses bras.

MARTON.

Il s'est évanoui ?

PASQUIN.

Non, Marton.

CIDALISE.

Est-il mort ?

PASQUIN.

Non, madame ; il s'est endormi.

MARTON.

Peste soit du maraud !

PASQUIN.

Après trois bonnes heures, il s'est réveillé en sursaut. Mon cher Pasquin, m'a-t-il dit, allons, partons, courons au bout du monde. Que le même soleil n'éclaire plus deux personnes que leurs inclinations ont si fort séparées. Elle ne jouira plus de mes peines. Si je suis assez lâche pour en soupirer, elle n'en triomphera pas du moins ! l'ingrate ! la perfide ! et cent autres belles épithètes qui convenaient parfaitement au sujet.

CIDALISE.

Achève, je t'en prie.

PASQUIN.

Enfin, madame, comme je me préparais à remplir sa valise, il m'a rappelé d'un ton à fendre le cœur le plus dur. Je veux lui écrire, a-t-il repris, avant de la quitter. Pasquin, apporte-moi mon écritoire. Vous ne pleurez point, madame ?... Apporte-moi de la bougie. (*à Marton.*) Tu ne pleures point, vilaine ?

CIDALISE.

Finiras-tu ?

PASQUIN.

Tout est fini, madame. Il a écrit une lettre, qu'il m'a dit de vous apporter.

MARTON.

Pourquoi ces bottes?

PASQUIN.

Pour rendre la chose plus touchante.

CIDALISE, *lit la lettre d'Eraste.*

« Puisque vous aimer et vous estimer sont deux choses
» incompatibles, je renonce à vous pour jamais. Je pars
» pour aller en Flandre ; et je fuirai désormais tous les
» lieux où vous serez. Je ne demeurais ici que pour vous.
» Un peu de mérite, et toute la passion imaginable,
» n'ont pu vous rendre fidèle ; rien ne me retient plus.
» Je ne vous parle point de l'état où vous m'avez mis :
» si vous étiez sensible, vous ne pourriez le concevoir
» sans mourir de douleur ; mais la dureté de votre cœur
» y a mis bon ordre, et celle qui a fait tout le malheur
» de ma vie pourrait apprendre ma mort sans répandre
» une larme. »

PASQUIN.

Peut-on écrire plus tendrement ? Puisque vous estimer et partir pour la Flandre sont deux choses incompatibles, je suivrai désormais toute la passion imaginable
pour ne vous plus aimer. Je ne demeurai ici que pour
la dureté de votre cœur ; et je pourrais apprendre votre
mort sans répandre une larme.

CIDALISE.

Tais-toi donc, Pasquin.

PASQUIN.

Rien ne me retient plus... Quoi ! vous riez encore !

MARTON.

Le moyen de s'en empêcher ?

PASQUIN.

Allez, cela n'est pas bien du tout. Vous devriez mourir de honte. Le ciel vous punira toutes deux.

CIDALISE.

Mais que veux-tu ?

PASQUIN.

Non, madame, encore une fois, cela n'est pas bien.
Je vais tout à l'heure dire à mon maître la manière
dont on reçoit ses adieux. Il est au coin de la rue, le

pauvre cher homme ! tout vis-à-vis un fourbisseur.
Adieu. Nous allons en Flandre.

MARTON.

Quoi ! Pasquin...

PASQUIN.

Laisse-moi là , tigresse. Le ciel vous a fait toutes
deux pour faire damner le genre humain.

MARTON.

Peste soit du fou !

SCÈNE VIII.

CIDALISE, MARTON, LUCILE.

CIDALISE.

Je crains bien qu'Eraste ne soit pas content de la réponse , et qu'il ne vienne ici nous chagriner.

MARTON.

Je le crains bien aussi.

LUCILE.

Ma cousine , cet homme-là est donc à votre amant ?

CIDALISE.

Oui , ma cousine.

LUCILE.

Vraiment , je l'aime bien d'être si affectionné pour son
maître. Mais il me semble que vous ne prenez pas
grand'peine à l'apaiser.

MARTON.

Oh ! c'est une méthode qui passe les jeunes filles
comme vous.

LUCILE.

Je ne veux point l'apprendre ; monsieur le comte n'aimerait pas cela.

MARTON.

En enrageant, il vous en aimerait davantage.

SCÈNE IX.

CIDALISE , LUCILE , MARTON , un laquais.

LE LAQUAIS.

Un jeune monsieur, que je n'ai jamais vu ici, demande s'il ne vous incommodera point, madame.

LUCILE.

Ma cousine, c'est monsieur le comte.

CIDALISE , *au Laquais.*

Faites monter.

SCÈNE X.

CIDALISE , LUCILE , MARTON.

MARTON.

Que vous allez être bien aise !

LUCILE.

Assurément.

CIDALISE.

Mais, ma cousine, il faut un peu se contenir : il est bon quelquefois de ne pas laisser voir tant d'empressement.

LUCILE.

Oh ! ma cousine , je ne suis pas si savante que vous

SCÈNE XI.

CIDALISE, LUCILE, LE COMTE, MARTON.

LUCILE.

Eh ! vous voilà , monsieur le comte. Il y a plus d'une heure que je suis ici.

LE COMTE , *à Cidalise.*

Le dessein que j'ai, madame, vous fera excuser la liberté que je prends.

LUCILE.

J'ai dit tout cela à ma cousine : on vous pardonne. Parlez-moi donc.

CIDALISE, *à part.*

Voilà le petit homme, Marton, que je vis à la Foire, qui m'a brouillée avec Éraste.

LUCILE, *au comte.*

Vous ne répondez rien ?

LE COMTE, *à Cidalise.*

Madame, encore une fois, je vous prie de n'imputer qu'à ma tendresse...

CIDALISE.

Dans la pensée que vous avez, monsieur, ne doutez point que je ne sois la première à favoriser vos desseins. (*à part, à marton.*) Qu'il est bien fait !

MARTON, *bas, à Cidalise.*

Il est trop petit.

LE COMTE, *à Lucile.*

Pour vous, mademoiselle, vous voulez bien à présent que je vous témoigne...

LUCILE.

Laissez-moi là.

LE COMTE.

Que voulez-vous dire ?

LUCILE.

Laissez-moi.

CIDALISE.

Eh ! fi , ma cousine ! que vous faites l'enfant !

MARTON.

Ah ! vraiment, voici bien une autre chanson ; j'entends nos fous qui reviennent,

SCÈNE XII.

CIDALISE, ÉRASTE, MARTON, PASQUIN, LE COMTE, LUCILE.

LE COMTE.

Qui donc, madame ?

CIDALISE.

Ce n'est rien.

ÉRASTE.

Enfin donc, madame, vous voulez me voir mourir.

Vous n'avez point de pitié d'un homme qui vous a si tendrement aimée. Il faut vous contenter, madame, il faut cesser de vivre ; il faut vous quitter.

CIDALISE.

Vous n'êtes pas sage, Eraste ; vous ne songez pas qu'il y a des gens ici...

ÉRASTE.

Eh ! madame, toute la terre sait que je vous aime depuis si long-temps ! que je n'ai jamais laissé passer un moment sans le penser, sans vous l'écrire, ou sans vous le dire ; et toute la terre sait que vous ne m'avez jamais aimé, que vous ne l'avez jamais pensé, que vous mentiez quand vous me l'avez écrit, et que vous m'avez toujours trompé.

CIDALISE.

Je vous prie de vous taire, encore une fois. (*au comte.*) C'est un extravagant, monsieur ; il ne faut pas prendre garde...

ÉRASTE.

Ah ! je suis donc un extravagant ? J'en suis bien aise. (*apercevant le comte.*) mais que vois-je ? (*à Cidalise.*) Ah ! volage ! N'est-ce pas, perfide !... Je ne me trompe point, ame sans foi ! c'est lui-même. Vous avez bientôt fait connaissance. Hier à la foire, aujourd'hui dans votre chambre ; c'est faire bien du chemin en peu de temps, et cela demeurerait impuni ! Non. Que tous les foudres du ciel me tombent sur la tête...

CIDALISE.

Mais écoutez.

ÉRASTE.

Laissez-moi là.

MARTON.

Ce n'est point...

ÉRASTE.

Ote-toi, malheureuse !

CIDALISE.

Vous ne voulez pas ?...

ÉRASTE.

Je ne veux rien. (*au comte.*) Pour vous, mon petit monsieur, nous nous verrons ailleurs.

LE COMTE.

Prenez garde à ce que vous dites, monsieur.

LUCILE, *effrayée.*

Monsieur le comte, passez là-dedans, s'il vous plaît.

LE COMTE.

Je ne veux point.

MARTON.

Oh! passez donc, puisqu'on vous le dit.

(*le comte et Lucile sortent.*)

SCÈNE XIII.

CIDALISE, MARTON, ÉRASTE, PASQUIN.

MARTON, *à Eraste.*

Oh! çà, monsieur, présentement voulez-vous qu'on vous dise...

ÉRASTE.

Ne te présente jamais devant mes yeux.

CIDALISE.

Quoi! votre opiniâtreté...

ÉRASTE.

Retirez-vous, vous dis-je ; je ne veux plus vous voir, je vous méprise ; je vous abhorre, je vous déteste, je maudis tous les momens de ma vie que j'ai perdus pour vous. Puisse le ciel un jour vous punir comme vous le méritez! La mort la plus affreuse n'aura rien d'horrible pour moi, puisqu'elle me séparera de vous.

CIDALISE.

Marton, laisse-le là, suis-moi.

SCÈNE XIV.

ÉRASTE, PASQUIN.

ÉRASTE.

Allons, Pasquin, partons.

PASQUIN.

Allons, monsieur.

ÉRASTE.

Quittons cet enfer.

PASQUIN.

Quittons ces diables.

ÉRASTE.

Non, cela ne se peut concevoir.

PASQUIN.

Cela ne se peut imaginer.

ÉRASTE.

Tant de soins !

PASQUIN.

Cela est vrai.

ÉRASTE.

Tant de soupirs !

PASQUIN.

Vous avez raison.

ÉRASTE.

Me traiter ainsi !

PASQUIN.

Cela est horrible.

ÉRASTE.

Allons, abandonnons tous les lieux où elle sera ; ils ne me peuvent être que funestes.

PASQUIN.

Allons, monsieur. Pour moi, je vous serai toujours fidèle.

SCÈNE XV.

MARTON, ÉRASTE, PASQUIN.

MARTON.

En vérité, monsieur, vous devriez un peu songer où vous êtes. On en use point ainsi chez une femme de qualité. Allez ailleurs, si vous voulez faire un bruit de la sorte.

ÉRASTE.

Va, je veux bien t'obéir, puisqu'il ne faut que te quitter.

Baron.

SCÈNE XVI.

MARTON, PASQUIN.

MARTON.

En voilà déjà un de parti.

PASQUIN.

O temps ! ô mœurs ! ô déloyauté sans exemple ! Non, j'aimerais mieux être en galère toute ma vie ; j'aimerais mieux ne point boire de vin... si souvent ; j'aimerais mieux... Que diantre sais-je ?

MARTON.

Oh ! çà, Pasquin, veux-tu bien te taire ?

PASQUIN.

Non, non, je ne veux pas me taire ; je ne veux pas me taire, te dis-je.

MARTON.

Nous allons voir.

PASQUIN.

Je veux parler, moi. Il ne sera pas dit que je vois un pauvre homme trompé, et que je demeure comme une souche. C'est une chose qui crie vengeance au ciel, et nos neveux un jour... Foin des neveux ! Non, non, je disais fort bien : nos neveux ne pourront croire...

MARTON, *lui donnant un soufflet.*

Tiens, va porter cela à tes neveux.

FIN DU SECOND ACTE.

ACTE III.

SCÈNE Ire.

PASQUIN , MARTON.

PASQUIN.

Ah ! malheureuse !

MARTON.

Qu'y a-t-il? Tu es éternellement comme un possédé.

PASQUIN.

Tu m'as vraiment bien accommodé.

MARTON.

Pourquoi faisais-tu tant de bruit ?

PASQUIN.

Quel bruit ?

MARTON.

Je suis fâchée...

PASQUIN.

De quoi ?

MARTON.

D'avoir été obligée de te battre, pour te faire taire.

PASQUIN.

Ah ! ce n'est point cela dont il est question : les malheurs que l'on craint, font perdre le souvenir de ceux qui sont passés.

MARTON.

Parle plus intelligiblement.

PASQUIN.

Eh bien ! Marton , je te pardonne les vieux soufflets , si tu peux m'empêcher d'en avoir de tout neufs. Cela est-il clair ?

MARTON.

Pourquoi des soufflets ?

PASQUIN.

Mon maître, plus fou, plus enragé, et pourtant plus amoureux que jamais , m'envoie ici pour redemander son portrait, cette bague, enfin toutes ces choses que tu as eu tant de peine à me rendre ce matin.

MARTON.

Eh bien ! que feras-tu ?

PASQUIN.

Je ne sais.

MARTON.

Comment donc , tu ne sais ?

PASQUIN.

Non , ma foi. Mon ame est suspendue entre le désir de garder les bijoux , et la crainte d'avoir des coups de bâton.

MARTON.

Poltron ! tu peux balancer là-dessus ?

PASQUIN.

Oui , vraiment.

MARTON.

Des coups de bâton d'un côté , des bijoux de l'autre , et l'on ne prend pas d'abord son parti ?

PASQUIN.

Mais , Marton , tu ne comprends pas bien la chose.

MARTON.

Misérable !

PASQUIN.

Ce n'est pas comme cela , te dis-je.

MARTON.

Va , tu ne mérites pas de vivre.

PASQUIN.

Que tu es étrange ! Mais Marton , écoute donc ; mon enfant , on ne me donne point à choisir. Pour avoir les bijoux , il faut recevoir les coups de bâton.

MARTON.

Eh bien ! quand cela serait ?

PASQUIN.

Mais il ne faut pas dire quand cela serait : car cela sera.

MARTON.

Si j'étais à ta place...

PASQUIN.

Eh bien ?

MARTON.

Je recevrais vingt nasardes.

PASQUIN.

La peste !

MARTON.

Autant de soufflets.

PASQUIN.

Tudieu !

MARTON.

Cent coups de pied au cul.

PASQUIN.

Comme vous y allez !

MARTON.

Mille coups d'étrivières.

PASQUIN.

Vous n'y songez pas.

MARTON.

Cent mille coups de bâton, plutôt que de rendre la moindre bagatelle.

PASQUIN.

La belle ame !

MARTON.

Tiens, vois-tu, quand j'ai une fois résolu une chose, je me ferais hacher, plutôt que d'en démordre.

PASQUIN.

Vingt nasardes, autant de soufflets, cent coups de pied au cul, mille coups d'étrivières, cent mille coups de bâton : voilà des bijoux qui marchent en bien mauvaise compagnie. Mais, dis-moi, ne saurait-on trouver quelque accommodement à la chose ? Gardons les bijoux, je veux bien y consentir, à ton exemple : mais détournons ces orages de maux, dont les noms seuls me font trembler.

MARTON.

Cela ne se peut.

PASQUIN.

Comment donc, cela ne se peut ?

MARTON.

Non, te dis-je.

PASQUIN.

Je rendrai les bijoux.

MARTON.

Tu n'en auras pas moins des coups de bâton.

PASQUIN.

Et pourquoi?

MARTON.

Pour avoir eu intention de garder les bijoux.

PASQUIN.

On ne punit pas les intentions, Marton.

MARTON.

Cela ne devrait pas être. Pasquin ; mais cela sera.

PASQUIN.

De sorte donc, que je garde les bijoux, que je ne les garde point, j'aurai toujours des coups de bâton?

MARTON.

Indubitablement.

PASQUIN.

Il faut tout garder. Battu pour battu, j'aime mieux l'être avec les bijoux.

MARTON.

Te voilà dans le beau chemin. Sors vite, j'entends madame.

SCÈNE II.

MARTON, *seule*.

Ce maraud-là n'a pas le sens commun.

SCÈNE III.

MARTON, CIDALISE.

CIDALISE.

Ah! ma pauvre Marton, que je suis inquiéte!

MARTON.

Je ne vois rien encore qui vous doive alarmer.

CIDALISE.

Mon oncle arrive de chez mon père.

MARTON.

Que fait cela?

CIDALISE.

Il n'aura pas manqué de se plaindre de moi.

MARTON.

Qu'en arrivera-t-il?

CIDALISE.

Mon père m'ordonnera de l'aller trouver.

MARTON.

Eh bien ! nous irons.

CIDALISE.

Et nous y demeurerons, Marton.

MARTON.

Ah ! voilà le diable.

CIDALISE.

Nous avons poussé mon oncle un peu trop fort.

MARTON.

Il ne faut jamais songer au passé. Ce qui est fait est fait : pour moi, je ne m'en répens point. Si je pouvais, avant que de partir, laver un peu la tête à madame votre tante, j'en serais plus légère de moitié. Par ma foi, si j'étais à votre place, je sais bien ce que je ferais.

CIDALISE.

Que ferais-tu ?

MARTON.

J'épouserais Eraste, dès aujourd'hui.

CIDALISE.

Je ne le puis, sans le consentement de mon père.

MARTON.

Vous moquez-vous ? N'êtes-vous pas veuve ?

CIDALISE.

Cela ne suffit pas, il faut avoir vingt-cinq ans.

MARTON.

Je dirais que j'en ai soixante.

CIDALISE.

Le mariage ne serait pas bon.

MARTON.

Au bout de l'année, vous vous remarieriez encore.

CIDALISE.

Mon père me déshériterait.

MARTON.

La méchante masque que madame votre tante ! il en faut bien revenir là.

CIDALISE

Je t'avoue que, si je pouvais me venger d'elle avant que de partir, je ne serais point si fâchée.

MARTON.

Comment faudrait-il faire ?

CIDALISE.

Mais , bien plutôt , si nous songions à l'adoucir.

MARTON.

Eh , comment ?

CIDALISE.

Il faudrait qu'Eraste l'aimât.

MARTON.

Ou qu'il le feignît, voulez-vous dire ?

CIDALISE.

Qu'il le feignît ou qu'il l'aimât, tout me serait égal.

MARTON.

Vous ne l'aimez donc plus , lui ?

CIDALISE.

Je ne sais.

MARTON.

Aimeriez-vous déjà ce petit comte ?

CIDALISE.

Je ne sais te dis-je. Laissons cela. Songeons au plus pressé.

MARTON.

Eh bien ! il faudrait , dites-vous , qu'Eraste feignît de l'amour pour votre tante ; car pour l'aimer cela n'est pas permis. Après ?

CIDALISE.

Tâcher adroitement de me mettre de la confidence.

MARTON.

Ensuite ?

CIDALISE.

Ensuite elle aurait intérêt de me ménager, et nous n'irions point dans ce vilain château de mon père.

MARTON.

Je vais trouver Eraste.

CIDALISE.

Mais comment feras-tu ? Nous sommes horriblement mal ensemble.

MARTON.

Bon , bon ! vous avez raison ; avec deux mots de votre

part, je le rendrai plus souple qu'un gant : et ce serait une étrange chose, si nous ne nous servions pas de l'unique fois où vous avez eu raison avec lui.

CIDALISE.

Fais tout comme tu l'entendras.

MARTON.

Je suis ici dans un moment.

SCÈNE IV.

CIDALISE, MARTON, UN LAQUAIS.

LE LAQUAIS.

Madame, votre tante demande à vous parler.

CIDALISE.

Elle vient fort à propos. Je vais tâcher de disposer les choses ; dépêche-toi.

MARTON.

Je vous amène Eraste tout à l'heure.

SCÈNE V.

CÉPHISE, CIDALISE.

CÉPHISE.

Enfin, ma nièce, il faut nous séparer. Vous partirez demain, s'il vous plaît, pour aller trouver votre père : j'ai bien voulu me charger du soin de vous l'apprendre, de crainte que mon mari ne vous le dît avec plus d'aigreur.

CIDALISE.

Je reçois, tous les jours de ma vie, madame, de nouvelles marques de vos bontés. Mais, madame, voudriez-vous bien joindre une grace à toutes les obligations que je vous ai ?

CÉPHISE.

Si c'est quelque chose qui dépende de moi, ma nièce ?

CIDALISE.

La chose vous sera facile, madame.

CÉPHISE.

Ne me priez point, surtout, de parler à mon mari pour vous.

CIDALISE.

Non, madame.

CÉPHISE.

Cela serait inutile.

CIDALISE.

J'en suis persuadée, madame.

CÉPHISE.

Il ne veut point souffrir que vous soyez davantage chez lui.

CIDALISE.

Je ne veux point y demeurer malgré lui, ni malgré vous, madame.

CÉPHISE.

Que voulez-vous donc que je fasse ?

CIDALISE.

Permettre que je puisse parler à mon oncle avant que de le quitter.

CÉPHISE.

Non ; ma nièce, je ne vous le conseille pas ; il est dans un trop grand emportement contre vous.

CIDALISE.

Mais au moins ne puis-je savoir les crimes dont on m'accuse ?

CÉPHISE.

Eh ! mon Dieu ! ma nièce, rendez-vous un peu justice. Pour moi, je vous crois la plus innocente personne du monde ; mais, en vérité, les apparences sont terriblement contre vous.

CIDALISE.

Il est aisé d'empoisonner les choses les plus innocentes. Mais, cependant.

CÉPHISE.

Mais, ma nièce, je vous prie de me dire quel bon tour vous voulez que nous donnions au refus que vous faites d'un gentilhomme que votre père et mon mari souhaitent que vous épousiez. Quelles bonnes couleurs trouverez-vous aux fréquentes visites d'Eraste, que votre oncle vous a défendu de voir, et à mille autres choses que j'aurais honte de répéter.

CIDALISE.

Pour le gentilhomme dont vous me parlez, je n'ai point d'autre raison à vous donner que le peu d'inclination que j'ai pour lui ; mais pour Eraste, madame, mon oncle serait bien plus en colère qu'il n'est contre lui, s'il savait la véritable cause de ses visites.

CÉPHISE.

Je crois qu'il n'en a d'autre que la passion qu'il a pour vous.

CIDALISE.

Pour moi, madame ?

CÉPHISE.

Oui, pour vous.

CIDALISE.

Vous vous trompez, madame.

CÉPHISE.

Je vous avouerai franchement que je ne conçois pas bien l'aversion de mon mari pour Eraste ; car, en vérité, je le trouve assez sage.

CIDALISE.

Vous changeriez bientôt de sentimens, madame, si vous saviez, comme moi, jusqu'où va sa témérité.

CÉPHISE.

Il me semble pourtant que l'on en dit assez de bien.

CIDALISE.

Vous n'en penseriez pas, vous dis-je, si vous pénétriez ce qui se passe dans son cœur.

CÉPHISE.

Expliquez-vous, ma nièce.

CIDALISE.

Eh ! de quel front, madame, pourrais-je vous dire ?... Ah ! je frémis seulement d'y penser.

CÉPHISE.

Poursuivez, je vous prie.

CIDALISE.

Quoi ! j'oserais vous faire entendre qu'il sent pour vous...

CÉPHISE.

Continuez , de grace.

CIDALISE.

Je ne puis.

CÉPHISE.

Il sent pour moi ?... Achevez.

CIDALISE.

La passion la plus violente ; il se meurt pour vous ; il
ne venait ici que pour vous y trouver.

CÉPHISE.

Je ne me suis point aperçue de ce que vous me dites.

CIDALISE.

Le respect lui fait étouffer ses soupirs : il mourra
dit-il, mille fois , plutôt que de découvrir sa tendresse.

CÉPHISE.

Vous voyez qu'il est bien plus sage que vous ne me
disiez.

CIDALISE.

Appelez-vous sagesse , madame , d'oser aimer une
personne comme vous ? Avant que de partir , je prétends en avertir mon oncle.

CÉPHISE.

Ah ! ma nièce , gardez vous-en bien. Je sais à présent ce que je dois faire.

SCÈNE VI.

CÉPHISE , CIDALISE , MARTON.

MARTON , *à Cidalise.*

ERASTE , madame ; le fera-t-on entrer.

CIDALISE , *à Céphise.*

Voyez , madame ; que voulez-vous qu'on dise ?

CÉPHISE.

Mais , ma nièce , je crois qu'il serait à propos...

CIDALISE.

De le renvoyer ? je vous entends. Marton , dites qu'il
n'y a personne ici ; allez.

CÉPHISE.

Attendez , Marton. Ma nièce , il aura vu vos gens , .
votre carrosse ; et d'ailleurs...

CIDALISE.

Vous avez raison, madame. (*à Marton.*) Dites-lui que je suis malade ; dépêchez.

CÉPHISE.

Arrêtez, Marton. (*à Cidalise..*) Il peut savoir que vous ne l'êtes point.

CIDALISE, *à Marton.*

Dites-lui donc que je le prie de m'excuser. (*à Céphise.*) Je vous remercie, Madame ; cela sera bien mieux (*à Marton.*) Et que je suis ici pour des affaires. Ne m'entendez-vous pas ? Marchez.

CÉPHISE.

Demeurez là, Marton. ma nièce, il faut aller plus doucement ; il pourrait croire, parce que je suis ici...

CIDALISE.

Eh'quoi ! madame, après son insolence, voudriez-vous ?...

CÉPHISE.

La charité, ma nièce, m'oblige de le voir, et de lui parler ; et je ne veux pas qu'on puisse me reprocher de n'avoir pas employé mes efforts, pour lui arracher du cœur cette pensée criminelle.

CIDALISE.

Vous poussez la charité bien loin, madame. Marton, faites monter.

SCÈNE VII.

CIDALISE, CÉPHISE.

CIDALISE.

On a besoin d'une vertu comme la vôtre pour se forcer à tant de violence.

SCÈNE VIII.

ÉRASTE, CÉPHISE, CIDALISE, MARTON.

ÉRASTE, *bas, à Marton.*

Que diable veux-tu que je lui dise ?

MARTON , *bas.*

Eh bien ! ne dites mot ; faites de grands soupirs , cela
suffira.

CÉPHISE , *à Eraste.*

On vient de m'apprendre des choses étranges , monsieur. Là , là , remettez-vous , ce n'est point par des
paroles fâcheuses que je prétends faire éclater ma vertu.

MARTON , *à part.*

Comme elle se radoucit !

CÉPHISE.

Ma nièce , vous pourriez à présent aller trouver votre
oncle.

CIDALISE.

Mais , madame , si sa colère est au point où vous me
l'avez dit...

MARTON , *bas.*

Faites ce que madame vous conseille : d'un moment
à l'autre les choses changent.

CÉPHISE.

Que dites-vous , Marton ?

MARTON.

Je dis , madame , que la colère des gens prompts ne
dure pas.

CÉPHISE.

Elle a raison. (*à Cidalise.*) Essayez par des honnêtetés à le ramener.

CIDALISE.

Mais , vous-même , si vous vouliez lui parler ?

CÉPHISE.

Parlez-lui la première ; je ferai ensuite tout ce qu'il
faudra.

CIDALISE.

J'y vais , madame , puisque vous me l'ordonnez.

ÉRASTE , *bas, à Marton.*

Je n'en puis plus.

MARTON , *bas.*

Courage.

SCÈNE IX.

ÉRASTE, CÉPHISE.

ÉRASTE, *à part.*

J'ENRAGE.

CÉPHISE.

Eh bien ! cette étourdie ! je pense, en vérité, qu'elle nous laisse seuls ici.

ÉRASTE.

Il est vrai, madame ; et je vais l'appeler, s'il vous plaît.

CÉPHISE.

Je ne dis pas cela, monsieur. Mais vous savez qu'aujourd'hui on juge sur les apparences ; et comme deux personnes seules peuvent faire tout ce qu'il leur plaît, on peut d'elles aussi dire tout ce qu'on veut.

ÉRASTE.

Les personnes comme vous, d'une vertu confirmée, peuvent tout hasarder, sans craindre qu'on en juge mal.

CÉPHISE.

Je ne dis pas cela, monsieur. Mais on ne saurait assez se mettre en garde contre la médisance d'aujourd'hui.

ÉRASTE.

Lorsque la médisance n'est appuyée sur aucun fondement, elle est aisée à détruire ; et ceux qui pourraient s'imaginer que je fusse assez téméraire pour vous aimer, n'ignorent pas que vous êtes trop vertueuse pour m'écouter. Mais, pour vous obéir, j'appellerai Marton, si vous voulez.

CÉPHISE.

Non, non, monsieur : demeurez. Que parlez-vous d'aimer ? Achevez, je vous prie.

ÉRASTE, *à part.*

Je suis au désespoir.

CÉPHISE.

Qu'avez-vous ? vous me semblez fâché.

ÉRASTE.

Et qu'aurais-je, madame ?

CÉPHISE.

Je ne sais ; mais vous me paraissez tout-à-fait embarrassé.

ÉRASTE.

Il est vrai, madame ; je vous l'avoue, je le suis autant qu'on le peut être ; et je ne me suis jamais trouvé dans l'état où je me vois.

CÉPHISE.

Ma nièce m'a dit que vous m'aimiez ; est-il vrai ?

ÉRASTE.

Ah ! madame.

CÉPHISE.

Non, non ; parlez-moi franchement.

ÉRASTE.

Ah ! madame.

CÉPHISE.

Parlez-moi sincèrement, vous dis-je ; les paroles ne me font pas de peur ; mes scrupules ne vont point jusques-là. Est-il donc vrai ce qu'on m'a dit ? Répondez-moi.

ÉRASTE.

Que vous a-t-on dit, madame ?

CÉPHISE.

Que vous aviez de l'amour pour moi. Vous ne me parlez point.

ÉRASTE.

Eh bien ! oui, madame. (*à part.*) Je suis mort.

CÉPHISE.

Le puis-je croire ?

ÉRASTE.

Non, madame.

CÉPHISE.

Que dites-vous ?

ÉRASTE.

Eh ! madame, je ne sais ce que je dis, ni ce que je fais, je suis tellement troublé...

SCÈNE X.

CIDALISE, CÉPHISE, ÉRASTE, MARTON.

CIDALISE , *à Céphise.*

J'AI profité de vos conseils, madame; j'ai parlé à mon
oncle : un mot de votre bouche achevera le reste.

CÉPHISE.

Quoi! ma nièce, il consent que vous continuiez de
demeurer avec nous?

CIDALISE.

Il ne s'en éloigne pas, madame.

CÉPHISE.

Il ne vous a point dit qu'il prétendait absolument
que vous allassiez demain trouver votre père?

CIDALISE.

Il me l'a dit d'abord , madame ; mais ensuite...

CÉPHISE.

Eh bien ! ensuite ?

CIDALISE.

Il m'a fait voir beaucoup moins de rigueur.

CÉPHISE.

Vous vous trompez, ma nièce.

CIDALISE.

Non madame, je ne me trompe point; et je suis sûre
que vous le trouverez entièrement disposé à ce que je
souhaite, si vous avez la bonté de lui parler en ma
faveur.

CÉPHISE.

Je le ferai tout à l'heure même.

CIDALISE.

Le voilà qui descend, madame.

CÉPHISE.

Il ne faut pas qu'il trouve Eraste ici.

CIDALISE.

Faites-le sortir par le petit escalier.

MARTON , *à Eraste.*

Allons, monsieur.

ÉRASTE, *bas, à Marton.*

Je n'ai jamais tant souffert.

SCÈNE XI.

CIDALISE, CÉPHISE, MARTON.

CIDALISE, *à Céphise.*

MADAME, j'entends mon oncle; il ne tiendra qu'à vous...

CÉPHISE.

Laissez-moi seule avec lui; j'en viendrai mieux à bout

CIDALISE.

Et pourquoi, madame, ne voulez-vous pas?...

CÉPHISE.

Avez-vous quelque défiance? Je ne m'en mêle plus.

CIDALISE.

Moi, madame? Je me retire.

MARTON, *à Céphise.*

Madame, ne m'oubliez pas non plus; il n'est pas mal fâché contre moi.

CÉPHISE.

J'aurai soin de tout.

MARTON, *à part.*

On appelle cela justement se mettre entre les mains des larrons.

SCÈNE XII.

CÉPHISE, DAMIS.

DAMIS.

EH bien! madame, que ferons-nous?

CÉPHISE.

Ah! ne me parlez plus.

DAMIS.

Qu'est-ce donc?

CÉPHISE.

Vous devriez mourir de honte.

DAMIS.

Que voulez-vous dire?

CÉPHISE.

Eh! fi, monsieur.

DAMIS.

Je ne vous comprends point du tout.

CÉPHISE.

Je vous comprends bien, moi, je vous assure. Ah ! que votre nièce a bien raison de se moquer de vous, comme elle fait ! C'est vous qui la perdez. Eh ! que son père un jour, toute sa famille, elle-même, auront bien des graces à vous rendre !

DAMIS.

Expliquez-vous.

CÉPHISE.

Vous devriez rougir de votre faiblesse.

DAMIS.

Qu'ai-je donc fait?

CÉPHISE.

Vous promettez à votre nièce de la souffrir chez vous, pour y vivre sans doute dans ses libertés accoutumées?

DAMIS.

Non ; elle m'a promis qu'elle changerait de conduite.

CÉPHISE.

Oh bien ! monsieur, laissez-vous tromper comme elle vous a trompé toute sa vie ; mais pour moi vous me permettrez de me retirer, s'il vous plaît. Je ne veux plus entendre les reproches que des gens d'honneur me font continuellement. Je vous laisserai ici avec votre nièce, et je ne serai point coupable de son dérèglement.

DAMIS.

Comment donc ? Qu'est-ce à dire ceci ? Qu'elle s'en aille. Est-ce que je vous ai jamais mis en compromis avec elle ? Qu'elle s'en aille, vous dis-je. Mais elle m'avait, ce me semble, fait entendre que vous étiez portée à lui pardonner,

CÉPHISE.

Eh ! comment voulez-vous que je fasse ? M'attirerai-je sans cesse la haine de tout le monde? il est vrai, je lui ai promis que je ne serais point contre elle, parce que je croyais que vous seriez assez raisonnable pour persister dans vos résolutions.

DAMIS.

Mais je ne me suis rendu qu'à cela, et aux promesses qu'elle m'a faites de vivre plus régulièrement.

CÉPHISE.

Dans le temps qu'elle vous le promettait...

DAMIS.

Eh bien ?

CÉPHISE.

Non ; je ne veux rien dire. Puisqu'on veut être trompé , qu'on le soit.

DAMIS.

Expliquez-moi ce mystère.

CÉPHISE.

Je suis bien folle de me tant tourmenter!

DAMIS.

Je veux savoir ce que vous voulez me dire.

CÉPHISE.

Pour aller en instruire votre nièce aussitôt ?

DAMIS.

Non , je ne lui en parlerai point.

CÉPHISE.

Me le promettez-vous ?

DAMIS.

Oui , je vous le promets.

CÉPHISE.

Assurément ?

DAMIS.

Je vous en donne ma parole.

CÉPHISE.

Oh bien ! sachez... Vous le tiendrez secret au moins.

DAMIS.

Ah ! que de discours !

CÉPHISE.

Que je viens de la surprendre avec Eraste tout à l'heure.

DAMIS.

Comment ! dans le temps qu'elle me promettait de ne le plus voir !

CÉPHISE.

Ce n'est pas le tout. Elle a eu l'effronterie de me dire que c'était de moi qu'il était amoureux.

DAMIS.

Ah ! quel monstre !

CÉPHISE.

Jugez un peu si cela se pardonne.

DAMIS.

La misérable !

CÉPHISE.

Je suis à présent fâchée de vous l'avoir dit.

DAMIS.

Non, cela ne se peut concevoir.

CÉPHISE.

Si ma conscience ne m'avait engagée à vous le découvrir...

DAMIS.

J'étouffe.

CÉPHISE.

Je serais morte plutôt que de le révéler.

DAMIS.

Elle partira.

CÉPHISE.

On ouvre cette porte, je me retire. Point d'éclaircissement. Surtout, qu'elle parte demain, cela suffit.

DAMIS.

C'est assez : elle partira, elle partira.

CÉPHISE.

Songez à ce que vous m'avez promis.

DAMIS.

Elle partira, elle partira, elle partira.

SCÈNE XIII.

CIDALISE, DAMIS, MARTON.

CIDALISE.

Eh bien ! mon oncle, n'avez-vous pas trouvé ma
tante tout-à-fait bien intentionnée ?

DAMIS.

Oui, ma nièce, fort bien.

CIDALISE.

Hélas ! mon oncle, que je vous suis obligée ! Vous
verrez désormais...

DAMIS, *à part.*

Je crève.

CIDALISE.

Qu'avez-vous ?

DAMIS.

Moi ? rien : je suis fatigué.

CIDALISE,

Allez vous reposer.

DAMIS.

Adieu.

SCÈNE XIV.

CIDALISE, MARTON.

CIDALISE.

Ah, Marton...

MARTON.

Eh bien, madame ?

CIDALISE.

Tout va le mieux du monde.

MARTON.

La vieille a donné dans le panneau ?

CIDALISE.

Tu l'as dit.

MARTON.

Vous avez bien de l'obligation à ce pauvre Eraste.

CIDALISE.

Cela est vrai. Mais écoute-moi. Si le petit comte vient
pour me voir, fais-le monter, m'entends-tu bien ?

MARTON.

Oui, oui, cela est assez clair, je vous entends. Mais
Eraste, à qui...

CIDALISE.

Ne raisonne pas, et fais ce que l'on te dit.

MARTON.

Madame, madame, tromper Eraste, monsieur Basset, monsieur Durcet, votre oncle, votre tante, votre
cousine, et toute la ville : voici bien de la besogne au
moins.

CIDALISE.

Ah, que de discours !

SCÈNE XV.

ÉRASTE, CIDALISE, MARTON.

ÉRASTE.

Sont-ils sortis ?

MARTON.

Oui, oui, entrez; nous parlions de vous.

ÉRASTE.

Eh bien! madame, partirez-vous?

CIDALISE.

Non, Eraste ; et je me souviendrai toute ma vie du plaisir que vous m'avez fait.

ÉRASTE.

Quelque indigne qu'il m'ait paru de vous rendre un pareil service, je n'ai rien consulté que mon attachement pour vous. Mais enfin, madame, à votre tour, il faut faire aussi quelque chose pour moi : quelle sera la fin de cette aventure?

MARTON.

La fin de toutes les comédies : un mariage quand elle aura vingt-cinq ans.

ÉRASTE.

Vous ne répondez rien, madame ?

CIDALISE.

Marton ne vous en dit-elle pas assez ?

ÉRASTE.

Ne me tromperez-vous point ?

CIDALISE.

Vous êtes toujours dans de perpétuelles défiances.

ÉRASTE.

Que ne m'en guérissez-vous ?

CIDALISE.

Que faut-il faire?

ÉRASTE.

Prenez au moins Pasquin auprès de vous.

CIDALISE.

J'y consens.

MARTON.

Et ne faudra-t-il point aussi que je demeure avec

vous ? Par ma foi, vous donneriez des démangeaisons de vous tromper à qui n'en aurait nulle envie. L'affaire du petit comte et de Lucile ne devrait-elle pas vous avoir rendu sage ?

ÉRASTE.

Tout autre que moi n'eût-il pas...

CIDALISE.

Ne parlons plus de cela.

SCÈNE XVI.

CIDALISE, ÉRASTE, MARTON, PASQUIN.

CIDALISE.

Que veut Pasquin ?

ÉRASTE.

Je ne sais. Que ne demeures-tu là-dedans ?

CIDALISE.

Laissez-le là.

ÉRASTE.

Enfin, madame, vous me promettez...

PASQUIN, *appelant de loin Eraste.*

Hem, hem !

CIDALISE.

Il veut vous parler assurément.

ÉRASTE, *à Pasquin.*

As-tu quelque chose à me dire ?

PASQUIN.

Moi ? non, monsieur. (*il l'appelle.*) Hem ! (*bas.*) Le brutal !

ÉRASTE, *à Cidalise.*

Si j'étais assez malheureux pour être séparé de vous...

PASQUIN, *appelle de loin Eraste.*

Hem, hem !

MARTON.

Crache, vilain, et ne tousse point tant.

PASQUIN.

J'ai une toux sèche, Marton. (*il l'appelle.*) Hem, hem ! (*bas.*) Le cheval !

CIDALISE, *à Eraste.*

Je vous réponds qu'il a quelque chose à vous dire.

ÉRASTE, *à Pasquin.*

Viens ici.

PASQUIN (*s'approche à côté de son maître, lui parle entre les dents, tourne derrière lui dos à dos, et se trouve devant Cidalise.*

Monsieur, un homme, une femme, une lettre. On veut vous parler... Madame, je vous donne le bonjour.

CIDALISE.

Que murmures-tu là, Pasquin ?

ÉRASTE.

Je n'y comprends rien.

PASQUIN, *tourne de même, et se trouve devant Marton.*

Un homme, une lettre, une femme, vous dis-je. On veut vous parler... Bonjour, Marton.

ÉRASTE.

Ce maraud-là me ferait perdre patience.

PASQUIN.

Une femme...

ÉRASTE.

Une femme... parleras-tu ? Je te donnerai mille coups de bâton.

PASQUIN.

Oh bien ! puisque vous voulez qu'on le dise tout haut, il y a un homme au logis qui veut vous rendre une lettre.

ÉRASTE.

Pourquoi tout ce mystère ? Et de quelle part ?

PASQUIN.

Oh ! de quelle part ? il vous le dira.

CIDALISE.

Allez, monsieur, voyez ce qu'on vous veut.

ÉRASTE.

Hélas ! madame, que pourrait-ce être, qui fût tenir lieu du plaisir que je perds ?...

CIDALISE.

Allez, vous dis-je.

Baron.   14

ÉRASTE.

J'y vais, madame. Mais, auparavant, je vous prie de me rendre votre portrait : je ne puis vivre sans vous, ou sans quelque chose qui vous ressemble.

CIDALISE.

Vous rêvez, je pense. Ne l'avez-vous pas mon portrait ? Mais je vois bien que vous voulez me rendre le vôtre que je vous ai renvoyé ce matin.

ÉRASTE.

Je n'ai point reçu le mien, madame ; et je vous ai renvoyé le vôtre.

CIDALISE.

Je vous ai renvoyé le vôtre, monsieur ; et je n'ai point reçu le mien.

ÉRASTE.

Vous l'avez, madame, assurément. Pasquin !

CIDALISE.

Je n'ai ni le mien ni le vôtre, monsieur, assurément. Marton !

MARTON, *bas, à Eraste.*

Monsieur.

PASQUIN, *bas, à Cidalise.*

Madame.

ÉRASTE, *bas, à Marton.*

Que voulez-vous ?

CIDALISE, *bas, à Pasquin.*

Qu'y a-t-il ?

MARTON, *bas, à Eraste.*

J'ai oublié de rendre à madame ce que Pasquin m'avait remis.

PASQUIN, *bas, à Cidalise.*

Je n'ai pas songé à donner à mon maître les bijoux que j'ai reçus de votre part.

MARTON, *bas, à Eraste.*

Vous me ferez gronder, monsieur, si vous en parlez davantage.

PASQUIN, *bas, à Cidalise.*

Vous me ferez donner mille coups de bâton, madame, si vous en dites encore une parole.

ÉRASTE.

Que vous dit là Pasquin, madame ?

PASQUIN, *bas, à Cidalise.*

Courage, madame.

CIDALISE, *à Eraste.*

Ce n'est rien. Mais que je sache un peu de quoi vous entretenait Marton.

MARTON, *bas, à Eraste.*

Ne dites mot, je vous prie.

ÉRASTE, *à Cidalise.*

D'une bagatelle qui ne vaut pas la peine d'en parler. Mais je ne comprends pas ce que Pasquin peut avoir avec vous à démêler.

CIDALISE.

Ce n'est rien, vous dis-je. Mais je comprends bien moins quel secret il peut y avoir entre Marton et vous.

ÉRASTE.

Moins que rien, croyez-moi.

CIDALISE.

Je veux le savoir, ou je romps avec vous.

ÉRASTE.

Vous me direz ce que Pasquin vous a dit, ou je ne vous verrai jamais.

PASQUIN.

Tout ceci ne sent rien de bon pour moi.

CIDALISE.

Monsieur...

ÉRASTE.

Madame...

CIDALISE.

Vous plaît-il de m'éclaircir ce mystère ?

ÉRASTE.

Promettez-moi de ne point quereller Marton.

CIDALISE.

Je vous le promets.

ÉRASTE.

Et que vous me direz ce que vous a dit Pasquin.

CIDALISE.

J'y consens aux mêmes conditions.

ÉRASTE.

Je le veux bien. (*bas, à Marton.*) Ma pauvre Marton !

CIDALISE, *bas, à Pasquin.*

Mon pauvre Pasquin !

PASQUIN.

Il est traître, madame : ne vous y fiez pas.

CIDALISE, *à Éraste.*

Eh bien ?

ÉRASTE, *à Cidalise.*

Elle n'a pas songé à vous rendre ce que Pasquin lui avait mis entre les mains.

CIDALISE, *à Marton.*

Vous êtes bien insolente !

ÉRASTE.

Ah ! madame...

CIDALISE, *à Éraste.*

Non ; voilà qui est fait.

ÉRASTE.

Et Pasquin ?

CIDALISE.

Il a oublié de vous donner les choses qui lui avaient été rendues de ma part.

ÉRASTE, *à Pasquin.*

Comment, coquin !

CIDALISE.

Éraste !...

ÉRASTE.

Madame, je vous demande pardon. Marton, rendez-moi le portrait seulement, ceci vous sera plus utile.

(*il donne sa bourse.*)

CIDALISE.

Pasquin, cela vous fera plus de plaisir que ce portrait que je vous redemande.

(*elle donne sa bourse.*)

MARTON.

Tenez, monsieur

PASQUIN.

Tenez, madame.

CIDALISE, *à Eraste.*

Allez au plus vite chez vous. Pasquin, prends chez
Franc-Cœur ce que j'y ai laissé ce matin.

ÉRASTE, *à Pasquin.*

Suis-moi.

PASQUIN.

Sans rancune.

ÉRASTE.

Remercie madame.

MARTON.

Madame !...

CIDALISE.

Je n'y songe plus.

PASQUIN, *bas, à Marton.*

Nous en sommes quittes à bon marché.

FIN DU TROISIÈME ACTE.

ACTE IV.

SCENE Ire.

DURCET, UN LAQUAIS.

DURCET, *au laquais.*

Mon enfant, puis-je voir madame?

LE LAQUAIS.

Non, monsieur : elle m'a dit de dire à tout le monde
qu'elle dormait.

DURCET.

Elle t'a dit de dire qu'elle dormait?

LE LAQUAIS.

Oui, en vérité.

DURCET.

Tu veux bien que j'attende ici?

LE LAQUAIS.

Vous ferez ce qu'il vous plaira. (*il sort.*)

SCÈNE II.

DURCET, *seul.*

QUEL plaisir n'aurai-je point de lui annoncer, le premier, une si bonne nouvelle !

SCÈNE III.

BASSET, DURCET.

BASSET, *à part.*
Que j'ai d'impatience de revoir Cidalise.

DURCET, *à part.*
Non, je ne voudrais... (*apercevant Basset.*) Mais que vois-je ?

BASSET, *à part.*
Je mourrais, si j'étais un jour... (*apercevant Durcet.*) N'est-ce pas là ?

DURCET, *à part.*
Ah ! juste ciel !

BASSET, *à part.*
Ah ! ventrebleu !

DURCET, *à part.*
Je suis perdu !

BASSET, *à part.*
C'est fait de moi !

DURCET, *à part.*
L'aborderai-je ?

BASSET, *à part.*
Irai-je lui parler ?

DURCET, *à part.*
Oui.

BASSET, *à part.*
Allons.

BASSET, *à part.*
Que je suis embarrassé !

BASSET, *à part.*
Je ne sais par où commencer.

DURCET, *à part.*

Il faut le prévenir.

BASSET, *à part.*

Offrons-lui de l'argent.

DURCET, *haut.*

Monsieur...

BASSET, *haut.*

Monsieur...

DURCET.

Si mes prières...

BASSET.

Si deux cents pistoles...

DURCET.

Pouvaient vous obliger...

BASSET.

Pouvaient vous empêcher...

SCÈNE IV.

MARTON, BASSET, DURCET.

MARTON, *bas.*

Ah! vraiment, voici bien autre chose, (*haut.*) Que faites-vous donc ici, messieurs?

DURCET, *bas.*

Il m'a vu.

MARTON, *bas.*

Oui, de par le diable, il vous a vu.

DURCET, *bas.*

J'en suis bien fâché.

MARTON, *bas, à Basset.*

Eh! mort de ma vie! vous êtes bien indiscret.

BASSET, *bas.*

Je ne croyais pas que monsieur Durcet fût ici.

DURCET, *bas, à Marton.*

Que vous dit-il?

MARTON, *bas.*

Il dit qu'il avertira l'oncle de Cidalise que vous venez la voir.

DURCET , *bas.*

Voilà un méchant homme,

BASSET , *bas , à Marton.*

De quoi vous parle-t-il ?

MARTON , *bas.*

D'apprendre à Damis que vous venez voir ma maîtresse.

BASSET , *bas.*

Voilà un pauvre esprit.

MARTON , *bas , à Durcet.*

Je tâche de l'adoucir. (*bas , à Basset.*) Je tâche de
le rendre traitable. (*bas , à Durcet.*) Allez-vous-en
sans lui parler, (*bas , à Basset.*) Sortez d'ici sans lui
rien dire.

DURCET , *haut.*

Ah Dieu ! monsieur Basset , quel personnage vous
faites ici !

MARTON , *bas.*

Que faites-vous ?

BASSET , *haut.*

Je serais bien fâché, monsieur Durcet, d'en faire un
aussi méchant que vous.

MARTON , *bas.*

Eh ! monsieur.

DURCET.

Savez-vous , monsieur Basset , sur quel pied vous êtes
ici ?

MARTON , *bas.*

Encore .

BASSET.

Et vous , monsieur Durcet , puisqu'il faut tout vous
dire , croyez-vous qu'on ne voie pas clair ? Sans la robe
que vous portez...

MARTON , *bas.*

Eh ! taisez-vous.

DURCET.

Vraiment , mon petit ami , c'est bien à vous à faire
comparaison avec un homme comme moi.

MARTON , *bas.*

Ah ! monsieur...

BASSET.

Je serai, quand je voudrai, ce que vous êtes, et vous ne serez jamais ce que je suis.

MARTON, *bas.*

Taisez-vous donc.

DURCET.

Vous seriez un illustre suppôt de Thémis.

MARTON.

Oh! querellez-vous bien fort; je vais vous écouter.

BASSET.

Thémis, Thémis, il ne faut point parler latin pour me dire des injures : parlez, parlez français seulement, et vous verrez que je vous répondrais fort juste.

DURCET.

Le peu de soin que l'on a pris de votre éducation nous marque bien le lieu d'où vous sortez.

BASSET.

Vous n'êtes guère obligé aux soins que l'on a pris pour vous ; car je vous jure qu'il n'y paraît point du tout.

DURCET.

Ma charge dément ce que vous dites.

BASSET.

Vous fûtes bien servi, monsieur Durcet; un perroquet en aurait fait autant, si on l'avait interrogé comme vous.

DURCET.

Vous en savez beaucoup pour un financier : vous avez envie d'être de la robe?

BASSET.

Assez d'habiles gens la portent sans moi

DURCET.

Vous faites bien de mépriser ce que vous ne sauriez prétendre.

BASSET.

Avec de l'argent on fait tout. Si l'on y regardait de si près, croyez-moi, vous ne seriez pas officier.

DURCET.

Adieu, monsieur Basset. Vous aurez quelque jour besoin de nous.

Baron. 15

BASSET.

Adieu, monsieur Durcet. Quand j'en aurai besoin, ceux qui méritent de porter le nom que vous usurpez me rendront justice; et je sais comme il faut gagner tous ceux qui vous ressemblent.

DURCET.

Adieu, adieu, monsieur Basset.

BASSET.

Adieu, adieu, monsieur Durcet.

SCÈNE V.

MARTON, *seule*.

Par ma foi, j'ai la tête remplie et de Basset et de Durcet. Je croyais qu'ils n'auraient jamais fait.

SCÈNE VI.

MARTON, CIDALISE.

MARTON.

Ah! vous avez bien opéré vraiment, monsieur Basset et monsieur Durcet se sont dit mille injures; chacun se prenait pour l'espion de l'autre. J'ai peur qu'ils n'éclaircissent tout : ils sont sortis ensemble.

CIDALISE.

Je les entendais de ma chambre.

MARTON.

Cela n'était-il pas bien divertissant?

CIDALISE.

J'en ai pensé mourir de rire.

MARTON.

Et si Eraste était venu là-dessus?

CIDALISE.

Il en aurait ri comme moi.

MARTON.

Je ne sais ; c'est un mauvais plaisant sur certaines choses.

CIDALISE.

Oh! tais-toi. J'ai d'autres choses dans la tête. Le comte ne vient point.

MARTON.

Eh ! que diantre en voulez-vous faire ? Il n'est pas plus haut que ma jambe.

CIDALISE.

Je suis piquée, je te l'avoue.

MARTON.

Et de quoi ?

CIDALISE.

De son indifférence.

MARTON.

L'aimez-vous ?

CIDALISE.

Moi ? non ; mais je ne serais point fâchée qu'il m'aimât à présent.

MARTON.

Et pourquoi ?

CIDALISE.

Pour le punir de ne m'avoir pas aimée d'abord.

MARTON.

Vous raffinez sur les plus habiles coquettes.

SCÈNE VII.

CIDALISE, MARTON, un laquais.

LE LAQUAIS.

Madame, votre avocat m'envoie ici vous dire que votre procès est gagné.

CIDALISE.

Mon procès est gagné ? Tiens ; (*elle lui donne de l'argent.*) et dis-lui que j'aurai soin de le remercier.

SCÈNE VIII.

CIDALISE, MARTON.

MARTON.

Eh bien ! madame, nous n'avons plus besoin du conseiller.

CIDALISE.

Je vais me délivrer de deux ennuyeux personnages.

MARTON.

Pour le conseiller, j'y consens; mais, madame, messieurs Basset ne sont pas gens à dédaigner.

CIDALISE.

Je les laisse de bon cœur à ceux qui en auront besoin ; et je romprais à l'heure même avec eux, si je n'appréhendais de faire crier toute la terre contre moi.

MARTON.

Il faut du moins les chasser de bonne grace.

CIDALISE.

Il faut premièrement rendre à monsieur Basset les mille pistoles qu'il m'a prêtées.

MARTON.

Quand vous voudrez les rendre, donnez- les moi à reporter.

CIDALISE.

Non, Marton : je n'ai pas oublié les bijoux.

MARTON.

C'est Eraste, madame.

SCÈNE IX.

CIDALISE , ÉRASTE, MARTON.

CIDALISE.

Eh bien! Eraste, avez-vous su ce qu'on vous voulait?

ÉRASTE.

Non, madame, je n'ai rien appris. Cet homme, trop impatient, s'est lassé de m'attendre ; il doit, dit-on, revenir à neuf heures.

CIDALISE.

Mais quoi! vous n'avez pu démêler?...

ÉRASTE.

Eh ! madame, de quoi nous embarrassons-nous ? Ne perdons plus, de grace, des momens si précieux ; et que notre amour ne soit pas toujours la dernière chose dont vous me parliez.

CIDALISE.

Oh ! Eraste, que vous me fatiguez! vous me dites toujours la même chose ; cela ennuie à la fin, voyez-vous.

Que ne m'entretenez-vous de quelque aventure qui me
réjouisse?

ÉRASTE.

Hélas! madame, je suis occupé de la mienne...

CIDALISE.

Encore une fois, brisons là. J'aimerais autant lire
Clélie que de vous entendre.

SCÈNE X.

LUCILE, CIDALISE, MARTON, ÉRASTE.

LUCILE.

Ah! ma cousine, vous ne savez pas; je passerai tout
le soir avec vous : ma mère ne revient que demain.

CIDALISE.

Vous coucherez aussi avec moi, si vous voulez.

LUCILE.

J'ai ordre de coucher chez ma tante; mais n'importe,
c'est à faire à être un peu grondée. (*A Éraste.*) Ah!
vous voilà, monsieur : vraiment vous avez querellé tantôt monsieur le comte bien mal à propos.

ÉRASTE.

Mademoiselle, je suis prêt à lui faire toutes les satis-
factions que vous m'ordonnerez.

LUCILE.

Ecoutez; sans moi, je vous réponds qu'il n'aurait pas
souffert ce que vous lui avez dit; monsieur le comte a
du courage, au moins.

ÉRASTE.

Puisque vous l'aimez, je lui crois tout le mérite qu'un
gentilhomme peut avoir.

LUCILE.

Ma cousine, il est là.

CIDALISE.

Faites-le entrer, Marton.

SCÈNE XI.

CIDALISE, LUCILE, ÉRASTE.

LUCILE.

MONSIEUR, faites-lui bien des honnêtetés, je vous prie.

ÉRASTE.

Il sera content, je vous en réponds.

SCÈNE XII.

CIDALISE, LUCILE, ÉRASTE, LE COMTE.

LUCILE.

Vous arrivez toujours le dernier, monsieur le comte ; hem ! patience.

ÉRASTE, *au comte.*

Je crois, monsieur, que vous voudrez bien me pardonner, si tantôt...

LE COMTE.

Vous n'êtes pas excusable, monsieur, d'avoir pu croire qu'on me préférât à vous.

CIDALISE.

Oh ! demeurons-en là, s'il vous plaît. Ces messieurs, si l'on voulait les laisser faire, passeraient bien plus de temps à se louer qu'ils n'en ont mis à se quereller. Pasquin n'est point revenu ?

ÉRASTE.

Où l'avez-vous envoyé ?

CIDALISE.

Il est allé chercher des truffes.

LUCILE.

Des truffes ?

CIDALISE.

Oui, ma cousine.

LUCILE.

Vraiment, j'en suis bien aise ; car je les aime bien.

LE COMTE, *à Cidalise.*

Lucile m'a dit, madame, que vous feriez parler à ma-

dame sa mère de la chose du monde que je souhaite le
plus.

CIDALISE.

Nous parlerons de cela dans un autre temps.

SCÈNE XIII.

CIDALISE, LUCILE, ÉRASTE, PASQUIN, LE COMTE

CIDALISE.

Eh ! voilà Pasquin.

PASQUIN.

Oui vraiment, me voilà ; et j'ai bien vu l'heure que
vous ne me voyiez d'aujourd'hui.

ÉRASTE.

Comment ?

PASQUIN.

J'ai pris querelle à votre porte.

CIDALISE.

Avec qui ?

PASQUIN.

Avec messieurs du Guet. Ces messieurs-là se con-
naissent fort mal en gens. Si je n'avais point été embarrassé, comme je l'étais.

LE COMTE.

Qu'aurais-tu fait ?

PASQUIN.

J'aurais couru comme un diable, et je me serais bien
moqué d'eux.

SCÈNE XIV.

CIDALISE, LUCILE, ÉRASTE, LE COMTE, PASQUIN, MARTON.

MARTON.

Bonsoir, Pasquin.

PASQUIN.

Bonsoir, Marton. Ils me prenaient pour un voleur, à

ce qu'ils disaient ; mais je crois, par ma foi, qu'ils me voulaient voler eux-mêmes. La peste ! qu'ils ont le nez fin ! Ils m'ont suivi plus de trois rues : ces truffes que je portais les guidaient merveilleusement. Enfin je suis arrivé à la petite porte ; j'ai voulu l'ouvrir avec la clef qu'Éraste m'a laissée : au diablezot ! j'ai trouvé, je pense, plus de quarante mille trous de serrure, sans trouver le véritable. Ces messieurs se sont arrêtés ; ma crainte a redoublé, et leurs soupçons aussi. (*avec trois sons de voix différens.*) Il veut crocheter cette porte ; disait l'un. C'est un voleur, disait l'autre.... Il faut le mener au Châtelet.... Enfin j'ai vu l'heure que nous allions capituler ; et je me trouvais déjà fort heureux de me retirer sain et sauf, sans armes ni bagages, c'est-à-dire sans truffes, ratafia, ni vin de Champagne.

ÉRASTE.

Tu as donc ouvert la porte à la fin ?

PASQUIN.

Ah ! ma foi. il était temps. Oh ! çà, que ferais - je de tout ceci ?

CIDALISE.

Marton, aidez-lui. Suis-la, Pasquin.

SCÈNE XV.

CIDALISE, LUCILE, LE COMTE, ÉRASTE.

CIDALISE.

ALLONS, divertissons-nous bien ce soir. Je vous prie, Éraste, serez-vous de bonne humeur aujourd'hui ? Ne vous passera-t-il rien par la tête ?

ÉRASTE.

Non, madame, de ma vie. Si vous continuez de répondre à ma tendresse, vous me trouverez toujours l'homme du monde le plus reconnaissant.

CIDALISE.

Et plus de jalousie, surtout ?

ÉRASTE.

Je ferai un effort pour n'en plus avoir. Mais vous, de votre côté, essayez, autant que vous pourrez, d'éviter les occasions qui pourraient m'en donner.

CIDALISE.

Je vous le promets.

LE COMTE, *à Lucile.*

Et vous, mademoiselle, que me promettez-vous ?

LUCILE.

D'être toujours comme je suis.

SCÈNE XVI.

CIDALISE, LUCILE, ÉRASTE, LE COMTE, MARTON.

MARTON, *parle à l'oreille de Cidalise.*

MADAME...

ÉRASTE, *à Cidalise.*

Que vous dit-elle ?

CIDALISE.

Ne vous voilà-t-il pas d'abord en campagne ! (*à Marton.*) Dites que je suis empêchée.

MARTON.

Mais, madame...

ÉRASTE,

Oh ! pour cela, madame, je ne puis y tenir. Je ne sais pas ce que je n'aimerais point mieux que de voir parler à l'oreille. Ne me faites point souffrir davantage, je vous prie.

LUCILE, *à Cidalise.*

Eh ! ma cousine...

LE COMTE, *à Cidalise.*

Eh ! madame...

CIDALISE.

Non, il ne le saura pas. (*à Marton.*) Je vais leur parler.

SCÈNE XVII.

CIDALISE, LUCILE, ÉRASTE, LE COMTE.

ÉRASTE.

Je veux pénétrer ce mystère.

CIDALISE.

Monsieur...,

ÉRASTE.

Madame...

CIDALISE.

Vous me fâchez bien fort.

ÉRASTE.

Dites-moi donc ce que c'est.

CIDALISE.

Je vous le dirai ; mais je romps avec vous...

ÉRASTE.

Voilà qui est fait ; je ne vous le demande plus ; mais j'en mourrai.

CIDALISE.

A présent que vous êtes raisonnable , je veux bien vous le dire, mais ; quand vous l'aurez su , ne cessez pas de l'être.

ÉRASTE.

Non , je vous le proteste.

CIDALISE.

Ce sont deux hommes que vous ne connaissez point , qui viennent d'éclaircir que depuis long-temps je me moquais d'eux. Ils voulaient m'épouser l'un et l'autre. Ne vous alarmez point , j'avais intérêt de les ménager : l'un était mon rapporteur , l'autre me prêtait de l'argent. Mon procès est gagné, je n'ai plus besoin d'eux, dictez-moi la réponse , je la leur ferai , ou parlez leur vous-même.

LE COMTE.

Il paraît de la bonne foi dans le procédé de madame.

CIDALISE.

Tout cela ne le satisfait point encore. (à Eraste.) A quoi rêvez-vous ?

ÉRASTE.

A rien , madame.

SCÈNE XVIII.

CIDALISE, ÉRASTE, LUCILE, LE COMTE, PASQUIN, DURCET, BASSET.

CIDALISE.

Qu'entends-je là ?

PASQUIN, *à Durcet.*

Non, vous n'entrerez pas.

DURCET.

Retire-toi, mon ami.

PASQUIN.

Il n'y a ami qui tienne ; vous n'entrerez pas.

BASSET.

Ote-toi de là, mon enfant.

PASQUIN.

Voilà un méchant père.

(*il sort.*)

SCÈNE XIX.

CIDALISE, LUCILE, ÉRASTE, LE COMTE, DURCET, BASSET.

DURCET, *à Cidalise.*

Les soins que j'ai pris pour vous, madame, méritaient une autre récompense.

BASSET, *à Cidalise.*

Je suis honteux d'avoir été si long-temps votre dupe.

DURCET.

Je suis ravi d'être désabusé.

BASSET.

Monsieur Durcet me fuyait, et je fuyais monsieur Durcet, quand nous n'avions que vous à fuir.

CIDALISE.

Qu'y a-t-il donc, messieurs ?

DURCET.

Nous ne sommes pas ici en lieu, madame, de nous expliquer davantage.

BASSET.

Et moi je voudrais que tout Paris fût ici pour lui donner plus de confusion.

ÉRASTE, *à Basset.*

Tout beau, tout beau, monsieur. Je ne sais qui vous êtes ; mais apprenez à parler plus civilement à des dames.

BASSET.

Ah ! vraiment, il y a long-temps que l'on ne m'apprend rien. C'est moi qui montre aux autres.

ÉRASTE, *à Cidalise.*

Qui est cet homme-là, madame ?

CIDALISE.

Laissez-le en repos, je vous prie.

BASSET.

Je m'appelle monsieur Basset, entendez-vous ?

ÉRASTE.

Eh bien ! mons Basset, n'etait la considération que j'ai pour ces dames, je vous jetterais par les fenêtres.

BASSET.

Tout cela s'appelle des façons de parler.

ÉRASTE.

Mon petit drôle...

CIDALISE.

Eh ! taisez-vous. (*à Basset.*) Mon pauvre monsieur Basset, il ne faut point vous abuser davantage ; je ne vous ai jamais aimé. Vous m'avez fait plaisir, et je l'ai reconnu en vous pardonnant l'audace que vous avez eue de vouloir m'épouser. Pour les mille pistoles que je vous dois, je vous les rendrai au premier jour.

BASSET.

Vous ferez fort bien, madame, vous ferez fort bien.

(*il sort.*)

SCÈNE XX.

CIDALISE, LUCILE, ÉRASTE, LE COMTE, DURCET.

CIDALISE, *à Durcet.*

POUR vous, monsieur, dans la nécessité de mes affaires, il m'était important de gagner les bonnes graces de mon rapporteur : vous m'avez persuadée que j'y avais réussi par les soins que vous avez eus de mon procès, je vous en remercie ; et croyez que j'aurais reçu autrement l'honneur que vous me faisiez de vouloir m'épouser si je n'avais été engagée depuis long-temps avec monsieur.

DURCET.

Messieurs, mesdames, toute la compagnie, je vous donne le bonsoir.

SCÈNE XXI.

CIDALISE, LUCILE, ÉRASTE, LE COMTE.

ÉRASTE.

CE monsieur Basset-là a les épaules bien larges.

LE COMTE.

En vérité, monsieur, vous devriez être content; vous lui en avez assez dit, et trop même.

ÉRASTE.

Oui, mais j'en ai trop peu fait.

CIDALISE.

Ne deviendrez-vous jamais sage ?

ÉRASTE.

Hé ! madame... Je m'en vais.

SCÈNE XXII.

CIDALISE, LUCILE, LE COMTE.

LUCILE.

Ou va-t-il donc ?

CIDALISE.

Que sait-il? C'est un fou : je ne prends pas garde à
ce qu'il fait.

SCÈNE XXIII.

CIDALISE, LUCILE, LE PETIT CHEVALIER, LE COMTE.

CIDALISE.

Hé ! ma cousine, voilà votre petit frère. (*au petit
chevalier.*) Hé ! bonsoir, le petit bonhomme.

LE PETIT CHEVALIER.

Oui, oui, bonsoir. Ah ! ah ! ma sœur, vous dites que
vous allez chez ma tante, et je vous trouve ici !

LUCILE.

Et vous, monsieur, qui vous a permis d'y venir à
l'heure qu'il est ?

LE PETIT CHEVALIER.

C'est ma mère qui est revenue, et qui m'envoie vous
chercher. Hé ! là, là, vous ne serez pas mal grondée.
(*apercevant le comte.*) Et voilà aussi mon gourmand
qui mangeait toutes les confitures sans m'en donner.

LUCILE.

Ah ! ma cousine, il dira tout à ma mère.

CIDALISE.

Laissez-moi faire. Oh ! çà, mon cher petit cousin,
voudrais-tu nous faire un plaisir ?

LE PETIT CHEVALIER.

C'est selon. Vous ne me tromperez pas. Premièrement,
ma mère m'a envoyé ici, pour voir ce que ma sœur y
faisait, et je m'en vais le lui dire.

CIDALISE.

En vérité, vous êtes un franc petit sot.

LE PETIT CHEVALIER.

Sot, tant qu'il vous plaira ; mais je le ferai comme je
vous le dis.

CIDALISE.

Quoi ! mon cousin, si, par exemple, on vous donnait des confitures tout plein vos poches, et un louis

d'or pour aller jouer à la paume, pour dire seulement que vous avez trouvé votre sœur couchée et endormie chez ma tante, vous ne le feriez pas ?

LE PETIT CHEVALIER.

Il faudrait voir. Il est bien aisé déjà de prendre un louis et des confitures, mais pour mentir à ma mère, cela n'est pas si aisé que vous croyez.

CIDALISE.

Pour ne nous point embrouiller, débarrassons-nous des choses aisées. Tiens, voilà le louis ; et je te vais donner des confitures.

LE PETIT CHEVALIER.

Voyez-vous, il faut me recommencer les choses plus d'une fois à moi; d'abord j'ai de la peine à les comprendre.

LUCILE.

Mais, mon frère, il ne faut que dire à ma mère que je suis chez ma tante, et que je suis couchée.

LE PETIT CHEVALIER.

Taisez-vous, vous ne savez ce que vous dites : ma cousine se fait bien mieux entendre que vous.

CIDALISE.

Mais point, mon cousin : elle vous dit la chose comme il faut.

LE PETIT CHEVALIER.

Pardonnez-moi, elle n'a point parlé de confitures.

CIDALISE.

Hé bien! en voilà; nous entendez-vous mieux?

LE PETIT CHEVALIER.

Oh! je vous entends à présent. Que faut-il faire? Dire à ma mère que ma sœur est chez ma tante ?

CIDALISE.

Oui.

LE PETIT CHEVALIER.

Qu'elle est couchée ?

CIDALISE.

Oui.

LE PETIT CHEVALIER.

Ne trouvez-vous point encore quelque petite diffi-culté ?

LUCILE.

Oh! faites ce qu'on vous dit, ou rendez l'argent et les confitures.

LE PETIT CHEVALIER.

Allez, allez, je me moquais de vous. Ma mère n'est point revenue : mais je me suis bien douté que ma sœur était ici avec monsieur le comte.

CIDALISE.

Peste soit du petit fripon! Voyons ce que fait Eraste; et que l'on mette le couvert.

FIN DU QUATRIÈME ACTE.

ACTE V.

SCÈNE Ire.

CIDALISE, MARTON.

CIDALISE.

Ah! juste ciel! qui a jamais ouï parler d'une semblable perfidie?

MARTON.

Madame...

CIDALISE.

J'étais prête d'entrer dans la chambre de mon oncle, pour lui donner le bonsoir...

MARTON.

Eh bien?

CIDALISE.

Ma tante était auprès de lui : j'ai eu la curiosité d'écouter ce qu'ils disaient.

MARTON.

Que disaient-ils?

CIDALISE.

Ils prenaient leurs mesures pour me faire partir demain. Je suis au désespoir.

MARTON.

Allons, allons, madame, ne vous affligez point.
Contre fortune, bon cœur. Quand on a de l'esprit, on
se divertit partout.

CIDALISE.

Que ferons-nous dans ce vilain château?

MARTON.

Nous médirons de madame votre tante : il y aura là
de quoi nous occuper six mois.

CIDALISE.

On ne peut pas toujours médire.

MARTON.

Nous trouverons mille amusemens.

CIDALISE.

Eh ! quoi encore ?

MARTON.

Mais que sais-je, moi ? Casser les vitres, les miroirs ;
rompre, briser les meubles; mettre le feu à la maison :
il y a cent petites choses récréatives comme cela.

SCÈNE II.

CIDALISE, ÉRASTE, MARTON, PASQUIN, LE COMTE, LUCILE, LE PETIT CHE-VALIER.

CIDALISE.

Ah ! Eraste, je vais vous dire adieu.

ÉRASTE.

Que dites-vous ?

CIDALISE.

Oui, je vous dis adieu ; et c'est vous qui en êtes la
cause.

ÉRASTE.

Moi ?

CIDALISE.

Oui, vous. Les honnêtetés que vous fîtes à ma tante,
les premiers jours que vous vîntes ici, et qu'elle pris
pour les commencemens d'une grande passion, l'ont
déterminée à ce que vous voyez aujourd'hui.

Baron.   16

ÉRASTE.

A quoi donc, madame ?

CIDALISE.

A m'éloigner, pour ne plus trouver d'obstacles à sa tendresse.

ÉRASTE.

Ah ! si elle se flatte par là de me rendre sensible...

CIDALISE.

N'en parlons plus, me voilà résolue à tout.

ÉRASTE.

A quoi donc, madame ?

CIDALISE.

A partir demain.

ÉRASTE.

Quoi ! madame, je ne vous verrai plus ?

CIDALISE.

Je suis la plus à plaindre, Eraste. On trouve ici de quoi dissiper ses chagrins ; mille plaisirs, qu'on ne peut éviter, consolent de n'être pas auprès de ce qu'on aime, et bien souvent une conquête nouvelle ne vous en laisse pas le moindre souvenir : mais moi qui vais passer une année entière à la campagne, que la plus belle saison ne pourrait me rendre agréable, qui, pour objets les plus plaisans... Ah ! je vous prie, laissez-moi m'étourdir là-dessus ; les réflexions me tuent. J'ai encore une nuit à demeurer ici, je veux en employer tous les momens à désespérer mon oncle et ma tante.

MARTON.

Bon, cela.

ÉRASTE.

Eh ! madame, ne ferions-nous pas mieux de prendre des mesures ?...

CIDALISE.

Je veux passer toute la nuit à danser.

MARTON.

Fort bien.

CIDALISE.

Commençons par faire médianoche. Quelle heure est-il ?

MARTON.

Il n'est que dix heures.

PASQUIN.

Si vous voulez, madame, je ferai sonner minuit à la pendule.

ÉRASTE.

Eh ! de grace, madame, parlez-moi.

CIDALISE.

Tout à l'heure. Je veux avoir des violons ce soir.

MARTON.

Ne voulez-vous pas aussi des tambours et des trompettes, pour réveiller toute la maison ?

CIDALISE.

Je ne raille point ; je veux donner le bal.

ÉRASTE.

Eh ! madame, vous les animerez d'une manière...

CIDALISE.

Je n'ai plus rien à ménager.

ÉRASTE.

Mais, croyez-moi...

CIDALISE.

Ah ! je vous prie, laissez-moi en repos.

ÉRASTE.

En vérité, madame, vous avez bien peu de considération pour moi. Quoi ! dans le temps qu'il faut nous séparer, tout ce que vous pensez n'a pas le moindre rapport à ma tendresse.

CIDALISE.

Ah ! Eraste, que vous me fatiguez ! Que voulez-vous que je vous dise ?

ÉRASTE.

Ce que je veux que vous me disiez !

CIDALISE.

Marton, songez à notre souper.

MARTON.

C'est assez.

ÉRASTE.

M'écrirez-vous ?

CIDALISE.

Oui. (*à Marton.*) Faites mettre des bougies par-tout.

MARTON.

Il y en aura.

ÉRASTE.

Eh! madame, de grace, écoutez-moi...

CIDALISE.

Je vous écoute.. je vous écoute, vous dis-je. Mais, à propos, que voulait cet homme de tantôt? L'avez-vous vu?

ÉRASTE.

Oui, madame.

CIDALISE.

Que voulait-il?

ÉRASTE.

Me rendre une lettre.

CIDALISE.

De qui?

ÉRASTE.

De quelqu'un qui voulait se divertir apparemment.

CIDALISE.

Est-ce l'écriture d'une femme?

ÉRASTE.

Je ne sais.

CIDALISE.

Montrez-la moi.

ÉRASTE.

Je vais vous la donner.

(*il cherche la lettre dans ses poches.*)

CIDALISE.

Dépêchez-vous.

ÉRASTE.

Un moment, s'il vous plaît.

CIDALISE.

L'avez-vous?

ÉRASTE.

Pas encore.

CIDALISE.

Vous me faites mourir.

ÉRASTE.

La voici.

CIDALISE.

Ah ! je respire.

ÉRASTE.

Non , ce n'est pas elle.

CIDALISE.

Est-elle perdue ?

ÉRASTE.

La voilà.

CIDALISE.

Je la veux lire.

« Je ne veux point vous laisser acheter , par des
» soins , une tendresse que rien ne saurait payer , que
» la vôtre. Si vous m'aimez , comme on me l'a voulu
» faire croire , je suis contente , mais cessez d'en faire
» confidence à d'autres qu'à moi ; cachez même , si
» vous pouvez , à celui qui vous rendra ma lettre , le
» plaisir qu'elle doit vous donner ; et trouvez les
» moyens de me faire tenir une réponse , où je trou-
» ve dans chaque ligne que vous m'aimerez éternel-
» lement. »

Marton , c'est une lettre de ma tante.

MARTON.

Ah ! madame !

ÉRASTE.

Que voulez-vous dire ?

CIDALISE.

Vous le saurez Je ne sortirai point de Paris , Éraste.
(elle veut mettre la lettre dans sa poche et la laisse
tomber à terre.)

ÉRASTE.

Vous n'en sortirez point ?

CIDALISE.

Non , vous dis-je. Que ferons-nous ? N'irons-nous
pas au bal ?

ÉRASTE.

Vous savez que je fais tout ce qu'on veut,

LUCILE.

Monsieur le comte , le voulez-vous bien ? Nous sou-
perons après , ma cousine.

LE COMTE, *à Lucile.*

Vous n'avez qu'à commander, mademoiselle.

CIDALISE.

Avez-vous là votre carosse ?

ÉRASTE.

J'ai le mien au bout de la rue.

LE COMTE.

Le mien y est aussi.

CIDALISE.

Voilà qui est bien. Comment nous déguiserons-nous ?
Pour moi je ne veux qu'un masque.

LUCILE.

Et moi, ma cousine ?

MARTON.

Prenez en un aussi.

LE PETIT CHEVALIER.

Et moi ?

LUCILE.

Et vous, vous irez vous coucher.

LE PETIT CHEVALIER.

Non pas, s'il vous plaît.

SCÈNE III.

CIDALISE, LUCILE, MARTON, ÉRASTE, LE COMTE, LE PETIT CHEVALIER, PASQUIN.

(Céphise frappe à la porte)

CIDALISE.

Ne heurte-t-on pas ?

LE COMTE.

On heurte assurément, madame.

LUCILE.

Ah ! ma cousine, c'est peut-être ma tante.

CIDALISE.

Eh bien ! quand ce serait elle, faut-il tant s'étonner?
Laissez-moi parler. Passez dans ma chambre, Éraste.

LE COMTE.

Et moi, madame ?

CIDALISE.

Et vous aussi.

SCÈNE IV.

CÉPHISE, CIDALISE, LUCILE, MARTON.

CIDALISE, *va à la porte,*

Qui est là ?

CÉPHISE, *de dehors.*

Ouvrez.

CIDALISE.

Qui est là ?

CÉPHISE.

Ouvrez, vous dis-je.

CIDALISE, *ayant ouvert la porte.*

Ah ! ah ! c'est ma tante.

CÉPHISE, *entrant.*

Oui, ma nièce, c'est moi.

CIDALISE.

Eh ! qui vous fait venir ici à l'heure qu'il est ?

CÉPHISE.

Monsieur Durcet a pris la peine de m'avertir qu'on se préparait ici à passer une bonne nuit.

CIDALISE.

Madame, je me trouvais mal.

CÉPHISE.

Vous trouvez là de bons remèdes.

MARTON.

Le médecin lui a ordonné de faire médianoche.

CIDALISE.

J'ai voulu attendre minuit pour manger gras.

CÉPHISE.

Et vous, Lucile, que faites-vous ici?

CIDALISE.

J'ai cru que vous ne trouveriez pas mauvais si je la tenais à coucher avec moi.

CÉPHISE, *à Lucile.*

Vous usez bien des permissions qu'on vous donne! Laissez-moi faire, on trouvera les moyens de vous mettre à la raison.

CIDALISE, *à Céphise.*

Oh! madame, je vous prie, faites-nous bonne mine.

(*à Lucile.*) Ma cousine, ne vous chagrinez point ; elle est bonne personne : je la connais; un quart-d'heure d'entretien tête à tête nous la rendra favorable.

CÉPHISE.

Nous verrons à la fin qui plaisantera le plus long-temps.

CIDALISE.

En vérité, madame, si vous êtes si farouche, je vous ferai prier par des gens pour qui vous ne serez pas si cruelle.

CÉPHISE.

Que voulez-vous donc dire ? expliquez-vous.

CIDALISE.

J'ai bien de la peine à me faire entendre. (*elle appelle.*) Eraste !

SCÈNE V.

ÉRASTE, CÉPHISE, CIDALISE, LUCILE, MARTON.

CIDALISE, *à Eraste.*

Priez madame de ne nous point être si contraire.

CÉPHISE, *à part.*

Je suis trahie.

SCÈNE VI.

CIDALISE, CÉPHISE, LUCILE, ÉRASTE, LE COMTE, LE PETIT CHEVALIER, PASQUIN, MARTON.

LE PETIT CHEVALIER.

Eh ! bonsoir, ma tante ; voulez-vous venir au bal ?

CIDALISE.

Oui-dà, elle y viendra : pourquoi non ?

CÉPHISE.

Vous voulez bien que je me retire.

CIDALISE.

Nous avons le plus joli souper du monde ; vous en serez, s'il vous plaît. (*Eraste, par un regard de tendresse affectée, invite Céphise à rester.*)

CÉPHISE , *amoureusement.*

Je ferai tout ce que voudrez.

CIDALISE.

Ne vous avais-je pas bien dit que c'était la meilleure personne du monde ? Elle entend les choses à
demi-mot.

SCÈNE VII.

DAMIS , CIDALISE , CÉPHISE , LUCILE, MAR-
TON , ÉRASTE , LE COMTE , LE PETIT CHE-
VALIER, PASQUIN.

(*Damis frappe à la porte.*)

LUCILE.

On frappe à la porte.

MARTON , *à Cidalise.*

Marton , c'est votre oncle.

CIDALISE, *à Céphise.*

Madame, voyez, c'est à présent votre affaire : em-
pêchez-le d'entrer, si vous pouvez.

CÉPHISE.

Ne remuez point, tous ; ne faites point de bruit ;
cachez les flambeaux.

(*Pasquin met les bougies sous la table.*)

CÉPHISE , *va à la porte.*

Qui est là ?

DAMIS.

Est-ce vous , ma femme ?

CÉPHISE.

Est-ce vous, monsieur ?

DAMIS.

C'est moi-même , ouvrez.

CÉPHISE.

Avez-vous là de la lumière ?

DAMIS , *de dehors*

Oui.

CÉPHISE.

Eteignez-la.

DAMIS, *de dehors.*

Et pourquoi ?

Baron.

CÉPHISE.

Eteignez-la , vous dis-je

DAMIS, *de dehors.*

Elle est éteinte.

CÉPHISE , *ayant ouvert la porte , le fait entrer.*

Donnez-moi la main. (Que venez-vous faire ici ?

DAMIS.

Qu'y venez-vous faire vous-même ?

CÉPHISE.

Monsieur Durcet me vient d'envoyer dire qu'on se préparait à faire médianoche ici, et qu'Eraste et d'autres encore devaient s'y trouver.

DAMIS.

Monsieur Basset m'a fait dire la même chose.

CÉPHISE.

Cela n'est pas vrai cependant : il y a près d'une demi-heure que je suis ici , je n'entends rien.

DAMIS.

Et comment y êtes-vous entrée?

CÉPHISE.

N'ai-je pas une clef de cet appartement ? Allez, retirez-vous. Prenez garde de tomber sur la montée. Je veux examiner ceci. A moins qu'ils ne soient dans la chambre où elle couche... Laissez-moi faire; s'il me paraît la moindre chose , j'irai vous avertir.

DAMIS, *s'en allant.*

Bonsoir , madame.

CÉPHISE.

Bonsoir, monsieur. (*Pasquin veut reprendre les bougies.*)

CÉPHISE , *à Pasquin.*

Attendez.

DAMIS.

Que dites-vous?

CÉPHISE , *à Damis.*

Je dis que vous n'alliez pas si vite ; de peur de vous blesser. (*après que Damis est sorti, et que Céphise a fermé la porte , Pasquin met les bougies sur la table.*)

SCÈNE VIII.

ÉRASTE, LE COMTE, LE PETIT CHEVALIER, CIDALISE, CÉPHISE, LUCILE, MARTON, PASQUIN.

ÉRASTE.

Le voilà parti.

CÉPHISE.

Vous voyez, ma nièce, que je ne suis pas si mauvaise qu'on s'imagine.

CIDALISE.

Moi, ma tante? Vous êtes la meilleure personne du monde, quand vous voulez. Oh! çà, voyons donc, n'irons-nous pas au bal?

CÉPHISE.

Je vous prie m'en dispenser.

CIDALISE.

Oh! ma tante, vous y viendrez.

LE PETIT CHEVALIER.

Ma tante danse à merveille.

CÉPHISE.

Ce n'est point parce que je danse mal que je n'y veux point aller.

PASQUIN, *à part.*

La vieille folle!

LUCILE.

Marton ne vient-elle pas?

MARTON.

Pourquoi non?

CIDALISE.

Il faut que Pasquin reste ici pour nous ouvrir la porte.

ÉRASTE, *à Pasquin.*

Parle donc, hé!

PASQUIN.

Monsieur?

ÉRASTE.

Ne t'endors pas au moins quand il faudra nous ouvrir.

MARTON.

Je ne m'y fie pas; je vais prendre la clef.

SCÈNE IX.

PASQUIN, *seul.*

BONNE petite vie, par ma foi! Si l'oncle revenait, cela serait tout-à-fait drôle. Ce sont leurs affaires; la mienne est, à présent, de voir s'il n'y a point quelqu'une de ces bouteilles de trop. Voilà justement ce qu'il me faut. A vous, monsieur Pasquin..... Monsieur, je vous suis obligé.. Allons donc, point de façon..... Je suis votre serviteur... Il faut que vous me fassiez raison de la santé que je viens de vous porter... Ah! de tout mon cœur... Buvez donc. Voilà un brave homme. Ta, ta, ta, lera. Je suis un peu rond, franchement; il ne faut pourtant point se rebuter. A vos inclinations. monsieur Pasquin..... Ah! il ne sera pas dit que monsieur Pasquin demeure court. (*apercevant la lettre que Cidalise a laissé tomber.*) Mais quel est ce papier? Je gage que c'est quelque lettre que mon maître aura laissé tomber. (*il la ramasse.*) Justement. Il faut toujours que je répare ses sottises.

SCÈNE X.

DAMIS, PASQUIN, UN LAQUAIS, *avec une lumière.*

(*Damis frappe la porte.*)

PASQUIN.

On frappe. Qui est là?

DAMIS, *de dehors.*

Ouvrez.

PASQUIN.

Je ne saurais.

DAMIS, *de dehors.*

Eh! faut-il tant de façons? Qui peut ouvrir le jardin à l'heure qu'il est? (*Entrant, avec le laquais, à Pasquin.*) Que fais-tu là?

PASQUIN.

Vous voyez, je tâche d'adoucir les misères de la vie.

DAMIS.

Où est Cidalise ?

PASQUIN.

Où elle est ?

DAMIS.

Oui.

PASQUIN.

Je ne sais. Tenez, monsieur Damis, voulez-vous boire un coup ?

DAMIS.

A qui parles-tu, coquin ?

PASQUIN.

Il est de Champagne, monsieur Damis.

DAMIS, *au laquais.*

Allez dire à ma femme qu'elle descende ici.

SCENE XI.

DAMIS, PASQUIN.

PASQUIN.

Madame Damis ? Elle est allée au bal, monsieur.

DAMIS.

Ma femme au bal !

PASQUIN.

Oui-dà, au bal ; elle danse fort bien.

DAMIS.

Je suis bien fou de m'arrêter à ce que me dit un ivrogne. Mais quel papier tiens-tu là ?

PASQUIN.

Je n'en sais encore rien. Je l'ai trouvé, et je vais le lire.

DAMIS.

C'est sans doute un billet de ma nièce pour ton maître : donne, je veux le voir.

PASQUIN.

Un moment. Il faut être prudent : et, consciencieusement, je ne puis vous le donner qu'après l'avoir lu,

DAMIS, *lui prend la lettre.*

Eh! donne donc, maraud.
(*il lit la souscription.*)
« Pour Eraste. » Justement.

PASQUIN.

Souvenez-vous que c'est un vol que vous me faites.

DAMIS, *lisant la lettre.*

Que vois-je? Ai-je bien lu? Quoi! ma femme!......
Voilà donc le motif qui la faisait agir! Voilà donc la
cause de sa haine pour ma nièce! C'était son amour
pour Eraste qui l'engageait à tout emp over pour m'empêcher de consentir à son mariage avec Cidalise. La malheureuse! Contraignons-nous. Ne faisons point un éclat
indiscret. (*il met la lettre dans sa poche*) Et toi, maraud, sors d'ici, et garde-toi d'y jamais revenir.

PASQUIN.

En vérité, ce n'est pas ma faute.

DAMIS.

Sors d'ici, ou je t'assomme.

PASQUIN.

Je suis trop honnête pour ne pas obéir.

SCÈNE XII.

DAMIS, *seul.*

Quel parti prendre? Celui de la punir, et de me
venger, en mariant ma nièce à l'objet de ses amours :
après quoi je saurai... Les voici. Sans entrer en aucun
détail, mettons cet instant à profit.

SCÈNE XIII.

CIDALISE, ÉRASTE, DAMIS.

CIDALISE, *à Eraste.*

Le carrosse du comte s'est rompu bien mal à propos.

ÉRASTE.

Le mien est allé les reprendre, et doit remener Lucile
et votre tante qui s'est très-dangereusement blessée en
tombant.

CIDALISE.

Ah ciel! Je vois mon oncle.

DAMIS.

Ma nièce, mes remontrances, mes avis, mes menaces
mêmes, n'ont pu vous contraindre à prendre un train
de vie plus convenable; un mari sera peut-être plus
heureux que moi. Demain vous épouserez monsieur.
Votre père me laisse le maître de disposer de votre sort,
et je me flatte qu'une fois au moins, vous voudrez m'o-
béir.

CIDALISE.

Ah! mon oncle...

ÉRASTE.

Que de graces à vous rendre , monsieur!

DAMIS.

Point de remerciemens. Je me contente, et cela me
suffit. Mais j'exige qu'aussitôt unis ensemble vous sor-
tiez de ma maison, et ne me revoyiez jamais. Je l'exige,
j'ai mes raisons. A demain la noce : je vais donner mes
ordres pour cela. (*à part.*) Perfide! je te rendrai, du
moins, tourment pour tourment; et ta douleur me ven-
gera de l'outrage que tu me fais.

(*il sort.*)

SCÈNE XIV.

ÉRASTE, CIDALISE.

CIDALISE.

Que penser de son trouble? Quel changement ino-
piné! A quoi l'attribuer?

ÉRASTE.

Eh! qu'importe? ne songeons qu'à mon bonheur. Le
partagez-vous ?

CIDALISE.

Oui, Eraste : vous méritez que je vous aime , tâchez
donc d'en être sûr ; et surtout plus de jalousie.

ÉRASTE.

Je vous le promets. Puisque vous consentez à m'é-
pouser, je vous connais assez pour être persuadé que désormais je n'ai plus rien à craindre.

FIN DE LA COQUETTE ET DE LA FAUSSE PRUDE.

L'ANDRIENNE;

COMÉDIE

EN CINQ ACTES ET EN VERS,

DE

BARON,

Représentée, pour la première fois, en 1703.

PERSONNAGES.

SIMON, père de Pamphile.
PAMPHILE, amant de Glicérie.
CHRÉMÈS, père de Glicérie et de Philumène.
CARIN, amant de Philumène.
GLICÉRIE, fille de Chrémès.
CRITON, de l'île d'Andros.
SOSIE, affranchi de Simon.
DAVE, esclave de Pamphile.
BYRRHIE, esclave de Carin.
DROMON, esclave de Simon.
MISIS, servante de Glicérie.
ARQUILLIS, autre servante de Glicérie.
PLUSIEURS VALETS qui reviennent du marché avec
    Simon.

La scène est dans une place publique d'Athènes.

L'ANDRIENNE,

COMÉDIE.

ACTE PREMIER

SCÈNE Ire.

SIMON, SOSIE; PLUSIEURS VALETS, *portant des provisions.*

SIMON, *aux valets.*

EMPORTEZ tout cela dans la maison; allez.
  (*les valets entrent chez Simon.*)
Sosie, un mot.
     SOSIE.
     Je sais tout ce que vous voulez:
C'est d'avoir soin de tout; il n'est pas nécessaire
De me recommander...
     SIMON.
     Non; c'est une autre affaire.
     SOSIE.
Dites-moi donc en quoi mon adresse et mon soin..:
     SIMON.
Je n'ai de ton adresse aucunement besoin :
Il suffit pour servir utilement ton maître
De ces deux qualités qu'avec toi j'ai vu naître:
C'est la fidélité, le secret.
     SOSIE.
     Je n'attends...
     SIMON.
Je t'ai toujours connu sage dans tous les temps.
Je t'achetai, Sosie, en l'âge le plus tendre,

Et j'eus de toi des soins qu'on ne saurait comprendre :
J'élevai ta jeunesse ; et tu connus en moi
Combien la servitude était douce pour toi ;
Tu t'attiras d'abord toute ma confiance ;
Et tu m'en témoignas tant de reconnaissance
Qu'enfin je t'affranchis , et par ta liberté
Récompensai ton zèle et ta fidélité.

SOSIE.

D'un si rare bienfait mon cœur n'a pu se taire.

SIMON.

Je le ferais encor si j'avais à le faire.

SOSIE.

Je me tiens fort heureux si j'ai fait , si je fais
Quelque chose qui soit au gré de vos souhaits!
Mais pourquoi, s'il vous plaît, rappeler cette histoire?
Croyez-vous que jamais j'en perde la mémoire ?
Ce récit d'un bienfait que j'ai tant publié ,
Semble me reprocher que je l'aie oublié.
Pourquoi tant de détours ? Pardonnez-moi si j'ose...

SIMON.

Je commencerai donc ; et la première chose
Dont je veux que par moi tu sois d'abord instruit,
C'est que le bruit qui court ici n'est qu'un faux bruit ;
Ces noces, ce festin, véritables chimères,
Dont les préparatifs ne sont qu'imaginaires.

SOSIE.

Pourquoi donc ?... Excusez ma curiosité.

SIMON.

Suis-moi , tu perceras dans cette obscurité.
Quand je t'aurai fait voir mon dessein, ma conduite,
En quoi tu me seras utile dans la suite,
D'un statagême adroit tu connaîtras le fruit :
Tu connaîtras mon fils, ses mœurs; et ce qui suit
Te va donner du fait entière connaissance :
Mais surtout ne perds pas la moindre circonstance.
Mon fils donc, qui pour lors avait près de vingt ans,
Plus libre commençait à voir les jeunes gens :
Je passe son enfance , où retenu peut-être
Par le respect d'un père et la crainte d'un maître,
L'on n'a pu discerner ses inclinations.

SOSIE.

C'est bien dit.

SIMON.

Je bannis toutes préventions.
Ce temps où ses pareils ont pour l'académie,
Pour la chasse, le jeu, les bals, la comédie,
De ces empressemens qu'on ne peut exprimer,
Ne fit rien voir en lui que l'on dût réprimer;
Il prenait ces plaisirs avec poids et mesure :
Je m'en applaudissais.

SOSIE.

Non à tort, je vous jure.
Ce proverbe, monsieur, sera de tous les temps :
Rien de trop, il instruit les petits et les grands.

SIMON.

De la sorte il passait cet âge difficile,
Ne préférant jamais l'agréable à l'utile :
A servir ses amis il s'offrait de grand cœur,
Pourvu qu'il crût pouvoir le faire avec honneur;
Il avait à leur plaire une douce habitude :
Aussi de ses désirs ils faisaient leur étude.
Ainsi donc sans envie il attirait à lui
La jeunesse sensée, et si rare aujourd'hui !

SOSIE.

On appelle cela marcher avec sagesse.
A son âge savoir que la vérité blesse,
Et que la complaisance attire des amis,
C'est d'un excellent père être le digne fils.

SIMON.

Environ vers ce temps, une femme andrienne
Vint prendre une maison assez près de la mienne :
Sans parens, sans amis, peu riche ; c'est ainsi
Qu'elle partit d'Andros pour s'établir ici.
Elle était encor jeune et passablement belle.

SOSIE.

L'Andrienne commence à me mettre en cervelle.

SIMON.

Vivant pour lors sans bien et sans ambition,
Coudre et filer faisait son occupation :
Le travail de ses mains, de son fil, de sa laine,

A ses besoins pressans ne suffisait qu'à peine.
On publiait partout sa vertu, sa pudeur :
Tout ce qu'on m'en disait me perçait jusqu'au cœur ;
Et je cherchais déjà comment je pourrais faire
Pour soulager sous main l'excès de sa misère.
Mais sitôt qu'à ses yeux brillèrent les amans,
Elle ne garda plus tant de ménagemens :
Comme l'esprit, toujours ennemi de la peine,
Se porte du travail où le plaisir le mène,
Elle donna chez elle à jouer nuit et jour.
Parmi les jeunes gens qui lui faisaient la cour,
Ceux qui pour la servir montraient le plus de zèle
Obligèrent mon fils à l'aller voir chez elle.
Sitôt que je le sus, en moi-même je dis :
Pour le coup c'en est fait : on le tient, il est pris !
J'attendais le matin leurs valets au passage,
Qui tour à tour rôdaient dans tout le voisinage :
J'en appelais quelqu'un, je lui disais : Mon fils,
Nomme-moi tous les gens qui sont avec Chrysis.
Chrysis est proprement le nom de l'héroïne.

SOSIE.

Ah ! je n'entends que trop. Je fais plus, je devine.

SIMON

Je ne me souviens plus moi-même où j'en étais.

SOSIE.

Vous appeliez...

SIMON.

     J'y suis. Je priais, promettais.
Phèdre, me disait l'un, Nicérate, Clinie,
Ces jeunes gens tous trois l'aimaient plus que leur vie.
Et Pamphile ? Pamphile, assis près d'un grand feu,
Par complaisance, attend qu'on ait fini le jeu.
Je m'en réjouissais. Les jours suivans, sans cesse,
Je revenais vers eux et leur faisais largesse,
Pour savoir comme en tout mon fils se conduisait :
Je n'eusse osé penser le bien qu'on m'en disait.
Plusieurs fois éprouvé de la même manière,
Je crus pouvoir en lui prendre assurance entière :
Car celui qui s'expose et qui revient vainqueur,
Gagne la confiance et s'attire le cœur.

D'ailleurs de tous côtés, je dis le plus farouche
N'osait sans le louer même en ouvrir la bouche ;
D'une commune voix j'entendais mes amis
Qui me félicitaient d'avoir un si bon fils.
Que te dirais-je enfin ? Chrémès, rempli de zèle,
Me vient offrir sa fille et son bien avec elle,
Pour épouser mon fils au moins, cela s'entend :
J'approuve, je promets, et ce jour-ci se prend.

SOSIE.

A leur bonheur commun quel obstacle s'oppose ?

SIMON.

Patience, un moment t'instruira de la chose.
Lorsque Chrémès et moi nous mettions tout d'accord,
De Chrysis tout d'un coup nous apprenons la mort.

SOSIE.

Où qu'elle soit, monsieur, pour Dieu, qu'elle s'y tienne !
Je n'ai jamais rien craint tant que cette Andrienne !

SIMON.

Mon fils, qui la plaignait dans son malheureux sort,
Ne l'abandonnait pas, même depuis sa mort ;
Et tout se disposait pour la cérémonie
De ces tristes devoirs qu'on rend après la vie.
Plus attentif alors je l'examinais mieux.
J'aperçus qu'il tombait des larmes de ses yeux ;
Je trouvais cela bon, et disais en mon ame :
Il pleure, et ne connaît qu'à peine cette femme.
S'il l'aimait, qu'eût-il fait en un pareil malheur ?
Et si je mourais, moi, que ferait sa douleur ?
Je prenais tout cela pour la marque infaillible
De la bonté d'un cœur délicat et sensible.
Mais, pour trancher enfin d'inutiles discours,
On emporte le corps : il y vole, j'y cours.
Je me mets dans la foule, et le tout pour lui plaire ;
Je ne soupçonnais rien encor dans cette affaire.

SOSIE.

Comment ! que dites-vous ?

SIMON.

                    Attends, tu le sauras.
Nous allions, nous suivions, nous marchions pas à pas :
Plusieurs femmes pleuraient ; mais surtout une blonde

Me parut...

SOSIE.

Belle!... Hein?

SIMON.

La plus belle du monde,
Mais dont la modestie égalait la beauté ;
Et tant de grace jointe à tant d'honnêteté,
La mettait au-dessus de tout ce qu'on admire.
Poussé par un motif que j'aurais peine à dire,
Soit qu'elle m'eût touché par son affliction,
Ou qu'elle eût sur mon cœur fait quelque impression,
Je voulus la connaître ; et dans l'instant j'appelle
Doucement le valet qui marchait après elle :
Quelle est cette beauté, mon ami, que tu suis ?
Lui dis-je. Il me répond : C'est la sœur de Chrysis.
L'esprit frappé, surpris, et le cœur en alarmes :
Ah ! ah ! dis-je, voici la source de ses larmes...
Voilà donc le sujet de sa compassion !

SOSIE.

Je crains que tout ceci n'amène rien de bon.

SIMON.

On arrive au tombeau : là, selon la coutume,
Le corps sur le bûcher se brûle, se consume.
Cette sœur de Chrysis, dans ces tristes momens,
Faisant retentir l'air de ses gemissemens,
Se jetant sur ce corps que la flamme dévore,
Pour la dernière fois veut l'embrasser encore.
Pamphile, pénétré des plus sensibles coups,
S'avance, presse, accourt, se fait jour parmi nous,
Et, de ses feux cachés découvrant le mystère,
L'arrête ; et tout rempli d'amour et de colère,
Ma chère Glicérie, hélas, dit-il, hélas !
Mourons ensemble au moins. Elle tombe en ses bras :
Leurs yeux se rencontrant nous firent trop entendre
Qu'ils s'aimaient dès long-temps de l'amour le plus tendre.

SOSIE.

Que me dites-vous là ?

SIMON.

Je retourne au logis,
Dans le fond de mon cœur pestant contre mon fils.

Et n'osant pourtant point lui montrer ma colère,
Car il n'eût point manqué de me dire : Mon père,
Quel mal ai-je donc fait ? Quel crime ai-je commis ?
J'ai donné du secours à la sœur de Chrysis ;
Dans la flamme elle tombe, et ma main l'en retire.
Tu vois bien qu'à cela je n'aurais rien à dire.

SOSIE.

C'est savoir à propos dompter sa passion ;
Le quereller après une telle action,
Après un mauvais coup que pourrait-il attendre ?

SIMON.

Chrémès, ne voulant plus de mon fils pour son gendre,
Vint dès le lendemain pour me le déclarer,
Ajoutant qu'on n'eût pu jamais se figurer
Que mon fils, sans égard, sans respect pour son père,
Vécût comme il faisait avec cette étrangère.
Moi de nier le fait, lui de le soutenir.
Je m'emporte... Mais lui, ne cherchant qu'à finir,
J'eus beau lui rappeler sa promesse et la mienne,
Il me rend ma parole et retire la sienne.

SOSIE.

A Pamphile aussitôt vous fîtes la leçon ?

SIMON.

La réprimande encor n'était pas de saison.

SOSIE.

Comment ?

SIMON.

Il m'aurait dit, comme je m'imagine :
Mon père, en attendant le choix qu'on me destine,
Et pour lequel enfin je vois tout disposer,
Prêt à subir le joug que l'on va m'imposer,
Dans le reste du temps, qui ne durera guère,
Qu'il me soit libre au moins de vivre à ma manière.

SOSIE.

Quel lieu donc aurez-vous de le réprimander ?

SIMON.

Le refus ou l'aveu me fera décider.
S'il recule, ou s'oppose à ce feint mariage,
Tu m'entendras pour lors prendre un autre langage;
D'un ridicule amour par lui-même éclairci,

Baron.   18

Je lui montrerai bien si l'on doit vivre ainsi...
Mais suffit. A l'égard de ce maraud de Dave
Qui depuis si long-temps et me joue et me brave,
Et qui pour me tromper fait agir cent ressorts,
Il fera pour mon fils d'inutiles efforts :
A me fourber aussi le traître veut l'instruire,
Et songe à le servir beaucoup moins qu'à me nuire.

SOSIE.

Eh ! pourquoi donc cela ?

SIMON.

Quoi ! tu ne le sais pas ?
Ah ! c'est un scélérat qui ne peut faire un pas...
Mais baste ! si j'apprends qu'en cette conjoncture
Le fourbe contre moi prenne quelque mesure,
Tu verras... Souhaitons seulement que mon fils
Soit à mes volontés aveuglément soumis ;
Qu'il ne me reste plus qu'à renouer l'affaire.
Pour adoucir Chrémès je sais ce qu'il faut faire.
Ce que je veux de toi, c'est de persuader
Que l'hymen de mon fils ne se peut retarder,
D'appuyer ce mensonge, et jurer sur ta tête,
Que ce jour-ci, ce jour est marqué pour la fête ;
D'intimider ce Dave en cette occasion :
C'est tout ce que je veux de ton affection.

SOSIE.

Vous pouvez maintenant dormir en assurance.

SIMON.

Va, rentre.

(*seul.*)

Que de soins sans aucune espérance !
Après bien des tourmens, pester, gronder, crier,
Pamphile ne voudra jamais se marier.
Dave m'a trop instruit ; et, malgré sa contrainte,
Le trouble de ses yeux m'a découvert sa crainte
Lorsque je témoignai... Mais voici le maraud.

SCÈNE II.

SIMON, DAVE.

DAVE, *sans voir d'abord Simon.*
On appelle cela le prendre comme il faut.
Très-certain qu'à son fils on refuse une fille
Avec beaucoup de bien et de bonne famille,
Le bonhomme fait voir un modeste maintien,
Sans en dire un seul mot, sans en témoigner rien.
SIMON, *à part.*
Il parlera, maraud ! donne-toi patience ;
Tu n'en seras pas mieux, ainsi que je le pense.
DAVE, *à part.*
Je vois bien ce que c'est : le bon vieillard a cru
Que sous l'espoir flatteur de cet hymen rompu,
Et nous ayant leurrés de cette fausse joie,
Nous passerions des jours filés d'or et de soie,
Sans trouble, sans chagrin, lorsqu'il viendrait tout net
Le contrat à la main, nous saisir au collet...
La peste, qu'il en sait !
SIMON, *à part.*
    Ah ! le maudit esclave.
DAVE, *à part.*
Je ne le voyais pas ; c'est mon vieux maître.
SIMON
         Dave.
DAVE, *feignant de ne le pas voir.*
Qui m'appelle ?
SIMON.
  C'est moi.
DAVE.
   Qui, c'est moi ?
SIMON.
        Me voici.
DAVE.
Où donc ?
SIMON, *à part.*
Ah ! le bourreau.

DAVE.
Je ne sais.
SIMON.
C'est ici.

DAVE.
Je ne vois...
SIMON, *à part.*
Le pendard !
DAVE.
Ouf !... pardonnez, de grace...
SIMON.
Je t'excuse, voleur! mais reste en cette place.
DAVE.
Vous n'avez qu'à parler.
SIMON.
Heim?
DAVE.
Quoi ?
SIMON.
Plaît-il ?

DAVE.
Monsieur ? !

SIMON.
Ce qu'on dit de mon fils lui fait bien de l'honneur !
DAVE.
Que dit-on ?
SIMON.
Ce qu'on dit ? Qu'une certaine femme
Allume dans son cœur une illicite flamme;
Tout le monde en murmure.
DAVE.
Ah ! vraiment, c'est de quoi
Le monde se met fort en peine, que je crois.
SIMON.
Que dis-tu ?
DAVE.
Moi !
SIMON,
Toi.

DAVE.

Rien.

SIMON.

Dans la grande jeunesse
L'ame est soumise aux sens et s'égara sans cesse...
Brisons là ; n'allons point rappeler le passé :
Mais aujourd'hui qu'il est moins jeune et plus sensé,
Dave, il faut d'autres mœurs, un autre train de vie.
Je te commande donc, ou plutôt je te prie,
Et, si ce n'est assez, je te conjure enfin
De remettre mon fils dans un meilleur chemin.
Tu m'entends, heim?

DAVE.

Pas trop.

SIMON.

Je sais bien qu'à son âge
On n'aime pas ; on craint, on fuit le mariage.

DAVE.

On le dit.

SIMON.

Et surtout lorsqu'un jeune imprudent
S'abandonne aux conseils d'un mauvais confident,
Il se livre à des maux qu'on ne saurait comprendre.

DAVE.

Je commence, monsieur, à ne vous plus entendre.

SIMON.

Tu ne m'entends plus ?

DAVE.

Non.

SIMON.

Attends jusqu'à la fin.

DAVE.

Je suis Dave, monsieur, et ne suis pas devin.

SIMON.

Tu veux que je sois clair et plus intelligible ?

DAVE.

Oui, s'il vous plaît.

SIMON.

Je vais y faire mon possible.
Si mon fils n'est ce soir soumis à la raison,
Je te ferai demain mourir sous le bâton ;

Et veux, si je l'oublie ; ou si je te fais grace,
Que sans miséricorde on m'assomme à ta place.
Eh bien ! de ce discours és-tu plus satisfait ?

DAVE.

Celui-ci pour le coup me paraît clair et net :
Ce discours-ci n'est point de ces discours frivoles,
Et renferme un grand sens en très-peu de paroles.

SIMON.

Tu ris ; mais prends bien garde à cette affaire-ci.
Tu ne te plaindras point qu'on ne t'ait averti.
Adieu.

SCÈNE III.

DAVE, *seul*.

Vous l'entendez de vos propres oreilles.
Sus, Dave, il n'est pas temps de bailler aux corneilles.
Si l'esprit ne nous sert en cette occasion,
Pour mon maître, ou pour moi, je ne vois rien de bon.
Que faire ? le laisser dans ce péril extrême ?
Il est mort. Le servir par quelque stratagême ?
Si le vieillard le sait... Je m'y perds, et ma foi,
Je ne vois que bâtons prêts à tomber sur moi.
Quand il saura (bons dieux ! quelle triste journée.)
Pamphile marié depuis plus d'un année !
Pensent-ils qu'il prendra, ce vieillard emporté,
Des contes faits en l'air pour une vérité ?
Lui diront-ils qu'elle est citoyenne d'Athènes ;
Et de cent visions dont leurs têtes sont pleines,
Croiront-ils l'endormir en lui frottant le dos ?
Un vieux marchand périt proche l'île d'Andros,
Après sa mort, laissant une petite fille ;
Le père de Chrysis, qui la trouva gentille,
La fit près de Chrysis avec soin élever...
Imagination qu'on ne saurait prouver !
Ce vieux marchand mourant... Contes à dormir, fable
Qui ne me paraît pas seulement vraisemblable...
Mais pourquoi m'arrêter à tous ces vains discours ?
A des maux si pressans il faut un prompt secours.

De ce vieillard fougueux pour calmer la furie,
Quoi ! ne pourrions-nous pas résoudre Glicérie
A venir à ses pieds lui demander... Hélas !...
Glicérie est malade, et je n'y songe pas,
Et si mal que je crains que la fin de sa vie
Ne soit le dénoûment de cette tragédie...
Mais j'aperçois Misis.

SCÈNE IV.

MISIS, DAVE.

DAVE.
      Eh bien ! ma chère enfant,
Comment se porte-t-elle ?
          MISIS.
            Un peu mieux maintenant,
Mais, hélas ! on ne peut faire aucun fond sur elle.
Ce vieillard irrité lui trouble la cervelle :
Elle n'ignore pas qu'il peut en un moment
Rompre un hymen formé sans son consentement.
Malade comme elle est, languissante, abattue,
Bien plus que tout son mal cette crainte la tue.
Elle découvre tout ce qu'on veut lui cacher.
Elle m'a fait sortir pour te venir chercher :
Tu lui feras plaisir de la voir, de lui dire...
          DAVE.
Je ne puis maintenant, Misis ; je me retire :
De ma présence ailleurs on a trop de besoin.
Dis-lui qu'à la servir je donne tout mon soin ;
Que de ce même pas je cours toute la ville
Pour tâcher de trouver et prévenir Pamphile.
               (*il s'en va.*)
      MISIS, *seule.*
A quel nouveau malheur faut-il nous préparer ?
De son empressement que pourrais-je augurer ?
« Dis-lui que de ce pas je cours toute la ville
» pour tâcher de trouver et prévenir Pamphile. »
Pour prévenir Pamphile !... O ciel ! est-il besoin
Que de le prévenir on prenne tant de soin ?

Devrait-il être un jour, une heure, un moment même,
Sans venir l'assurer de son amour extrême ?
Que laisse-t il penser ? Quel funeste embarras !...
Dieux tout-puissans, grands dieux, ne l'abandonnez pas !
Juste ciel ! quel objet se présente à ma vue ?...
Pamphile hors de lui !... Que mon ame est émue !...
Que vois-je ? Il lève au ciel et les mains et les yeux...
Notre malheur, hélas ! peut-il s'expliquer mieux ?

SCÈNE V.

PAMPHILE, MISIS.

PAMPHILE, *sans voir Misis.*

D'un procédé pareil un homme est-il capable ?
Est-ce là comme en use un père raisonnable ?

MISIS, *qui s'est retirée à l'écart.*

Que veut dire ceci ? Je tremble.

PAMPHILE, *à part.*

Ah ! quelle main,
Sort cruel, choisis-tu pour me percer le sein ?
Quoi ! sans me pressentir sur le choix d'une femme,
Mon père croit livrer et mon cœur et mon ame ?
D'abord n'a-t-il pas dû me le communiquer ?

MISIS, *à part.*

Qu'entends-je ? Quelle énigme il vient de m'expliquer ?

PAMPHILE, *à part.*

Chrémès donc à présent tient un autre langage ?
Lui qui me refusait sa fille en mariage,
Il prétend me la faire épouser aujourd'hui ?
Oh ! pour moi je ne veux ni d'elle ni de lui.
De mes vœux, de ma foi, mon cœur n'est plus le maître
Je serais à la fois ingrat, parjure, traître...
Puis-je le concevoir ?... S'il n'est aucun secours,
Ce jour fatal sera le dernier de mes jours !...
De mon cœur embrasé le feu ne peut s'éteindre...
Hélas ! des malheureux je suis le plus à plaindre !
Ne pourrai-je éviter, dans mon malheureux sort,
Un hymen mille fois plus cruel que la mort ?
De combien de rebuts m'ont-ils rendu la proie !

On me veut aujourd'hui, demain l'on me renvoie ;
On me rappelle encor. Que dois-soupçonner ?
Il n'est que trop aisé de se l'imaginer ;
Il n'a pu de sa fille autrement se défaire.
Il me la veut donner : voilà tout le mystère.

MISIS, à part

Ce discours me saisit et me perce le cœur.

PAMPHILE, à part.

Mais ce qui met encor le comble à ma douleur,
C'est l'air indifférent et l'abord de mon père.
Croit-il qu'un mot suffit dans une telle affaire ?
Je le rencontre. A peine avait-il pu me voir :
Philumène est à vous, m'a-t-il dit, et ce soir...
J'ai cru qu'il me disait, ou qu'à l'instant je meure :
Va, Pamphile, va-t'en te pendre tout à l'heure...
Assommé de ce coup, j'ai paru comme un sot,
Sans oser devant lui proférer un seul mot.
Si quelqu'un me demande en une telle affaire,
Averti de tout point, ce qu'il eût fallu faire,
Je ne sais ; mais je sais que dans un pareil cas
J'eusse fait ce qu'il faut pour ne l'épouser pas.
Pour moi je ne vois plus que penser ni que dire ;
Je sens de toutes parts mon cœur que l'on déchire ;
La pitié, le respect m'entraînent tour à tour :
Tantôt j'écoute un père et tantôt mon amour.
Ce père me chérit, l'abuserai-je encore ?
Faut-il abandonner la beauté que j'adore ?
Hélas ! que faire ? Hélas ! de quel côté tourner ?

MISIS, à part.

Il est temps de combattre et non de s'étonner.
Il faut absolument qu'il parle à ma maîtresse :
Tout le veut ; son repos, son honneur, sa tendresse.
Tandis que son esprit ne sait où s'incliner,
Parlons, pressons : un mot peut le déterminer.

PAMPHILE, apercevant Misis.

Qu'entends-je ?... C'est Misis !

MISIS.

Hélas! c'est elle-même.

PAMPHILE.

Que dit-elle ?... Prends part à ma douleur extrême...
Que fait-elle ?... Réponds.

MISIS.

Me le demandez-vous ?
Du plus cruel destin elle ressent les coups :
Le bruit qui se répand d'un fatal hyménée,
Malgré tous vos sermens, malgré la foi donnée...
Elle craint en un mot que ce funeste jour
A son fidèle cœur n'arrache votre amour.

PAMPHILE.

Ciel ! puis-je le penser ? Quel soupçon l'a frappée ?
Ah ! malheureux ! c'est moi qui l'aurais donc trompée ?
Je l'abandonnerais, au mépris de ma foi,
Elle qui n'attend rien que du ciel et de moi ?
J'exposerais ses mœurs, sa vertu non commune
Aux bizarres rigueurs d'une injuste fortune ?
Cela ne sera point.

MISIS.

Elle ne doute pas
Que s'il dépend de vous, Pamphile... Mais, hélas !
Si l'on vous y contraint ?

PAMPHILE.

Je serais assez lâche
Pour rompre, pour briser la chaîne qui m'attache ?

MISIS.

Elle mérite bien que vous vous souveniez
Que les mêmes sermens tous deux vous ont liés.

PAMPHILE.

Si je m'en souviendrai ! qui ? moi ?... Toute ma vie.
Ce que me dit Chrysis, parlant de Glicérie,
Occupe incessamment mon esprit et mon cœur :
Mourante, elle m'appelle ; et moi, plein de douleur,
J'avance : vous étiez dans la chambre prochaine ;
Et pour lors, d'une voix qui ne sortait qu'à peine :
Elle me dit : (Misis, j'en verse encor des pleurs !)
« Elle est jeune, elle est belle, elle est sage, et je meurs.
» Pour conserver son bien, que peut-elle à cet âge ?
» La beauté pour ses mœurs est un triste avantage :
» Je vous conjure donc, par sa main que je tiens,

» Par la foi, par l'honneur, par mes pleurs, par les siens.
» Par ce dernier moment qui va finir ma vie,
» De ne vous séparer jamais de Glicérie :
» Pamphile, quand j'ai cru trouver un frère en vous,
» L'aimable Glicérie y crut voir un époux ;
» Et depuis tous ses soins n'ont tendu qu'à vous plaire.
» Soyez donc son tuteur, son époux et son père :
» Du peu de bien qu'elle a daignez prendre le soin ;
» Conservez-le : peut-être elle en aura besoin. »
Elle prit nos deux mains et les mit dans la sienne :
» Que dans cette union l'amour vous entretienne ;
» C'est tout... » Elle expira dans le même moment.
Je l'ai promis, Misis ; je tiendrai mon serment ;
Je ne trahirai point la foi la plus sincère :
Je te le jure encor.

MISIS.
Pamphile, je l'espère...
Mais ne montez-vous pas pour calmer ses ennuis ?

PAMPHILE.
Je ne paraîtrai point dans le trouble où je suis...
Mais, ma chère Misis, fais en sorte, de grace
Qu'elle ne sache rien de tout ce qui se passe.

MISIS.
J'y ferai mes efforts.

PAMPHILE.
Attends, Misis... je crains...
Non, je ne la puis voir.

MISIS, *à part*.
Hélas ! que je le plains !

FIN DU PREMIER ACTE.

ACTE II.

SCÈNE Ire.

CARIN, BYRRHIE.

CARIN.

Ai-je bien entendu? me dis-tu vrai, Byrrhie?
Le croirai-je? Pamphile aujourd'hui se marie?

BYRRHIE.

Cela n'est que trop vrai.

CARIN.

Mais de qui le sais-tu?
Dis-le-moi donc.

BYRRHIE.

De Dave à l'instant je l'ai su.

CARIN.

Jusqu'ici quelque espoir au milieu de ma crainte
Soulageait tous les maux dont mon ame est atteinte;
Mais enfin interdit, languissant, abattu,
Je sens que je n'ai plus ni force ni vertu.
C'en est fait; je succombe à ma douleur mortelle:
Eh! puis-je vivre après cette affreuse nouvelle?

BYRRHIE.

Lorsqu'on ne peut, monsieur, faire ce que l'on veut,
Il faudrait essayer à vouloir ce qu'on peut.

CARIN.

Que puis-je souhaiter quand je perds Philumène?

BYRRHIE.

Eh! ne feriez-vous pas avec bien moins de peine
Un effort pour chasser ce malheureux amour,
Que d'en parler sans cesse et la nuit et le jour?
Sans relâche attentif au feu qui vous dévore,
Par de pareils discours vous l'irritez encore.

CARIN.

Hélas! qu'il t'est aisé, dans un profond repos,
De vouloir apporter du remède à mes maux!

BYRRHIE.

Je vous dirai pourtant...

CARIN.

Ah! laisse-moi, Byrrhie;
Un semblable discours me fatigue et m'ennuie.

BYRRHIE.

Vous ferez là-dessus tout ce qu'il vous plaira.

CARIN.

Pamphile de mon sort lui seul décidera.
Il faut tout employer avant que je périsse :
Il se rendra peut-être à mes désirs propice.
Je vais lui découvrir l'excès de mes tourmens;
Et , s'il n'est pas touché des peines que je sens ,
Pour quelque temps au moins j'obtiendrai qu'il diffère
Un hymen que je crains et qui me désespère.
Pendant ce temps il peut arriver... Que sait-on ?

BYRRHIE.

Il ne peut désormais arriver rien de bon.

CARIN.

Je vois Pamphile... O ciel! conseille-moi, Byrrhie :
L'aborderai-je ou non?

BIRRHIE.

Contentez votre envie;
Découvrez-lui l'état où l'amour vous a mis :
Peut-être craindra-t-il quelque chose de pis.

SCÈNE II.

PAMPHILE, CARIN, BYRRHIE.

PAMPHILE.

Je vois Carin... Bonjour.

CARIN.

Bonjour, mon cher Pamphile :
En vos seules bontés trouverais-je un asile ?
Savez-vous mon appui ? La rigueur de mon sort
A mis entre vos mains et ma vie et ma mort.

PAMPHILE.

Hélas! mon cher Carin, quel espoir est le vôtre ?
Je ne puis rien pour moi, que puis je pour un autre ?
Mais de quoi s'agit-il?

CARIN.

Il s'agit de savoir

Si vous vous mariez, comme on dit, dès ce soir.

PAMPHILE.

On le dit.

CARIN.

Permettez, mon cher, que je vous die
Un adieu qui sera le dernier de ma vie.

PAMPHILE.

Eh! pourquoi donc cela?

CARIN.

Je demeure interdit;
Je n'ose vous parler, et vous m'avez tout dit.
Byrrhie, instruit d'un mal que j'ai peine à vous taire,
Vous peut de mes malheurs découvrir le mystère.

BYRRHIE.

Oui-dà, je le ferai très-volontiers.

PAMPHILE.

Eh bien?

BYRRHIE.

Ne vous alarmez pas, surtout; c'est moins que rien :
Monsieur est amoureux, amoureux à la rage
De celle qu'on vous va donner en mariage.

PAMPHILE.

Il aime?... Mais, Carin, parlez-moi nettement;
Vous aime-t-elle aussi? Par quelque engagement
Pourriez-vous... Dites-moi... Ce que je me propose....

CARIN.

Non, je vous avoûrais ingénûment la chose.

PAMPHILE.

Ah! plût au ciel, Carin, que pour vous et pour moi...

CARIN.

Je suis de vos amis, Pamphile, je le croi;
Par cette amitié donc entre nous établie
Rompez premièrement cet hymen qu'on publie.

PAMPHILE.

Je ferai mes efforts.

CARIN.

Ou bien, si votre cœur
Dans cet engagement trouve tant de douceur....

PAMPHILE.

Quelle douceur!

CARIN.

Au moins, et pour dernière grace,
Différez d'un seul jour le coup qui me menace,
Pour me donner le temps de délivrer vos yeux
D'un ami, d'un amant, d'un rival odieux.

PAMPHILE.

Écoutez-moi, Carin. Dans le siècle où nous sommes,
Vous ne l'ignorez pas, on rencontre des hommes
Qui, parés d'un bienfait qu'ils n'ont jamais rendu,
En arrachent le fruit qui ne leur est pas dû.
Je suis, vous le savez, d'un autre caractère :
Ainsi, pour, vous parler sans feinte, sans mystère,
Cet hymen si contraire à vos plus chers désirs,
Me cause maintenant de mortels déplaisirs.

CARIN.

Hélas ! vous me rendez la joie et l'espérance !

PAMPHILE.

Vous pouvez maintenant agir en assurance.
Faites pour l'épouser jouer mille ressorts ;
Pour ne l'épouser point je ferai mes efforts,

CARIN.

J'emploîrai...

PAMPHILE.

Dave vient. C'est en lui que j'espère :
Son conseil nous sera sans doute nécessaire.

CARIN, à Byrrhie.

Toi, qui cent fois par jour me mets au désespoir,
Retire-toi, va-t'en.

BYRRHIE.

Monsieur, jusqu'au revoir.

SCÈNE III.

PAMPHILE, CARIN, DAVE.

DAVE, à part.
(haut.)

Bons dieux ! que de plaisir ! Hé ! là, messieurs, de grace...
Je suis un peu pressé, permettez que je passe...
Pamphile n'est-il point parmi vous ? dans son cœur
Je voudrais rétablir la paix et la douceur.

Eh! morbleu! rangez-vous! Où diantre peut-il être?

CARIN, *bas, à Pamphile.*

Il me paraît content.

PAMPHILE, *bas.*

Il ne sait pas peut-être

Les troubles, les chagrins dont je me sens pressé.

DAVE, *à part.*

S'il est instruit des maux dont il est menacé!...

CARIN, *à Pamphile.*

Ecoutez ce qu'il dit.

DAVE, *à part.*

Il court toute la ville,

Et de nous rencontrer il n'est pas bien facile...
De quel côté tourner?

CARIN *bas, à Pamphile.*

Que ne lui parlons-nous?

DAVE, *à part.*

Je vais...

PAMPHILE.

Dave.

DAVE.

Qui, Dave?...Ah! monsieur, c'est donc vous?
Et vous aussi, Carin?... Allégresses! merveilles!
Ecoutez-moi tous deux de toutes vos oreilles.

PAMPHILE.

Dave, je suis perdu!

DAVE.

De grace, écoutez-moi.

PAMPHIDE.

Je suis mort!

DAVE.

Je sais tout.

CARIN.

Je n'ai recours qu'en toi.

DAVE.

Je suis fort bien instruit.

PAMPHILE.

Dave, l'on me marie.

DAVE.

Je le sais.

PAMPHILE.

Dès ce soir.

DAVE.

Eh ! merci de ma vie !
Un moment de repos... Je sais vos embarras.
Vous craignez d'épouser... Vous, de n'épouser pas ?

CARIN.

C'est cela.

PAMPHILE.

Tu l'as dit.

DAVE.

Oh ! cessez de vous plaindre :
Jusques ici tous deux vous n'avez rien à craindre.

PAMPHILE.

Hâte-toi, tire-moi de la crainte où je suis.

DAVE.

Eh ! je le fais aussi le plus tôt que je puis.
Vous n'épouserez point, vous dis-je, Philumène ;
Et j'en ai, je vous jure, une preuve certaine.

PAMPHILE.

D'où le sais-tu ? dis-moi.

DAVE.

Je le sais, et fort bien.
Votre père tantôt, par forme d'entretien,
M'a dit : « Dave, je veux, sans tarder davantage,
« De mon fils aujourd'hui faire le mariage. »
Passons. Vieillard jasant tient discours superflus,
Dont très-heureusement je ne me souviens plus.
Au même instant, rempli d'une douleur mortelle,
Je cours pour vous porter cette triste nouvelle ;
Je vais droit à la place, où, ne vous voyant point,
Je me trouve pour lors affligé de tout point.
Je gagne la hauteur ; et là, tout hors d'haleine,
En cent lieux différens où mon œil se promène,
Elevé sur mes pieds, je m'aperçois fort bien
Que je découvre tout et ne discerne rien.
Je descends promptement ; je rencontre Byrrhie :
Avec empressement je le prie et reprie
De me dire en quel lieu vous êtes ; ce nigaud
Me regarde, m'écoute, et s'enfuit aussitôt.

Las, fatigué, chagrin, je pense, je repose...
Mais pour ce mariage on fait peu de dépense,
Dis-je alors. Là-dessus je prends quelque soupçon ;
Ce bonhomme me vient quereller sans raison ;
Il nous forge un hymen pour nous tromper, je gage :
Ces doutes, bien fondés, rappellent mon courage.

PAMPHILE.

Eh bien ! après ?

DAVE.

Après ? Plus gaillard, plus dispos,
J'arrive à la maison de Chrémès aussitôt ;
Je considère tout avec exactitude :
Un seul valet, sans soin et sans inquiétude,
Respirait à la porte un précieux loisir,
Et, malgré le grand froid, ronflait avec plaisir.
J'en tressaille.

PAMPHILE.

Poursuis.

DAVE.

C'ette maison m'étonne,
D'où personne ne sort, où n'aborde personne,
Où je ne vois amis, parentes, ni parens,
Ni meubles somptueux, ni riches vêtemens,
Où l'on ne parle point de musique, de danse.

PAMPHILE.

Ah ! Dave !

DAVE.

Cet hymen a-t-il de l'apparence ?

PAMPHILE.

Je ne sais que penser.

DAVE.

Que me dites-vous là ?
C'est très-certainement un conte que cela.
Je fais plus, à l'instant j'entre dans la cuisine :
Je n'y vois qu'un poulet d'assez mauvaise mine,
Un seul petit poisson qui dans l'eau barbottait,
Un cuisinier transi qui dans ses mains soufflait.

CARIN.

Dave, tu me parais comme un dieu tutélaire :
Je retrouve en toi seul un protecteur, un père.

DAVE.

Eh ! vous n'en êtes pas encor où vous pensez.

CARIN, *montrant Pamphile.*

Il n'épousera point Philumène ?

DAVE.

Est-ce assez ?
Dites-moi, s'il vous plaît, est-ce ainsi qu'on raisonne ?
Parce qu'il ne l'a point faut-il qu'il vous la donne ?
Ne tardez pas, allez, employez vos amis,
Montrez vous caressant, obligeant et soumis.

CARIN.

Va, je n'oublirai rien : je ferais plus encore
Pour posséder un jour la beauté que j'adore.

SCÈNE IV.

PAMPHILE, DAVE.

PAMPHILE.

Mais pourquoi donc mon père à ce point nous jouer ?

DAVE.

Il sait bien ce qu'il fait ; vous l'allez avouer.
Si Chrémès rompt des nœuds formés par votre père,
Votre père ne peut que se plaindre ou se taire :
Il sent bien qu'il eût dû vous en parler d'abord ;
Il vous veut maintenant mettre dans votre tort.
Si dans cette union feinte qu'il vous propose
Vous ne lui paraissez soumis en toute chose,
Ah ! pour lors vous verrez de terribles éclats !

PAMPHILE.

Je me prépare à tout.

DAVE.

Ne vous y trompez pas :
C'est votre père au moins ; pensez-y mieux, Pamphile,
Et de lui résister c'est chose peu facile.
Dans de nouveaux chagrins n'allez point vous plonger.
Sur le moindre soupçon qu'il pourrait se forger,
Il vous ferait chasser brusquement Glicérie ;
Vous n'en entendriez parler de votre vie.

PAMPHILE.

La chasser! juste Ciel!

DAVE.

N'en doutez nullement.

PAMPHILE.

Que faut-il faire? Hélas!

DAVE.

Dire tout maintenant,
Qu'à suivre ses conseils vous n'aurez nulle peine,
Et que vous êtes prêt d'épouser Philumène.

PAMPHILE.

Hein?

DAVE.

Plaît-il?

PAMPHILE.

Je dirai...

DAVE.

Pourquoi non?

PAMPHILE.

Que je vais...
Non, Dave, encor un coup, ne m'en parle jamais.

DAVE.

Croyez moi.

PAMPHILE.

C'en est trop, et ce discours me lasse.

DAVE.

Mais que risquerez-vous? écoutez-moi, de grace!

PAMPHILE.

De me voir séparé de l'objet de mes vœux,
D'épouser Philumène et vivre malheureux!

DAVE.

Cela ne sera point, soit dit sans vous déplaire:
Je vois plus clair que vous dans toute cette affaire.
Vous ne hasardez rien à vous humilier.
Votre père dira: « je veux vous marier;
» J'ai choisi ce jour-ci pour célébrer la fête; »
Et vous lui répondrez en inclinant la tête:
« Mon père, je ferai tout ce qu'il vous plaira. »
Fiez-vous-en à moi! ce coup l'assommera,
Et ce bonhomme enfin en intrigues fertile

Cessera de poursuivre un dessein inutile.
Chrémès, dans son refus plus ferme que jamais,
Va vous servir, monsieur, et selon vos souhaits.
Ainsi vous passerez, au gré de votre envie,
Sans trouble, d'heureux jours auprès de Glicérie.
Chrémès, de votre amour par mes soins informé,
Dans son juste refus se verra confirmé.
Mais ressouvenez-vous que le nœud de l'affaire
Est de paraître en tout soumis à votre père;
Et ne vous allez point encor imaginer
Qu'il ne trouvera plus de fille à vous donner :
Dans cet engagement que vous faites paraître
Il vous la choisira vieille et laide peut-être,
Plutôt que vous laisser dans le déréglement
Où vous lui paraissez vivre jusqu'à présent.
Mais si vous vous trouvez soumis à sa puissance,
Le bonhomme pour lors rempli de confiance,
Nous laissera le temps de choisir, d'inventer
Quel remède à nos maux nous devons apporter.

PAMPHILE.

Dave, crois-tu cela ?

DAVE.
Si je le crois ? sans doute.

PAMPHILE.
Hélas ! si tu savais ce qu'un tel effort coûte !

DAVE.
Par ma foi ! vous rêvez. Quoi donc! y pensez-vous ?
On se moque de lui tant qu'on veut, entre nous.
Le voici... Bon, courage, un peu d'effronterie;
Surtout ne paraissez point triste, je vous prie.

SCÈNE V.

SIMON, PAMPHILE, DAVE, *peu après*
BYRRHIE.

SIMON, *à part, dans le fond.*
Je reviens pour savoir quel conseil ils ont pris.

DAVE, *à part.*
Cet homme croit trouver un rebelle en son fils,

Et médite à part lui quelque trait d'éloquence,
Dont nous l'allons payer autrement qu'il ne pense...

    (bas, à Pamphile.)

Allons, songez à vous et possédez-vous bien.

    PAMPHILE, *bas.*

Je ferai de mon mieux ; mais ne me dis plus rien.

    DAVE, *bas.*

Si vous lui repondez, ainsi que je l'espère :
« Tout ce que vous voudrez ; j'obéirai, mon père »,
Vous le verrez confus sans pouvoir dire un mot ;
Et si cela n'est pas prenez-moi pour un sot.

    SIMON, *à part.*

Ah ! les voici tous deux, et je vais les surprendre.

    DAVE, *bas, à Pamphile.*

Prenez garde, il nous voit ; n'importe, il faut l'attendre.

    (Byrrhie paraît dans le fond et n'avance pas.)

    SIMON.

Pamphile !

    DAVE, *bas, à Pamphile.*

    Tournez-vous, et paraissez surpris.

    PAMPHILE, *avec un feint étonnement.*

Ah ! mon père.

    DAVE, *bas.*

    Fort bien !

    SIMON.

        C'est aujourd'hui, mon fils,
Que l'hymen se conclut et que tout se dispose.

    PAMPHILE.

Mon père, je suis prêt à terminer la chose.

    BYRRHIE, *à part.*

Qu'entends-je ? que dit-il ?

    DAVE, *bas, à Pamphile, en lui montrant Simon.*

    Il demeure muet.

    SIMON.

Mon fils, de ce discours je suis fort satisfait :
Je n'attendais pas moins de votre obéissance ;
L'effet n'a nullement trompé mon espérance.

    DAVE, *à part.*

J'étouffe !

BYRRHIE , *à part.*
Après le tour de ces mauvais railleurs ,
Mon maître peut chercher une autre femme ailleurs.
SIMON , *à Pamphile.*
Entrez : Chrémès dans peu chez moi viendra se rendre,
Et ce n'est pas à lui, mon fils, à vous attendre.
PAMPHILE.
J'y vais.

BYRRHIE , *à part.*
O temps ! ô mœurs ! qu'êtes-vous devenus ?
SIMON , *à Pamphile.*
Allez, rentrez, vous dis-je, et ne ressortez plus.
(*Pamphile rentre chez son père, et Byrrhie
s'éloigne.*)

SCÈNE VI.

SIMON, DAVE.

DAVE , *à part.*
Il me regarde ; il croit, je gagerais ma vie,
Que je reste en ce lieu pour quelque fourberie.
SIMON , *à part.*
Si de ce scélérat par quelque heureux moyen,
(*à Dave.*)
Je pouvais... A quoi donc s'occupe Dave
DAVE.
A rien.
SIMON.
A rien ?
DAVE.
A rien du tout, ou qu'à l'instant je meure !
SIMON.
Tu me semblais pensif, inquiet, tout à l'heure ?
DAVE.
Moi ? non.
SIMON.
Tu marmotais pourtant je ne sais quoi.
DAVE.
(*à part.*)
Quel conte !... Il ne sait plus ce qu'il dit, par ma foi !

SIMON.

Hein ?

DAVE.

Plaît-il ?

SIMON.

Rêves-tu ?

DAVE.

Très-souvent dans les rues
Je fais châteaux en l'air, je bâtis dans les nues ;
Et rêver de la sorte est, vous le savez bien,
Rêver à peu de chose, et pour mieux dire à rien.

SIMON.

Quand je te fais l'honneur de te parler, j'enrage !
Tu devrais bien au moins me tourner le visage.

DAVE.

Ah ! que vous voyez clair !... C'est encor un défaut,
Dont je me déferai, monsieur, tout au plus tôt.

SIMON.

Ce sera fort bien fait. Une fois en ta vie...

DAVE.

Vous voulez bien, monsieur, que je vous remercie?

SIMON.

De quoi ?

DAVE.

De vos avis donnés très-à propos.

SIMON.

J'y consens.

DAVE.

En effet aller tourner le dos
Lorsque quelqu'un vous parle !

SIMON, *à part.*

Ah ! quelle patience !

DAVE.

C'est choquer tout-à-fait l'exacte bienséance.

SIMON.

Auras-tu bientôt fait ?

DAVE.

Une telle leçon
Me fait ouvrir les yeux de la bonne façon.

SIMON.

Oh ! tu m'avertiras quand ton oreille prête...

DAVE.

Je m'en vais ; je vois bien que je vous romps la tête.

SIMON.

Eh ! non , bourreau ! Viens çà ; je te veux parler.

DAVE.

Bon !

SIMON.

Oui , je te veux parler : le veux-tu bien , ou non ?

DAVE.

Si j'avais cru , monsieur...

SIMON.

Ah ! bon Dieu ! quel martyre !

DAVE.

Que vous eussiez encor quelque chose à me dire ,
Je me fusse gardé d'interrompre un instant...

SIMON.

Eh ! ne le fais-tu pas , bourreau ! dans ce moment ?

DAVE.

Je me tairai.

SIMON.

Voyons.

DAVE.

Je n'ouvre pas la bouche.

SIMON.

Tant mieux !

DAVE.

Et me voilà, monsieur, comme une souche.

SIMON , *levant son bâton.*

Et moi, si je t'entends , je ne manquerai pas
Du bâton que voici de te casser les bras.
Or sus, puis-je espérer qu'aujourd'hui sans contrainte,
La vérité pourra, sans recevoir d'atteinte,
Une fois seulement de ta bouche sortir ?

DAVE.

Qui voudrait devant vous s'exposer à mentir ?

SIMON.

Ecoute ; il n'est pas bon de me faire la nique.

Baron.						20

DAVE.

Je ne le sais que trop ; qui s'y frotte s'y pique.

SIMON.

Oh bien ! cela conté comme tu me le dis ;
Cet hymen ne fait-il nulle peine à mon fils ?
N'as-tu point remarqué quelque trouble en son ame
A cause de l'amour qu'il a pour cette femme ?

DAVE.

Qui, lui ? Voilà, ma foi, de plaisantes amours !
Ce trouble sera donc de trois ou quatre jours !
Puis ne savez-vous pas qu'ils sont brouillés ensemble ?

SIMON.

Brouillés ?

DAVE.

Je vous l'ai dit.

SIMON.

Non, à ce qu'il me semble.

DAVE.

Oh bien ! tout va, vous dis je, au gré de vos souhaits
Ils sont brouillés, brouillés à ne se voir jamais.
Vous voyez qu'à vous plaire il fait tout son possible :
De l'état de son cœur c'est la preuve sensible.

SIMON.

Il est vrai que j'ai lieu d'en être fort content ;
Mais il m'a paru triste, embarrassé pourtant.

DAVE.

Ma foi ! je ne puis plus le cacher davantage :
Je crois que vous verriez au travers d'un nuage.

SIMON.

Eh bien ?

DAVE.

Vous l'avez dit, il est un peu chagrin.

SIMON.

Tu vois...

DAVE.

Peste ! je vois que vous êtes bien fin !

SIMON.

Dis-moi donc ?

DAVE, *hésitant*.

Ce n'est rien... c'est une bagatelle...

SIMON.

Mais encor ?

DAVE.

Que se forge une jeune cervelle.

SIMON.

Quoi ! je ne puis savoir ?

DAVE.

Il conçoit de l'ennui...
Mais ne me brouillez pas , s'il vous plaît , avec lui.

SIMON.

Il ne le saura point.

DAVE.

Il dit qu'on le marie
Sans éclat , qu'on l'expose à la plaisanterie.

SIMON.

Comment donc?

DAVE.

« Quoi ! dit-il , personne n'est commis
» Pour prier seulement nos parens, nos amis ?
» Pour un fils , poursuit-il , rempli d'obéissance ,
» Epargne-t-on les soins autant que la dépense ? »

SIMON.

Moi ?

DAVE.

Vous. Il a monté dans son appartement ;
Il y croyait trouver un riche ameublement.
Il n'a pas tort au moins... Si j'osais...

SIMON.

Je t'en prie.

DAVE.

Je vous accuserais d'un peu de ladrerie.

SIMON.

Retire-toi , maraud !

DAVE, *à part , en s'en allant.*

Il en tient !

SIMON.

Sur ma foi ,

Je crois que ce coquin se moque encor de moi !
Ce traître, ce pendard à toute heure m'occupe.
Eh quoi! serai-je donc incessamment sa dupe?
Si j'allais... C'est bien dit !... Que sert-il de rêver ?
Bon ou mauvais, n'importe, il faut tout éprouver.

FIN DU SECOND ACTE.

ACTE III.

SCÈNE Ire.

SIMON, *seul.*

AH ! je puis maintenant, selon toute apparence,
D'un succès assuré concevoir l'espérance.
S'ils m'ont voulu jouer dans cette affaire-ci,
J'ai de quoi maintenant me moquer d'eux aussi;
S'ils sont de bonne foi, comme je le souhaite,
Dans deux heures au plus l'affaire sera faite...
Holà ! Sosie, holà !... Bons dieux ! que de plaisirs
De voir tout réussir au gré de ses désirs !

SCÈNE II.

SIMON, SOSIE.

SOSIE.

Que vous plaît-il, monsieur ?

SIMON.

　　　　　　Ecoute des merveilles...
Mais ce coquin de Dave est tout yeux, tout oreilles;
Prends garde.

SOSIE.

　　　　Là-dessus n'ayez aucun soupçon ;
Il n'abandonne pas un instant la maison.
Tout se fait, disent-ils, au gré de leur envie :

Ils n'ont jamais été si contens de leur vie.
SIMON.
Tel qui rit le matin pleure à la fin du jour ,
Et le proverbe dit que chacun a son tour.
SOSIE.
Eh ! comment donc ?

SIMON.
         Je suis au comble de la joie.
SOSIE.
Quel est enfin ce bien que le ciel vous envoie ?
SIMON.
Ce mariage feint , à plaisir inventé ,
Ce conte...

SOSIE.
      Eh bien ! ce conte ?
SIMON.
            Est une vérité.
SOSIE.
D'un autre que de vous j'aurais peine à le croire.
SIMON.
Je te vais en deux mots conter toute l'histoire.
Mon fils m'ayant promis ce que je demandais ,
Et même beaucoup plus que je n'en attendais ,
M'a jeté tout d'un coup dans quelque défiance.
J'ai prié Dave alors , avec beaucoup d'instance ,
De vouloir pleinement éclaircir mes soupçons :
Le traître m'en a dit de toutes les façons ,
M'a fait cent questions sur une bagatelle ;
Et le chien m'a si bien démonté la cervelle ,
Que dans tous ses discours je n'ai rien vu , sinon
Qu'il se moquait de moi.

SOSIE.
Tout de bon ?
SIMON.
             Tout de bon.
Je chasse sur-le-champ cette maligne bête ;
Tout ému que je suis , il me vient dans la tête
De voir Chrémès : je suis ce premier mouvement ;
J'arrive à sa maison dans cet empressement.
Les complimens rendus , je lui fais des caresses ,

Cent protestations, mille et mille promesses :
J'ai tant prié, pressé ; je m'y suis si bien pris,
Que sa fille aujourd'hui doit épouser mon fils.

SOSIE.

Ah ! que me dites-vous ?

SIMON.

C'est la vérité pure.
Tout m'a favorisé dans cette conjoncture ;
Et tu verras dans peu Chrémès venir ici
Pour conclure l'hymen... Justement, le voici.

(*Sosie s'éloigne.*)

SCENE III.

CHRÉMÈS, SIMON.

SIMON.

Non, je ne me sens pas ! ô ciel ! je te rends grace !...
Mon cher Chrémès, souffrez qu'encor je vous embrasse.
Allons, n'entrons-nous pas ?

CHRÉMÈS.

Votre intérêt, le mien,
Me font vous demander un moment d'entretien.

SIMON.

Chez moi nous serons mieux.

CHRÉMÈS.

Il n'est pas nécessaire :
Un mot est bientôt dit ; je ne tarderai guére.

SIMON.

Vous n'auriez pas changé de résolution ?

CHRÉMÈS.

Monsieur, sur tout ceci j'ai fait réflexion :
De vos empressemens je n'ai pu me défendre ;
J'ai donné ma parole, et je viens la reprendre.

SIMON.

Pour la seconde fois, Chrémès, y pensez-vous ?

CHRÉMÈS.

Pour la centième fois ; car enfin, entre nous,
A votre fils plongé dans le libertinage
Irais-je ainsi donner ma fille en mariage ?
C'est se moquer tout franc, et vous n'y songez pas

De me pousser vous-même à faire un mauvais pas.
Croyez d'ailleurs, Simon, que cet effort me coûte.

SIMON.

Ah ! de grace ! un moment.

CHRÉMÈS.

Parlez, je vous écoute.

SIMON.

Chrémès, par tous les dieux j'ose vous conjurer,
Par l'amitié qu'en nous rien ne peut altérer,
Qui dès nos jeunes ans a commencé de naître,
Que l'âge et la raison ont formée et vu croître,
Par cette fille unique en qui vous vous plaisez,
Par mon fils, du salut duquel vous disposez,
D'accomplir cet hymen sans tarder davantage !
C'est de notre amitié le plus sûr témoignage.

CHRÉMÈS.

Ah ! Simon, cachez-moi toute votre douleur :
Ce discours me saisit et me perce le cœur ;
A vos moindres désirs je suis prêt à me rendre.
Du moins à votre tour daignez aussi m'entendre.
Voyons : si cet hymen leur est avantageux,
J'y consens ; à l'instant marions-les tous deux.
Mais quoi ! si cet hymen, que votre cœur souhaite,
Dans des gouffres de maux l'un et l'autre les jette,
Nous devons regarder la chose de plus près,
Et prendre de tous deux les communs intérêts.
Pensons donc, pour le bien et de l'un et de l'autre,
Que Pamphile est mon fils, que ma fille est la vôtre.

SIMON.

Et je le fais aussi, je ne regarde qu'eux :
Leur bonheur est très-sûr, leur malheur est douteux.
A conclure aujourd'hui, Chrémès, tout nous convie.

CHRÉMÈS.

Comment ?

SIMON.

Il ne voit plus...

CHRÉMÈS.

Eh ! qui donc ?

SIMON.

Glicérie.

CHRÉMÈS.

J'entends.

SIMON.

Ils sont brouillés ; mais comptez là-dessus,
Si brouillés, que je crois qu'il n'y songera plus.

CHRÉMÈS.

Fable !

SIMON.

Rien n'est plus vrai, Chrémès : je vous le jure.

CHRÉMÈS.

Ne nous arrêtons point à cette conjecture.
Simon, nous le savons et depuis plus d'un jour,
Les piques des amans renouvellent l'amour.

SIMON.

Chrémès, n'attendons pas que cet amour renaisse,
Et profitons d'un temps qu'un bon destin nous laisse ;
N'exposons plus mon fils aux charmes séducteurs,
Aux larmes, aux transports, à ces feintes douleurs
Dont se sert avec fruit une coquette habile :
Prévenons ce malheur en mariant Pamphile.
De Philumène alors mon fils étant l'époux,
Prendra des sentimens dignes d'elle et de vous.

CHRÉMÈS.

Votre amour aveuglé vous flatte et vous abuse.
Nous accordera-t-il un bien qu'il vous refuse ?
Ne nous amusons point d'un ridicule espoir.

SIMON.

Sans l'avoir éprouvé pouvez-vous le savoir ?

CHRÉMÈS.

En vérité, Simon, l'épreuve est dangereuse !

SIMON.

Çà, je le veux, prenons que la chose est douteuse.
S'il arrivait pourtant, ce que je ne crains pas,
Quelque désordre ; eh bien ! sans faire de fracas,
Nous les séparerions : regardez, je vous prie,
Voilà le plus grand mal ; mais s'il change de vie,
Considérez les biens que vous nous donnerez :
D'abord notre amitié que vous conserverez ;
En second lieu le fils que vous rendez au père ;
Pour vous un gendre acquis et soigneux de vous plaire ,

A Philumène enfin un époux vertueux.
CHRÉMÈS.
Oh bien ! soit, que l'hymen les unisse tous deux.
SIMON.
Ah ! c'est avec raison, Chrémès, que je vous aime,
Je vous le dis sans fard , à l'égal de moi-même.
CHRÉMÈS.
Je vous suis obligé. Qui vous a donc appris
Que l'Andrienne enfin ne voit plus votre fils?
SIMON.
Vous me feriez grand tort, mon cher Chrémès, de
    croire
Que je voulusse ici vous forger une histoire :
C'est Dave, à qui mon fils ne cache jamais rien ,
Qui me l'a dit tantôt par forme d'entretien ;
C'est de lui que je sais, comme chose certaine ,
Le désir qu'a mon fils d'épouser Philumène.
Je m'en vais l'appeler : cachez-vous dans ce coin ;
De tout ce qu'il dira vous serez le témoin.
CHRÉMÈS.
Je fais ce qu'il vous plaît.
SIMON,.apercevant Dave.
Ah ! le voilà lui-même.

SCÈNE IV.

SIMON, CHRÉMÈS, caché, DAVE.

DAVE, à Simon.
Pourquoi nous laissez-vous dans cette peine extrême ?
Il se fait déjà tard. C'est se moquer aussi :
L'épouse ne vient point, et devrait être ici.
Nous sommes de la voir dans une impatience....
SIMON.
Va, Dave, elle y sera plus tôt que l'on ne pense.
DAVE.
Elle n'y peut venir assez tôt.
SIMON.
Je le crois.

Et Pamphile ?
Baron.

DAVE.

Il l'attend plus ardemment que moi.

SIMON, *toussant.*

Hem, hem, hem !

DAVE.

Vous toussez ?

SIMON.

Ce n'est rien.

DAVE.

Je l'espère.

Tous ces petits enfans dont vous serez grand-père
Auront besoin de vous. Cela donne à rêver ;
Et pour eux et pour nous il faut vous conserver.

SIMON.

Que fait mon fils ?

DAVE.

Il court, il arrange, il ordonne,
Et se donne ! ma foi ! plus de soin que personne.

SIMON.

Mais encor, que dit-il ?

DAVE.

Oh ! vraiment, ce qu'il dit ?...
Je crois qu'à tous momens il va perdre l'esprit.

SIMON.

Eh ! comment donc cela ?

DAVE.

Son ame impatiente
Ne saurait supporter une si longue attente.

SIMON, *toussant encore.*

Hem, hem !

DAVE.

Mais cependant ce rhume est obstiné.

SIMON.

Un peu de mouvement que je me suis donné...
Laissons... Il parle donc souvent de Philumène ?

DAVE.

C'est son petit bouchon, sa princesse, sa reine.

SIMON.

Cela me fait plaisir.

DAVE, *riant.*

Et le pauvre garçon
A déjà composé pour elle une chanson.

SIMON.

Je pense que tu ris ?

DAVE.

Il faut bien que je rie :
Je n'ai jamais été plus joyeux de ma vie.

SIMON.

Dave, il faut maintenant t'avouer mon secret.
J'avais toujours de toi craint quelque mauvais trait,
Et l'amour de mon fils avec cette étrangère
Me rendait défiant : je ne puis plus le taire.

DAVE.

Moi vous tromper? Bons dieux ! que me dites-vous là?
Je ne suis vraiment pas capable de cela.

SIMON.

Je l'ai cru : maintenant que ton zèle m'impose,
Je te vais découvrir ingénument la chose.

DAVE.

Quoi donc ?

SIMON.

Tu le sauras, car je me fie à toi.

DAVE.

J'aimerais mieux cent fois...

SIMON.

C'est assez, je te croi.
L'hymen en question ne se devait point faire.

DAVE.

Comment?

SIMON.

Pour vous tromper j'ai fait tout ce mystère.

DAVE.

Que me dites-vous là?

SIMON.

Que la chose est ainsi.

DAVE.

Non, je n'eusse jamais deviné celui-ci...
Ah ! que vous en savez!

CHRÉMÈS , *se montrant.*

C'est trop long-temps attendre.
Et j'en sais beaucoup plus qu'il n'en fallait entendre.
Je vais chercher ma fille et l'amener chez vous.

SCÈNE V.

SIMON, DAVE.

SIMON.

Tu comprends bien ?

DAVE, *à part..*

Ah! ciel! où nous fourrerons-nous ?

SIMON.

Et, sans te fatiguer d'inutile redite ,
Tu vois de tout ceci la naissance et la suite.

DAVE.

Il ne m'échappe rien , monsieur , je comprends tout.

SIMON.

Je te le veux conter de l'un à l'autre bout.

DAVE.

Ne vous fatiguez point.

SIMON.

Je veux...

DAVE.

Je vous en prie.

SIMON.

Mais du moins il faut bien que je te remercie.
Ce mariage enfin , dont je me sais bon gré ,
C'est toi , Dave , c'est toi qui me l'as procuré.

DAVE, *à part.*

Ah ! je suis mort !

SIMON.

Plaît-il?

DAVE.

Fort bien ! le mieux du monde!

SIMON.

Et je m'en souviendrai.

DAVE , *à part.*

Que le ciel te confonde !

SIMON.

Que murmures-tu là tout bas entre tes dents ?

DAVE.

Il m'a pris tout d'un coup des éblouissemens.

SIMON.

Cela se passera. Désormais fais en sorte
Que mon fils dans l'hymen sagement se comporte.

DAVE.

Allez, vous n'en aurez que du contentement.

SIMON.

Dave, mieux que jamais tu le peux maintenant ;
L'Andrienne et Pamphile étant brouillés ensemble,
C'est pour ce mariage un grand bien, ce me semble ?

DAVE.

Reposez-vous sur moi, puisque je vous le dis.

SIMON.

N'est-il pas à présent ?...

DAVE.

Il est dans le logis.

SIMON.

Je m'en vais le trouver ; cette affaire le touche :
Il faut de tout ceci l'instruire par ma bouche.

SCÈNE VI.

DAVE, *seul.*

Ou suis-je ? où vais-je ? Hélas ! quel destin est le mien ?
Je ne me connais plus, et je suis moins que rien.
Ne pourrai-je obtenir, par grace singulière,
Qu'on me jette dans l'eau la tête la première ?
Je l'entreprendrais bien ; mais, malheureux en tout,
J'y ferais mes efforts sans en venir à bout ;
Quelque mauvais démon, par quelque diablerie,
Me retiendrait en l'air pour conserver ma vie.
Que deviendrai-je donc ?... Je suis bien avancé !
J'ai tout perdu, brouillé ; j'ai tout bouleversé ;
Sans en tirer de fruit, j'ai trompé mon vieux maître :
Dans ces noces enfin qui ne devaient point être,

Misérable ! j'embarque et j'engage son fils ,
Malgré tous ses conseils , que je n'ai point suivis...
Si je puis revenir du danger qui me presse ,
Je fais vœu désormais à la sainte paresse
De chercher le repos et la tranquillité
Au fond de la mollesse et de l'oisiveté.
Pour lors je passerai , sans trouble , sans affaire ,
La nuit à bien dormir , le jour à ne rien faire.
Finesse , ruse , fourbe , adresse , activité ,
Tant de soins , tant de pas , que m'ont-ils rapporté ?
Si j'eusse demeuré dans une paix profonde ,
Maintenant nous serions les plus heureux du monde...
Ah ! je le vois... Grands dieux ! c'en est fait, et je crois
Qu'il me va voir ici pour la dernière fois !

SCÈNE VII.

PAMPHILE , DAVE.

PAMPHILE , *à part.*

Ou trouverai-je donc ce scélérat , ce traître ?

DAVE , *à part.*

Je me meurs.

PAMPHILE , *à part.*

A mes yeux osera-t-il paraître ?
Des rigueurs du destin je n'ose murmurer.
Des conseils d'un maraud que pouvais-je espérer ?
Mais il partagera le tourment que j'endure.

DAVE , *à part.*

Si je puis échapper d'une telle aventure
Je ne dois désormais plus craindre pour mes jours.

PAMPHILE , *à part.*

Que dirai-je à mon père s... Il n'est plus de secours.
Moi , qui lui paraissais rempli d'obéissance ,
De changer à ses yeux aurai-je l'insolence ?
Que faire s je ne sais.

DAVE , *à part.*

Ni moi, de par les dieux !...
Et cependant en vain j'y rêve de mon mieux.

PAMPHILE , *apercevant Dave.*

Ah ! c'est vous ?

DAVE , *a part.*

Il me voit.

PAMPHILE.

Effronté ! misérable !
Eh bien ! où me réduit ton conseil détestable ?
Dans quel abîme affreux...

DAVE.

Je vous en tirerai.

PAMPHILE.

Tu m'en retireras ?

DAVE.

Ou bien j'y périrai.

PAMPHILE.

Oui, comme tu l'as fait, double chien, tout à l'heure.

DAVE.

Non, je m'y prendrai mieux, Pamphile, que je meure !

PAMPHILE.

Quoi donc ! je me firais encor à toi, bourreau !
A toi qui m'as tendu cet horrible panneau ?
Ne t'avais-je pas dit qu'il valait mieux se taire ?

DAVE.

Oui, vous me l'aviez dit.

PAMPHILE.

Que te faut-il donc faire ?

DAVE.

Me pendre. Mais avant cette exécution
Donnez-moi quelque temps pour la réflexion :
Il ne faut qu'un moment pour nous tirer d'affaire.

PAMPHILE.

Non, je n'entends plus rien qui ne me désespère.
Infâme ! tu peux bien t'apprêter à mourir ;
Mais je veux y rêver pour te faire souffrir.

SCÈNE VIII.

CARIN , PAMPHILE, DAVE.

CARIN , *à Pamphile.*

Ose-t-on le penser ? oserait-on le croire ?

Peut-on exécuter une action si noire ?

PAMPHILE.

Je suis au désespoir, Carin. Ce malheureux,
En voulant nous servir, nous a perdus tous deux.

CARIN.

En voulant nous servir ? Le prétexte est honnête ?

PAMPHILE.

Comment ?

CARIN.

A ces discours croit-on que je m'arrête ?

PAMPHILE.

Que veut dire ceci ?

CARIN.

Mon malheureux amour
A fait un changement bien cruel en un jour !
Vous abandonnez donc cette pauvre Andrienne ?
Hélas ! je vous croyais l'ame comme la mienne !

PAMPHILE.

Cela n'est point ainsi, vous dis-je ; croyez-moi.

CARIN.

Le plaisir n'était pas assez grand, je le voi,
Si vous ne me flattiez d'une fausse espérance.
Epousez Philumène.

PAMPHILE.

Une vaine apparence
(*montrant Dave.*)
Vous abuse, Carin... Vous ne comprenez pas
Que c'est ce malheureux qui fait notre embarras :
Il devient mon bourreau. Mes intérêts, les vôtres...

CARIN.

Vous traite-t-il plus mal que vous traitez les autres ?

PAMPHILE.

Si vous me connaissiez, ou l'amour que je sens,
Je vous verrais bientôt changer de sentimens.

CARIN.

Ah ! je vois ce que c'est : malgré l'ordre d'un père,
Malgré tous ses discours et toute sa colère,
Il n'a pu vous contraindre enfin à l'épouser ?

PAMPHILE.

Ecoutez : un moment va vous désabuser.

On ne me forçait point de prendre Philumène.
CARIN.
Et vous la prenez donc pour jouir de ma peine ?
PAMPHILE.
Attendez.
CARIN.
Mais enfin, l'épousez-vous, ou non ?
PAMPHILE.
Vous me faites mourir !... Ce méchant, ce fripon
M'a tant prié, pressé d'aller dire à mon père
Qu'en tout absolument je voulais lui complaire,
Qu'il a fallu céder après un long débat.
CARIN.
Qui vous l'a conseillé ?
PAMPHILE.
Ce chien, ce scélérat !
CARIN.
Dave ?
PAMPHILE.
Dave a tout fait.
CARIN.
Eh ! pourquoi ?
PAMPHILE.
Je l'ignore.
CARIN , à Dave.
Dave, as-tu fait cela ?
DAVE.
Je l'ai fait.
CARIN.
Ciel ! encore ?
(montrant Pamphile.)
Eh quoi ! le plus mortel de tous ses ennemis
Pouvait-il inventer quelque chose de pis ?
DAVE.
Je me suis abusé, monsieur , je vous l'avoue :
Ainsi de nos projets la fortune se joue !
Je ne suis pourtant point tout-à-fait abattu :
Laissez-moi respirer.
PAMPHILE.
Eh bien ! que feras-tu ?

Parle vite, il est temps.

DAVE.

Ce que je me propose
Pourrait déjà donner un grand branle à la chose.

PAMPHILE.

Enfin nous diras-tu?...

DAVE.

Je n'ai pas commencé.
Il faut me pardonner d'abord tout le passé.

CARIN.

Soit.

PAMPHILE.

Ah! si je remets en ses mains ma fortune,
Je serai marié quatre fois au lieu d'une.

DAVE, *après avoir un peu rêvé.*

Je le tiens... C'en est fait, nous serons tous contens.
Vous entendrez parler de moi dans peu de temps.

PAMPHILE.

Quoi! nous ne saurons point?...

DAVE.

Allez, laissez-moi faire :
Je veux avoir moi seul l'honneur de cette affaire.
Si je ne réussis selon votre désir,
Vous me pendrez après tout à votre loisir.

PAMPHILE.

Remets-nous dans l'état où nous étions.

DAVE.

J'enrage!
Allez, je vous réponds d'en faire davantage.

FIN DU TROISIÈME ACTE.

ACTE IV.

SCÈNE Ire.

MISIS, *seule.*

Ah ! ciel ! qui vit jamais un tel empressement ?
« Allez, soyez ici dans le même moment :
» Marchez, courez, volez, faites toute la ville,
» Et ne revenez pas sans amener Pamphile... »
Cet ordre me paraît très-facile à donner ;
Mais pour l'exécuter, de quel côté tourner ?...
Dave vient à propos : il nous dira peut-être
Ce que dit, ce que fait, où se cache son maître.

SCÈNE II.

DAVE, MISIS.

MISIS.

Pamphile veut-il donc la mettre au désespoir ?
Peut-elle sans mourir être un jour sans le voir ?

DAVE.

Misis, ma chère enfant, en un mot comme en mille,
C'en est fait pour le coup, il n'est plus de Pamphile !

MISIS.

Qu'est-il donc arrivé ?

DAVE.

C'est un traître, un ingrat,
Un imposteur, un fourbe, un lâche, un scélérat !

MISIS.

Abandonnerait-il la pauvre Glicérie ?

DAVE.

Il l'abandonne.

MISIS.

Ah ciel !

DAVE.

Ce soir, on le marie.

MISIS.

Glicérie en mourra.

DAVE.

Moi, j'en suis presque mort.

MISIS.

Quoi donc! y consent-il?

DAVE.

Il y consent très-fort.

MISIS.

Dave, tu t'es trompé, cela n'est pas croyable.

DAVE.

Je ne t'ai jamais rien dit de plus véritable.

MISIS.

Et les dieux permettront qu'une telle action...

DAVE.

Eh! ce n'est pas cela dont il est question.

MISIS.

Pour le punir est-il une assez rude peine?

DAVE.

Non.

MISIS.

Il aura le front d'épouser Philumène?

DAVE.

Oui.

MISIS.

Qu'as-tu dit enfin, qu'as-tu fait là-dessus?

DAVE.

J'ai dit... j'ai fait...

MISIS.

Eh bien?

DAVE.

Cent discours superflus.

MISIS.

Eh! que te répond-il?

DAVE.

Planté comme une idole,
Il n'ose proférer une seule parole.

MISIS.

Il ne te parle point.

DAVE.

Il est comme un benêt,
Et m'entend, sans souffler, dire ce qui me plaît.

MISIS.

Pas un mot !

DAVE.

Pas un mot.

MISIS, *voulant l'emmener.*

Allons voir Glicérie.

DAVE, *la retenant.*

Ma chère enfant, Simon n'entend point raillerie.
Je n'en ai que trop fait ; je viens vous avertir...
Bon Dieu ! si de chez vous on me voyait sortir...

MISIS.

Eh! tu me parles bien au milieu de la rue ?

DAVE.

Je puis dire que c'est une chose imprévue.

MISIS, *en s'en allant.*

Ne t'écarte donc pas ; je reviens.

DAVE.

Je t'attends.

SCÈNE III.

CRITON, DAVE.

CRITON, *à part.*

Perdrai-je à la chercher bien des pas et du temps ?

DAVE, *à part.*

Voici quelque étranger.

CRITON, *à part.*

Oui, c'est dans cette place.

DAVE, *à part.*

A qui donc en veut-il ?

CRITON.

Me ferez-vous la grace
De vouloir, s'il vous plaît, m'enseigner le logis
De Glicérie, ou bien de la sœur de Chrysis ?

DAVE, *lui montrant la maison.*

Vous voilà maintenant, monsieur, devant sa porte.
Pour Chrysis, vous savez...

CRITON.

Oui, je sais qu'elle est morte.

Vous la connaissiez donc?

DAVE.

               Si je la connaissais?
J'étais son serviteur, monsieur, et l'honorais
Comme elle méritait.

CRITON.

        Elle était Andrienne?

DAVE.

Je le sais.

CRITON.

       Et de plus ma cousine germaine;
Et je viens tout exprès prendre possession
De ce qui m'appartient de sa succession :
Car j'ai lieu d'espérer que déjà Glicérie.
Rendue heureusement au sein de sa patrie,
A recouvré son bien et ses parens aussi?

DAVE.

Elle est comme elle était en arrivant ici,
Sans parens et sans bien, monsieur, je vous le jure.

CRITON.

Ah! que j'en suis fâché!... La pauvre créature!...
Si j'eusse su cela, loin de partir d'Andros,
J'y serais demeuré chez moi bien en repos.
Tout le monde la croit la sœur de ma parente;
Sous ce titre elle a pris et le fonds et la rente.
Etranger, moi, que j'aille intenter un procès?
Je n'en dois espérer qu'un malheureux succès.
Glicérie est fort jeune; elle doit être belle :
Tous ses amans iront solliciter pour elle;
Ils diront que je suis un fourbe, un affronteur,
Qui n'ayant aucun bien vient usurper le leur.
Quand toutes ces raisons ne seraient pas valables,
Ne doit-on pas toujours aider les misérables?

DAVE.

Oh! par ma foi! monsieur, dont j'ignore le nom...

CRITON.

Eh bien! mon cher enfant, on m'appelle Criton.

DAVE.

Monsieur Criton, donc, soit; un aussi galant homme
Ne se trouverait pas d'Athènes jusqu'à Rome.

CRITON.

Je vous suis obligé de ces bons sentimens.

DAVE.

Ce ne sont point ici de mauvais complimens.

CRITON.

Vous m'avez bien instruit : je vous en remercie ;
Et dans un autre esprit je vais voir Glicérie.

DAVE, *voyant paraître Glicérie.*

Eh ! la voilà qui sort, la pauvre femme !

CRITON.

Hélas !

SCÈNE IV.

GLICÉRIE, CRITON, ARQUILLIS, MISIS, DAVE.

GLICÉRIE, *en reconnaissant Criton.*

O ciel ! je vois Criton !

DAVE, *à Criton.*

Elle vous tend les bras.

CRITON, *à Glicérie.*

C'est vous, ma chère enfant ?

GLICÉRIE.

C'est cette infortunée
Aux rigueurs des destins toujours abandonnée !

CRITON.

Ah ! que le ciel ici me conduit à propos !
Allons, ne tardons point, retournons voir Andros.
Tous mes enfans sont morts ; je n'ai plus de famille :
Venez, vous y serez comme ma propre fille...
Quel pitoyable état ! les yeux baignés de pleurs,
Languissante, abattue !

GLICÉRIE.

Ah ! Criton, je me meurs !

CRITON.

Pourquoi vous levez-vous ?

GLICÉRIE.

Une importante affaire
M'oblige de sortir... je ne tarderai guère...

(*à Arquillis, en lui montrant Criton.*)
Conduisez-le, Arquillis, dans mon appartement...
　　(*à Criton.*)
Reposez-vous ; je suis à vous dans un moment.
CRITON.
Qu'un destin plus heureux vous guide et vous conduise,
Et qu'en tous vos desseins le ciel vous favorise!

SCÈNE V.

GLICÉRIE, DAVE, MISIS.

GLICÉRIE, *à Dave.*
DAVE, tu vois l'état où Chrysis me réduit.
De ce beau mariage enfin voilà le fruit!
Carin n'est que trop vrai, Pamphile m'abandonne.
DAVE.
Je ne le comprends pas.
GLICÉRIE.
　　　　　　　　　Et pour moi je m'étonne,
Vu le peu que je vaux, que mes faibles appas
Aient pu le retenir si long-temps dans mes bras.
Son amour fut l'effet d'un aveugle caprice :
A mon peu de mérite il a rendu justice.
Sans parens, sans amis, sans naissance, sans bien,
Je n'ai pas dû prétendre un cœur comme le sien.
Fuyons l'éclat ; sans bruit rompons ce mariage...
A des égards au moins ma tendresse l'engage.
Et tout soumise aux lois qu'il voudra m'imposer...
DAVE.
A ces visions-là faut-il vous amuser ?
Oui-dà, dans un roman ce discours avec grace
Ingénieusement pourrait trouver sa place ;
Mais les contes en l'air ne sont plus de saison :
Il faut parler, madame, et sur un autre ton.
MISIS, *à Glicérie.*
Ne vous abusez plus, laissez là ces chimères,
Et sérieusement pensez à vos affaires.
GLICÉRIE.
Je ne puis plus long-temps supporter mon ennui.

Le ciel me rend Criton, et je pars avec lui ;
Il faut loin de ces lieux chercher une retraite,
Et pleurer à loisir la faute que j'ai faite.

DAVE.

Prête à perdre l'époux qu'on veut vous arracher,
Quoi ! vous ne ferez pas un pas pour l'empêcher ?

MISIS, *à Glicérie*,

Avant que de quitter ces objets de colère,
Il nous reste en ce lieux bien des choses à faire !

GLICÉRIE.

Hélàs ! que puis-je encor ?

DAVE.

　　　　　Vous taire, m'écouter,
Recevoir mes conseils et les éxecuter.

MISIS, *à Glicérie*,

Employer hardiment et l'honnête et l'utile,
Afin de conserver votre honneur et Pamphile.

GLICÉRIE.

Hélas ! après des soins inutilement pris,
Je ne remporterai que honte et que mépris.

MISIS.

Si rien ne réussit, si tout nous désespère,
Nous ferons enrager le père, le beau-père.
La bru, le gendre encor ; et, sans autre façon,
Il faut les aller tous brûer dans leur maison.
Allez, de ce projet laissez-moi la conduite :
Songeons à nous venger, nous partirons ensuite.

GLICÉRIE.

De semblables discours augmentent mes ennuis,
Et ne conviennent point à l'état où je suis.

DAVE.

Mais, madame, en un mot, que prétendez-vous faire?

GLICÉRIE.

Fuir, pleurer et cacher ma honte et ma misère.

DAVE.

Prenez des sentimens plus justes et plus doux.
Eh ! de grace, une fois, madame, écoutez-nous.

MISIS, *à Glicérie.*

Mais écoutez-le au moins. Pour moi, je vous admire.

Baron.   22

GLICÉRIE.

Eh quoi! ne sais-je pas tout ce qu'il me veut dire?

DAVE.

Ah ! juste ciel !

GLICÉRIE.

Il veut que je parle à Simon ,
Et que j'aille à ses pieds lui demander...

DAVE.

Eh! non.

Il s'en faut bien garder ! C'est à Chrémès ; madame,
Que vous devez ouvrir votre cœur et votre ame ,
Le porter, l'exciter à la compassion ,
De Pamphile avec vous déclarer l'union ,
Et lui dire surtout, mais qu'il vous en souvienne ,
Que très-certainement vous êtes citoyenne.
Conjurez-le , pressez-le , embrassez ses genoux ;
Demandez-lui s'il veut vous ôter votre époux :
Du saint nœud qui vous joint faites-lui voir le gage ,
Et de fréquens soupirs ornez votre langage.
Si vous vous y prenez de la sorte , soudain
Vous lui ferez tomber les armes de la main ;
Pour la troisième fois il rompra cette affaire ,
Et sera prêt lui-même à vous servir de père.

GLICÉRIE.

Je veux bien me soumettre encor à tes avis,
Dave ; de point en point tu les verras suivis.
Mais si le sort se montre à mes désirs contraire ,
Dès demain je m'impose un exil volontaire.

DAVE.

Allez , tout ira bien ; oui, je vous le promets ;
Et mes pressentimens ne me trompent jamais.
Le foudre menaçant gronde sur notre tête ;
Mais le calme toujours succède à la tempête...
Pour plus d'une raison il est bon qu'en ce lieu
On ne nous trouve point tous trois ensemble. Adieu.

SCÈNE VI.

GLICÉRIE, MISIS.

GLICÉRIE.

Soulage mes douleurs, ciel ! je te le demande.

MISIS.

Retenez bien cela, mais que Chrémès l'entende.
Allons-nous-en chez-lui ; point de retardement.

GLICÉRIE.

Ah ! du moins, laissez-moi respirer un moment.

MISIS.

Songez à vous tirer d'un embarras funeste
Il faut pour respirer avoir du temps de reste.

GLICÉRIE.

Ne prends-tu point pitié de l'état où je suis ?
Misis, crois-moi, je fais bien plus que je ne puis.

MISIS.

Là, ne nous fâchons point. Mais, dites-moi, de grace !
Serons-nous tout le jour dans cette même place ?

GLICÉRIE.

Çà, donne-moi la main ; allons, Misis. Grand dieux !
Sur l'excès de mes maux daignez jeter les yeux !...
Ah ! Misis, que je crains !... on ouvre cette porte.

MISIS.

Vous craignez ?

GLICÉRIE.

Que Simon ou ne rentre, ou ne sorte.

MISIS.

Eh ! laissons-le rentrer ou sortir, et passons.

GLICÉRIE.

Ah ! ma chère Misis, un instant demeurons.

SCÈNE VII.

SIMON, SOSIE, GLICÉRIE, MISIS, *et peu après*
DAVE.

SIMON, *à Sosie, dans le fond.*

Allez, ne tardez pas, dépêchez-vous, Sosie ;

Amenez Philumène et Chrémès, je vous prie. —
Dites-lui qu'on l'attend avec empressement.
(*Simon rentre chez lui, Sosie s'éloigne.*)
CLICÉRIE, *à part.*
O ciel ! quel coup de foudre et quel triste moment !
Tous mes sens sont troublés, et je sens que mon ame...
DAVE, *bas, à Glicérie.*
Allons, préparez-vous ; voici Chrémès, madame.
(*il s'en va.*)

SCÈNE VIII.

CHRÉMES, GLICÉRIE, MISIS.

MISIS, *bas, à Glicérie.*
Vous hésitez? Il n'est plus temps de reculer :
Le sort en est jeté, madame, il faut parler...
Il vient ; de votre cœur qu'il sache les alarmes :
Jetez-vous à ses pieds, baignez-les de vos larmes.
GLICÉRIE, *à Chrémès.*
Permettez-moi, monsieur, d'embrasser vos genoux,
Et de vous demander...
CHRÉMÈS.
Madame, levez-vous.
GLICÉRIE.
Laissez-moi ; cet état convient à ma disgrace.
CHRÉMÈS.
Madame, levez-vous, ou je quitte la place.
GLICÉRIE, *se relevant.*
Il faut vous obéir, puisque vous le voulez.
CHRÉMÈS.
Çà, de quoi s'agit-il? Je vous entends, parlez.
GLICÉRIE
Pamphile, qui doit être aujourd'hui votre gendre...
CHRÉMÈS.
— Eh bien ?
GLICÉRIE,
C'est mon époux.
CHRÉMÈS.
Que venez-vous m'apprendre?

GLICÉRIE , *tirant de sa poche un contrat.*
Tenez , lisez , voilà des gages de sa foi...
De plus j'ai pour témoins les dieux , Misis et moi.
Vous , en qui je crois voir un protecteur , un père ,
Ne m'abandonnez pas à toute ma misère !
En m'ôtant mon époux vous me donnez la mort :
Vous pouvez d'un seul mot faire changer mon sort.
C'est donc entre vos mains qu'aujourd'hui je confie
Mon repos , mon bonheur , ma fortune et ma vie !
CHRÉMÈS , *en examinant le contrat.*
Que veut dire ceci ?... Je tremble , et dans mon cœur
Un secret mouvement me parle en sa faveur.

SCÈNE IX.

CHRÉMÈS , GLICÉRIE , DAVE , MISIS.

DAVE , *à la cantonnade.*
EH ! messieurs les nigauds, eh bien ! c'est un homme
    ivre ;
Pourquoi le harceler ? cessez de le poursuivre...
Peste soit les benêts !... Ah ! mesdames ; c'est vous ?
Vous pourriez apporter du trouble parmi nous :
Détalez promptement ; vite , qu'on se retire.
GLICÉRIE.
Misis, entendez-vous ce qu'il ose me dire ?
MISIS , *à Dave.*
Songes-tu bien , pendard ?...
DAVE.
       Ces cris sont superflus ;
Rendez-moi ce contrat , et qu'on n'en parle plus.
MISIS , *à Glicérie.*
Il rêve , il extravague.
DAVE , *à Glicérie.*
       Un pareil mariage
Est, vous le savez bien , un conte , un badinage.
D'ailleurs vous gagnerez dans un tel changement :
Vous perdrez un époux , conservant un amant ;
Pamphile vous verra sans crainte , sans mystère
Lorsque...

CHRÉMÈS, *à part.*

Je m'embarquais dans une belle affaire !

DAVE, *avec une feinte surprise.*

Qu'entends-je ?

CHRÉMÈS, *à part.*

Ah ! juste ciel ! quel horrible malheur.

DAVE.

Je ne me trompe point ! eh quoi ! c'est vous, monsieur ?
Mais que faites-vous donc avec cette Andrienne ?
Bon Dieu, de l'écouter vous donnez-vous la peine ?

GLICÉRIE.

Quoi ! toi-même, méchant, pour séduire mon cœur...

DAVE.

Que vient-elle compter ?

MISIS, *à Glicérie.*

Le fourbe, l'imposteur !

DAVE, *à Chrémès*

N'a-t-elle pas juré qu'elle était citoyenne ?

GLICÉRIE.

Oui, je le suis.

DAVE.

Pour peu qu'elle vous entretienne
Elle vous en dira de toutes les façons ;
Mais vous, prenez cela pour autant de chansons.

CHRÉMÈS, *montrant le contrat.*

Le contrat que voici n'est point une chimère.

DAVE.

Il est vrai ; mais enfin ce n'est pas une affaire :
En deux heures au plus on casse tout cela.

CHRÉMÈS.

Mais qu'ai-je affaire, moi, de cet embarras-là ?

DAVE.

Vous imaginez-vous qu'elle soit citoyenne ?

CHRÉMÈS, *voulant entrer chez Simon.*

Qu'elle le soit ou non, ma fille Philumène
N'aura point pour époux Pamphile ; et je m'en vais...

DAVE, *le retenant.*

Mais vous n'y songez pas.

CHRÉMÈS.

Il ne l'aura jamais.

DAVE.

Ah ! monsieur...

CHRÉMÈS.

C'en est trop.

DAVE.

Ecoutez, je vous prie.

CHRÉMÈS, *voulant encore entrer chez Simon.*

Retire-toi, te dis-je ; et sans cérémonie...

DAVE, *le retenant toujours.*

Quoi ! vous voulez encor ?

CHRÉMÈS.

Je veux ce qu'il me plaît.

DAVE.

Mais vous ne savez pas la chose comme elle est.

CHRÉMÈS.

Ah ! je n'en sais que trop.

DAVE.

Que je vous parle.

CHRÉMÈS, *levant son bâton.*

Arrête,

Ou bien de ce bâton je te casse la tête.

DAVE.

Tuez-moi.

CHRÉMÈS.

Ce maraud veut me pousser à bout.

DAVE.

Allez ou vous voudrez, je vous suivrai partout.

(*Chrémès entre chez Simon, et Dave le suit.*)

SCÈNE X.

GLICÉRIE, MISIS, *peu après,* PAMPHILE *et* DAVE.

GLICÉRIE.

De tous les malheureux, non, le plus misérable
N'a jamais éprouvé d'infortune semblable !...
Quoi, Misis ! je me vois et dans un même jour,
Trahir, persécuter, insulter tour à tour !
Au milieu de mes maux, j'ai souffert sans colère

La trahison du fils et l'injure du père ;
J'ai demeuré muette à toutes mes douleurs :
Un esclave à présent me fait verser des pleurs !

PAMPHILE, *à part.*

Ah ! fuyons... Puisque Dave a trompé mon attente,
C"est ma seule ressource, il faut que je la tente.

GLICÉRIE, *à part.*

Quel sort !

DAVE, *à part.*

  Puisque envers vous le ciel est adouci,
Retournons, et voyons ce qui se pssse ici.

PAMPHILE, *à Glicérie.*

Quoi ! c'est vous ?

GLICÉRIE.

  A mes yeux, ingrat ! peux-tu paraître ?

MISIS, *à Dave.*

Ah ! te voilà, bourreau !.. je t'étranglerai, traître !

GLICÉRIE, *à Pamphile.*

Lâche !

PAMPHILE.

  Qu'injustement vous soupçonnez mon cœur !

MISIS, *à Dave.*

O chien !

DAVE.

  Moi qui deviens votre libérateur.

GLICÉRIE, *à Pamphile.*

Va, monstre !

PAMPHILE.

  Y songez-vous, ma chère Glicérie ?

MISIS, *à Dave.*

Je te veux...

DAVE, *à Misis.*

  Arrêtez, madame la furie,
Nous n'avons pas le temps de quereller en vain.
Remettons, s'il vous plaît, les procès à demain...
  (*à Pamphile et à Glicérie.*)
Pour vous servir tous deux j'ai fait une imposture...
  (*à Pamphile.*)
J'ai dit que vous étiez un ingrat ; un parjure...
  (*montrant Glicérie.*)
Devant Chrémès aussi je viens de l'insulter :

La fourbe sans cela ne pouvait subsister.
MISIS.
Maraud, tu nous as fait une frayeur mortelle.
DAVE.
La chose en a paru beaucoup plus naturelle :
Chacun de vous a fait son rôle, mais fort bien ;
Et je crois que l'on doit être content du mien.
Après bien des travaux, des soins et de la peine,
Je crois que nous aurons le temps de prendre haleine.
PAMPHILE.
Ah ! Dave...

DAVE.
   Les discours ne sont pas de saison...
Rentrons tous : vous saurez le reste à la maison.

FIN DU QUATRIÈME ACTE.

ACTE V.

SCÈNE Ire.

CHRÉMÈS, SIMON.

CHRÉMÈS.
Mon amitié, Simon, et solide et sincère,
En a fait beaucoup plus qu'il n'était nécessaire
Pour le bien de ma fille enfin, graces aux dieux,
Le hasard assez tôt m'a fait ouvrir les yeux :
Ne me parlez donc plus d'hymen de votre vie.
SIMON.
Je ne cesserai point : Chrémès, je vous supplie
De conclure au plus tôt, vous me l'avez promis.
CHRÉMÈS.
En vérité, monsieur, cela n'est pas permis.
A l'injuste désir, au soin qui vous possède,
Aveuglément soumis, il faudra que je cède ?

Baron.   23

Sous les dehors trompeurs d'une vaine amitié,
Vous viendrez m'égorger sans égard, sans pitié?
Allez, pensez-y mieux. L'amitié qui nous lie
De moi n'exige point une telle folie.

SIMON.

Eh! comment donc?

CHRÉMÈS.

Cela se peut-il demander?
A vos empressemens obligé de céder,
Je prenais pour mon gendre (oh! le beau mariage!)
Un homme que l'on sait qu'un autre amour engage,
Et j'exposais ma fille à toutes les douleurs,
Aux troubles, au divorce, à mille autres malheurs;
Et voulant retirer votre fils de l'abîme,
Ma fille en devenait l'innocente victime.
A la chose, en un mot, je n'ai point résisté,
Tant que j'ai cru la voir par un certain côté;
Je vous ai tout promis quand elle était faisable.
Mais enfin, aujourd'hui qu'elle est impraticable,
Ne perdez plus le temps en propos superflus :
C'est trop, épargnez-vous la honte d'un refus.
Cette femme bien plus est, dit-on, citoyenne.

SIMON.

Est-ce là, dites-moi, ce qui vous met en peine?
Quoi! vous arrêtez-vous à de pareils discours?
De ces sortes de gens voilà tous les détours :
Elles ont inventé cette fourbe et bien d'autres
Pour rompre absolument mes desseins et les vôtres.
Si Philumène était liée avec mon fils,
Tous ces contes en l'air seraient bientôt finis.

CHRÉMÈS.

Il a, vous le savez, épousé Glicérie?

SIMON.

Ah! ne le croyez pas, monsieur, je vous en prie.

CHRÉMÈS.

Mais j'ai vu le contrat.

SIMON.

Vision!

CHRÉMÈS.

Je l'ai vu.

SIMON.

Cela ne se peut point : elles vous ont déçu.

CHRÉMÈS.

J'ai bien vu plus encor ; tantôt cette Andrienne
A Dave soutenait qu'elle était citoyenne :
Ils se sont querellés, mais vraiment tout de bon.

SIMON.

Chanson que tout cela, mon cher Chrémès, chanson !

SCÈNE II.

CHRÉMÈS, SIMON, DAVE, *sortant de chez Glicérie.*

' DAVE, *à la cantonnade.*

Soyez tous en repos, allez ; je vous l'ordonnne.

CHRÉMÈS, *bas, à Simon.*

Dave sort de chez elle.

SIMON, *bas.*

Ah ! bons dieux !

CHRÉMÈS, *bas.*

Je m'étonne...

DAVE, *à la cantonnade,*

Et bénissez les dieux, cet étranger, et moi.

SIMON, *bas, à Chrémès.*

Je ne puis vous cacher mon trouble et mon effroi.

DAVE, *à la cantonnade.*

Jamais homme ne vint plus à propos, je meure !

SIMON, *bas, à Chrémès.*

Qui vante-t-il si fort ? sachons-le tout à l'heure.

DAVE, *à la cantonnade.*

Entre leurs jours heureux qu'ils comptent celui-ci.

SIMON, *bas, à Chrémès.*

Je m'en vais lui parler.

DAVE, *apercevant Simon et Chrémès.*

C'est mon maître, c'est lui.
Il m'aura vu sortir... Dans quelle peine extrême...

SIMON.

C'est vous, le beau garçon ?

DAVE.

Oui, monsieur, c'est moi-même...

Voilà Chrémès encor, et je vous vois aussi :
Je me réjouis fort de vous trouver ici...
>   (*montrant la maison de Simon.*)
Tout est prêt là-dedans ?

SIMON.
>   Tu t'en mets fort en peine !

DAVE.
Dans tous les environs, monsieur, je me promène ;
Mais à la fin, lassé d'aller et de venir,
J'attendais... Entrez donc. Ne va-t-on pas finir ?

SIMON.
Va, va, nous finirons. Mais dis-moi par avance...

DAVE.
En vérité, monsieur, j'en meurs d'impatience.

SIMON.
Réponds-moi sur-le-champ ; point de digression :
Tu sors de ce logis ? A quelle occasion ?

DAVE.
Moi ?

SIMON.
>   Toi.

DAVE.
>   Moi ?

SIMON.
>   Toi, toi, toi... Voilà bien du mystère.

DAVE.
Je n'y fais que d'entrer.

SIMON.
>   Ce n'est pas là l'affaire :
Le temps ne nous fait rien. Je veux savoir pourquoi
Tu vas dans ce logis : sans tarder, dis-le moi.

DAVE.
Mais moi-même, monsieur, j'ai peine à le comprendre.

SIMON.
Eh bien ?

DAVE.
>   Nous étions las et fatigués d'attendre.

SIMON.
Qui ?

DAVE.

Votre fils et moi.

SIMON.

Pamphile est là-dedans ?

DAVE.

Nous y sommes entrés tout deux en même temps.

SIMON, (à part.)

Que me dit ce maraud ?... Ah! juste ciel! je tremble!

(à Dave.)

Ne m'avais-tu pas dit qu'ils étaient mal ensemble ?

DAVE.

Je vous le dis encor.

SIMON.

Eh! pourquoi donc cela ?

CHRÉMÈS, ironiquement.

C'est pour la quereller sans doute qu'il y va?

DAVE, à Simon.

Vous ne savez pas tout; et je vais vous apprendre
Une chose qui doit sans doute vous surprendre.
Il arrive à l'instant je ne sais quel vieillard
Dont le port, la fierté, l'action, le regard,
Nous l'ont fait croire à tous un homme d'importance :
Il a beaucoup d'esprit, n'a pas moins d'éloquence,
Et dans tous ses discours brille la bonne foi.

SIMON, à part.

Il me fera tourner la cervelle, je croi...

(à Dave.)

Mais enfin ce vieillard que tout le monde admire,
Que fait-il ?

DAVE

Rien. Il dit ce que je vais vous dire.

SIMON.

Dis-le nous donc?

DAVE.

Monsieur, il jure par les dieux...

SIMON.

Eh! laisse-le jurer; achève, malheureux!

DAVE.

Mais...

SIMON.

Si tu ne finis !...

DAVE.

Il dit que Glicérie

Doit retrouver ici ses parens , sa patrie ,
Et qu'elle est citoyenne enfin.

SIMON.

Ah ! le fripon !...

(*appelant.*)
Holà ! Dromon !

DAVE.

Eh ! quoi ?

SIMON.

Dromon ! Dromon ! Dromon !

DAVE.

Ecoutez...

SIMON.

Pas un mot... Dromon ! Dromon... Ah ! traître !

DAVE.

Eh ! de grace , monsieur...

SIMON.

Je te ferai connaître...

SCÈNE III.

SIMON , CHRÉMÈS , DAVE , DROMON.

DROMON.

Que vous plaît-il , monsieur ?

SIMON , *lui montrant Dave.*

Enlève ce faquin.

DROMON.

Qui donc ?

SIMON.

Ce malheureux , ce pendard , ce coquin !

DAVE.

La raison ?

SIMON.

Je le veux... Prends-le tout au plus vite.

DAVE.

Qu'ai-je fait, s'il vous plaît ?

SIMON.

Tu le sauras ensuite.

DAVE.

Si je vous ai menti, qu'on m'étrangle :

SIMON.

Maraud !

Je suis sourd ; tu seras secoué comme il faut.

DAVE.

Et si ce que j'ai dit se trouve véritable ?

SIMON, *à Dromon.*

Garde et serre-moi bien cette engeance du diable,
Pieds et poings garrotés.

DAVE.

Mon cher maître, pardon :

SIMON.

Va, va, je t'apprendrai si je le suis ou non.
(*Dromon emmène Dave.*)

SCÈNE IV.

SIMON, CHRÉMÈS.

SIMON.

Et pour monsieur mon fils, dans peu de temps j'espère
Que je lui montrerai ce qu'on doit à son père.

CHRÉMÈS.

Modérez vos transports ; un peu moins de courroux.

SIMON.

En use-t-on ainsi ? Je m'en rapporte à vous.
Pour savoir, pour sentir mon affreuse disgrace,
Hélas ! il faudrait être un moment à ma place.
Tant de peines, de soins, d'égards, et d'amitié :
De mon sort malheureux n'avez-vous point pitié ?...
Holà ! Pamphile, holà !... Pamphile, holà ! Pamphile !...
Tant d'éducation lui devient inutile :

SCÈNE V.

PAMPHILE , SIMON , CHRÉMÈS.

PAMPHILE.

Pourquoi donc tant crier ? Qui m'appelle si fort ?
Que me veut-on ?... Mon père : Ah! bons dieux! je suis mort.

SIMON.

Eh bien ! le plus méchant...

CHRÉMÈS.

　　　　　　　　Mon cher Simon , de grace,
N'employez point ici l'injure et la menace.

SIMON.

Eh quoi ! me faudra-t-il dans ces occasions
Chercher , choisir des mots et des expressions ?

　　　　　　　　　　(à *Pamphile.*)

En est-il d'assez forts ?... Enfin ton Andrienne
Qu'en dit-on à présent ? est-elle citoyenne ?

PAMPHILE.

On le dit.

SIMON.

　　　Juste ciel! quelle audace :... On le dit ?
　(à *Chrémès.*)
Eh quoi ! le malheureux a-t-il perdu l'esprit ?
S'excuse-t-il enfin ? Voit-on sur son visage
D'un léger repentir le moindre témoignage ?
Malgré les lois , les mœurs , contre ma volonté,
Il aura l'insolence et la témérité
D'épouser avec honte une femme étrangère ?

PAMPHILE.

Que je suis malheureux !

SIMON.

　　　　　　　Vous ne pouvez le taire.
Mais est-ce d'aujourd'hui que vous le connaissez ?
Vous l'êtes dès long-temps plus que vous ne pensez :
Dès-lors que votre cœur s'est plongé dans le vice,
Qu'il n'a plus écouté qu'un aveugle caprice,
Dès ce temps, dès ce temps, Pamphile, vous deviez
Vous donner tout les noms qu'alors vous méritiez....

(*à Chrémès.*)
Mais pourquoi vainement travailler ma vieillesse ?
Pourquoi pour un ingrat me tourmenter sans cesse ?
Qu'il s'en aille, qu'il vive avec elle, il le peut.
Il faut abandonner un fils lorsqu'il le veut.

PAMPHILE.

Mon père !

SIMON.

Votre père ?... Ah ! ce père, Pamphile,
Ce père désormais vous devient inutile.
Vous vous êtes choisi vous-même une maison ;
Vous avez pris vous-même une femme : à quoi bon
Proférez-vous encor ce sacré nom de père,
Vous, qui n'avez plus d'yeux que pour cette étrangère ;
Vous, qui prenez le soin, contre la bonne foi,
D'aposter un témoin pour agir contre moi ?
Qu'il nous montre comment il la croit citoyenne.

PAMPHILE.

Mon père, un seul moment que je vous entretienne.

SIMON, *à Chrémès.*

Eh ! que me dira-t-il ?

CHRÉMÈS.

Écoutez ; il faut voir.

SIMON.

Que j'écoute ?

CHRÉMÈS.

Monsieur, c'est le moindre devoir.

SIMON.

Par de trompeurs discours pense-t-il me surprendre ?

CHRÉMÈS.

Mais, pour le condamner, au moins faut-il l'entendre.

SIMON.

Eh bien ! soit : j'y consens, qu'il parle promptement.

PAMPHILE.

J'avoûrai donc, mon père, et sans déguisement,
Dussé-je être cent fois plus malheureux encore,
Qu'après vous Glicérie est tout ce que j'adore ;
Et si le crime est grand d'adorer ses appas,
C'est un crime qu'au moins je ne vous cache pas.

Après cela, parlez, je n'ai plus rien à dire ;
Ordonnez, à vos lois je suis prêt à souscrire.
Malgré des feux enfin dès long-temps allumés,
Brisez les plus beaux nœuds que l'amour ait formés.
Je suis prêt, s'il le faut, d'en éponser une autre ;
Je n'ai de volonté, mon père, que la vôtre.
Mais une grace encor que j'ose demander,
Ne la refusez pas, daignez me l'accorder ;
Pour détruire un soupçon que ce vieillard fait naître,
Permettez qu'à vos yeux on le fasse paraître.

SIMON.

Qu'il paraisse à mes yeux ?

PAMPHILE.

      Mon père, s'il vous plaît.

CHRÉMÈS, à Simon.

Ce qu'il demande est juste, et pour son intérêt
Il doit...

PAMPHILE, à Simon.

   Accordez-moi cette dernière grace.

SIMON.

Qu'il vienne.
(*Pamphile va dans la maison où sont Criton et*
Glicérie.)

SIMON.

     Je fais tout ce qu'il veut que je fasse ;
Pourvu que je sois sûr qu'il ne me trompe pas !

CHRÉMÈS.

Monsieur, il faut surtout éviter les éclats ;
Et plus la faute est grande et plus on doit se taire.
Punir légèrement, c'est assez pour un père.

SCÈNE VI.

CRITON, PAMPHILE, SIMON, CHRÉMÈS.

CRITON, à Pamphile.

GLICÉRIE, en un mot, ou plutôt l'équité
M'oblige à soutenir la simple vérité.

CHRÉMÈS, à Criton.

N'est-ce pas là Criton d'Andros ?

CRITON.

Oui, c'est lui-même.

CHREMÈS.

Quel plaisir de vous voir !

CRITON.

Ah ! ma joie est extrême !

CHRÉMÈS.

Mais dans Athènes, vous, quel hasard vous conduit ?

CRITON.

Plus à loisir, monsieur, vous en serez instruit.
(*montrant Simon.*)
N'est-ce pas là Simon, le père de Pamphile ?

CHRÉMÈS.

C'est lui-même.

SIMON, *à Criton.*

Le bruit qu'on répand dans la ville
Partirait-il de vous ? En seriez-vous l'auteur ?

CRITON.

Je ne sais pas quel bruit il court ici, monsieur.

SIMON.

Quoi ! n'avez-vous pas dit que cette Glicérie
Est citoyenne ?

CRITON.

Oui, j'en réponds sur ma vie.

SIMON.

Arrivez-vous exprès pour soutenir ceci ?

CRITON.

Comment donc ! Eh ! pour qui me prenez-vous ici ?

SIMON.

Vous imaginez-vous que, sans bruit, sans murmure,
On laissera passer une telle imposture ?
Qu'il vous sera permis d'employer vos talens
A corrompre l'esprit, les mœurs des jeunes gens,
Sous le flatteur espoir d'une fausse promesse ?

CRITON.

Juste ciel ! est-ce à moi que ce discours s'adresse ?

SIMON.

Et vous figurez-vous qu'un mariage heureux
Soit le terme et le prix d'un amour si honteux ?

PAMPHILE, *à part.*

Grands dieux ! cet étranger aura-t-il son courage ?...

CHRÉMÈS, *à Simon.*

Vous changeriez bientôt de ton et de langage
Si vous le connaissiez : il est homme de bien ;
Tout le monde le sait.

SIMON.

   Et moi, je n'en crois rien.
Quoi donc ! impunément ose-t-il dans Athènes
Renverser nos desseins et rire de nos peines ?
A de semblables gens peut-on ajouter foi ?

PAMPHILE, *à part.*

Ah ! si cet étranger était proche de moi,
J'aurais à lui donner un conseil admirable !

SIMON, *à Criton.*

Affronteur !

CRITON.

 Ecoutez...

CHRÉMÈS, *à Simon.*

   Etes-vous raisonnable ?...
Ne vous attachez point à ce qu'il dit, Criton ;
La colère l'aveugle et trouble sa raison.

CRITON.

Et moi je lui dirai, s'il n'apprend à se taire,
Des choses sûrement qui ne lui plairont guère :
S'il a tant de chagrins qu'il accuse le sort ;
Mais de s'en prendre à moi certes il a grand tort.
Je n'ai rien dit de faux : c'est ici la patrie
De celle que l'on nomme aujourd'hui Glicérie ;
Et je puis le prouver et même en quatre mots.

CHRÉMÈS.

Faites-le donc, monsieur.

CRITON.

   Assez proche d'Andros
Un vieux Athénien, tourmenté par l'orage...

SIMON.

Ce vieux Athénien sans doute fit naufrage ?
C'est le commencement d'un roman : écoutons.

CRITON.

Je ne dirai plus mot.

CHRÉMÈS.

De grace , poursuivons.

CRITON.

Ce vieux Athénien et cette jeune fille
Du père de Chrysis, de toute sa famille
Recurent les secours qu'on doit aux malheureux.
L'Athénien mourut , l'enfant resta chez eux.

CHRÉMÈS.

De cet Athénien le nom ?

CRITON.

Le nom ? Phanie.

CHRÉMÈS.

Ah ! dieux !

CRITON.

Oui, c'est son nom.

CHRÉMÈS.

Que j'ai l'ame saisie !

CRITON.

Bien plus , il se disait, je crois, Rhamnusien.

CHRÉMÈS.

O ciel !

CRITON.

Ce que je dis tout Andros le sait bien.

CHRÉMÈS.

De cette fille enfin se disait-il le père ?

CRITON.

Il disait que c'était la fille de son frère.

CHRÉMÈS.

C'est ma fille ; c'est elle ! enfin donc la voilà !
Ah ! Jupiter !

SIMON.

Comment ! que me dites-vous là ?

PAMPHILE.

En croirai-je mes yeux , mon cœur et mon oreille ?

SIMON , *à part.*

Je ne sais si je dors, je ne sais si je veille...
(*à Chrémès.*)
Mais éclaircissons-nous , faites-nous concevoir...

CHRÉMÈS.

En un instant , monsieur , vous allez tout savoir.
Phanie....

SIMON.

Eh bien.! Phanie ?

CHRÉMÈS.

Eh bien! c'était mon frère,
Qui cherchant un destin à ses vœux moins contraire,
S'embarqua pour aller en Asie où j'étais,
Prit ma fille avec lui comme je souhaitais;
Et depuis en voici la première nouvelle :
Je n'ai plus entendu parler de lui ni d'elle.

PAMPHILE, *à part.*

Je ne puis revenir de mon étonnement.
Les dieux changeraient-ils mon sort en un moment?

CHRÉMÈS, *à Criton.*

Ce n'est pas encor tout; il me reste un scrupule;
Le nom ne convient pas...

CRITON.

Attendez...

PAMPHILE.

Pasibule.
Je ne puis plus long-temps demeurer aux abois;
Elle m'a dit ce nom plus de cent mille fois !

CRITON.

Justement le voilà.

CHRÉMÈS.

Mon cher Criton, c'est elle.

SIMON.

Vous voulez bien, monsieur, que, plein du même zèle,
Plus content, plus surpris qu'on ne saurait penser...

CHRÉMÈS, *à Criton.*

Allons, Criton, allons la voir et l'embrasser...
　　(*à Simon.*)
Monsieur, un long discours me ferait trop attendre.
Je vous donne une bru ; vous me donnez un gendre :
Il suffit.

(*Chrémès et Criton entrent dans la maison où est*
　　　　　　Glicérie.)

SCÈNE VII.

PAMPHILE, SIMON.

PAMPHILE, *aux pieds de son père.*
Mon cher père!
SIMON.
Ah! mon fils, levez-vous,
Et bénissez les dieux qui travaillent pour nous.
PAMPHILE.
Mais Dave ne vient point.
SIMON.
Une importante affaire
Le retient.

PAMPHILE.
Eh! quoi donc?
SIMON.
Il est lié.
PAMPHILE.
Mon père!..
SIMON.
Je vais à la maison; mais calmez vos transports.
PAMPHILE.
Mon père, j'y ferai d'inutiles efforts.
(*Simon rentre chez lui.*)

SCÈNE VIII.

CARIN, PAMPHILE, *peu après*, DAVE.

PAMPHILE, *à part.*
Non, les dieux tout-puissans, dans leur gloire suprême,
N'ont rien de comparable à mon bonheur extrême.
CARIN, *à part.*
Tout succéderait-il au gré de nos désirs?
PAMPHILE, *à part.*
A qui pourrai-je donc annoncer mes plaisirs?
CARIN.
Mais dites-moi, d'où part une si grande joie?

PAMPHILE , *à part, sans écouter Carin.*
Voici Dave à propos que le ciel me renvoie :
Je sais combien pour moi son zèle et son ardeur
Lui feront partager ma joie et mon bonheur.
 (*à Dave.*)
Dave, je t'affranchis.

DAVE.
 Monsieur, je vous rends grace.

PAMPHILE.
D'un injuste destin je brave la menace :
Ignores-tu le bien qui vient de m'arriver ?

DAVE.
Ignorez-vous le mal que je viens d'éprouver ?

PAMPHILE.
Je le sais, mon enfant.

DAVE.
 Monsieur, c'est l'ordinaire,
Le mal se sait d'abord ; du bien on fait mystère.

PAMPHILE.
Ma chère Glicérie a trouvé ses parens.

DAVE.

Que dites-vous ?

PAMPHILE.
 Je suis dans des ravissemens...
Son père est mon ami... Chrémès !

DAVE.
 Est-il possible ?

CARIN , *à Pamphile.*
Que je vous marque au moins combien je suis sensible.

PAMPHILE.
Vous ne pouviez venir plus à propos, monsieur !
Partagez mes plaisirs ; partagez mon bonheur.

CARIN.
Je sais tout. Maintenant...

PAMPHILE.
 Soyez en assurance :
Je ne vous donne point une vaine espérance.

CARIN.
Hélas ! si vous pouviez...

PAMPHILE.
          Tous les dieux sont pour moi..
                    (*à Dave.*)
Allons chez Glicérie, et nous verrons... Pour toi,
Va-t-en dans le logis, et reviens pour me dire
Si tout est prêt, et quand je pourrai l'y conduire.
     (*il entre chez Glicérie avec Carin*)
               DAVE, *seul.*
Pour vous, messieurs, je crois, et soit dit entre nous,
Qu'à présent vous pouvez aller chacun chez vous.
Ils auront là-dedans beaucoup plus d'une affaire,
Des contrats à passer, mille contes à faire ;
Ils ne sortiront pas, j'en réponds de long-temps :
Faites donc retentir vos applaudissemens.

FIN DE L'ANDRIENNE.

TABLE DES MATIÈRES.

FIN DE BARON.

THÉATRE

DE

LA FONTAINE.

Edition ∗ Touquet.

PARIS.

Chez L'ÉDITEUR, rue de la Huchette, n°. 18.

1821.

LE FLORENTIN,

COMÉDIE EN UN ACTE ET EN VERS,

DE

LA FONTAINE,

Représentée, pour la première fois, en 1685.

PERSONNAGES.

HARPAGÊME.
HORTENSE, sa pupille.
TIMANTE, amant d'Hortense.
AGATHE, mère d'Harpagême.
MARINETTE, sa servante.
Un serrurier et ses garçons.
Un exempt.
Des archers.

La scène est à Florence, dans la maison d'Harpagême.

LE FLORENTIN,

COMÉDIE.

SCÈNE PREMIÈRE.

TIMANTE, MARINETTE.

MARINETTE.

Que vois-je ? Etes-vous fou ? Timante ? ignorez-vous
A quel point est féroce un Florentin jaloux ?
Vous êtes son rival. Transporté de colère,
Il fait de vous tuer sa principale affaire;
Et, loin d'envisager ces périls évidens,
Vous venez dans sa chambre ! Où donc est le bon sens ?

TIMANTE.

Oui, je sais tout cela, Marinette ; mais j'aime.
Voyant sortir d'ici le brutal Harpagême,
J'ai voulu profiter...

MARINETTE.

      Vous ne savez donc pas ?
A peine est-il sorti qu'il revient sur ses pas.
Occupé seulement de l'âpre jalousie,
Rien ne peut l'assurer, de tout il se défie.
S'il faut en revenant qu'il vous trouve en ces lieux...

TIMANTE.

Va, va, j'ai mes raisons pour paraître à ses yeux.
Mais, de grace, instruis-moi de ce que fait Hortense
De tout ce qu'elle dit, de tout ce qu'elle pense.
Harpagême toujours poursuit-il ses projets ?
La tient-il enfermée encor ?

MARINETTE.

      Plus que jamais.
Pour la soustraire aux yeux de votre seigneurie,

Il met tout en usage , artifice , industrie.
Une chambre, où le jour n'entre que rarement,
Est de la pauvre enfant l'unique appartement ;
Autour règne une épaisse et terrible muraille,
De briques composée et de pierres de taille ;
Un labyrinthe obscur, pénible à traverser,
Offre , avant que d'entrer , sept portes à passer ;
Chaque porte, outre un nombre infini de ferrures,
Sous différens ressorts, a quatre ou cinq serrures,
Huit ou dix cadenas , et quinze ou vingt verroux.
Voilà le plan du fort où ce bourru jaloux
Enferme avec grand soin la malheureuse Hortense;
Encor ne la croit-il pas trop en assurance.
 Pour mettre sa personne à l'abri du danger ,
Seul il la voit , l'habille, et lui sert à manger,
Seul il passe en tout temps la journée avec elle
A la voir tricotter , ou blanchir sa dentelle :
Parfois , pour lui fournir des passe-temps plus doux ,
Il lui lit les devoirs de l'épouse à l'époux ;
Ou bien , pour l'égayer , prenant une guitare ,
Il lui racle à l'oreille un air vieux et bizarre.
La nuit , pour empêcher qu'on ne le trompe en rien ,
Une cloison sépare et son lit et le sien ;
Le bruit d'une araignée, alors qu'elle tricotte ,
Une mouche qui vole , une souris qui trotte,
Sont éléphans pour lui qui l'alarment. Soudain
Du haut jusques en bas , un pistolet en main ,
Ayant par ses clameurs éveillé tout le monde ,
Il court , il cherche, il rôde , il fait partout la ronde.
Non , le diable, ennemi de tous les gens de bien ,
Le diable qu'on connaît diable , et qui ne vaut rien,
Est moins jaloux , moins fou , moins méchant , moins
　　　bizarre ,
Moins envieux, moins loup , moins vilain , moins avare,
Moins scélérat , moins chien, moins traître , moins
　　　lutin
Que n'est pour nos péchés ce maudit Florentin.

TIMANTE.

Le malheureux ! l'on sait comment il traite Hortense.
Par mes soins la justice en a pris connaissance :

Je puis par un arrêt tromper sa passion ;
Mais je crains de le mettre en exécution.

MARINETTE.

S'il fallait qu'il en eût la moindre connaissance ,
Le poignard aussitôt vous priverait d'Hortense.
Parlant sur ce chapitre , il nous a dit cent fois
Qu'avant que se soumettre à la rigueur des lois ,
Il choisirait plutôt le parti de la pendre ,
Et qu'il aimerait mieux l'étouffer que la rendre.

TIMANTE.

Cette lettre pourra traverser ses desseins.
A ses yeux je feindrai de la mettre en tes mains ,
Te priant de la rendre entre celles d'Hortense ;
Toi , pour ne point marquer aucune intelligence ,
Tu la refuseras avec emportement.

MARINETTE.

J'entends. Mais gardez-vous de lui dans ce moment :
Il fait faire , dit-on , un ressort qu'il nous cache ;
A l'achever dans peu son serrurier s'attache.
Déjà...

TIMANTE.

        Le serrurier s'en est ouvert à moi :
C'est un homme d'honneur. Il m'a donné sa foi
Moyennant quelque argent que j'ai su lui promettre.
De concert avec lui j'ai dicté cette lettre.
Pour punir d'un jaloux les désirs déréglés
Je viens exprès...

MARINETTE.

        Il entre.

SCÈNE II.

HARPAGÉME, TIMANTE, AGATHE, MARINETTE.

MARINETTE.

            ALLEZ au diable , allez ;
Pour qui me prenez-vous , et quelle est votre attente ?
Merci ! diantre ! ai-je l'air d'une fille intrigante ?

HARPAGÊME.

Que vois-je ?

TIMANTE.

Eh ! Marinette , un mot, écoute-moi.

MARINETTE.

Ne m'approchez pas.

HARPAGÊME.

Bon !

TIMANTE.

Cent louis sont pour toi ;
Les voilà.

MARINETTE.

Je n'ai point une ame intéressée.

TIMANTE.

Quoi !...

MARINETTE.

Ces poings puniront votre infâme pensée
Si vous restez.

TIMANTE.

Hortense est commise à tes soins ;
Pour m'obliger rends lui ce billet sans témoins.

HARPAGÊME, *arrachant la lettre.*

Ah ! ah ! perturbateur du repos du ménage ,
Tu veux donc la séduire , et me faire un outrage !

TIMANTE, *l'épée à la main.*

Redonne-moi la lettre, ou ce fer que tu voi...

HARPAGÊME.

Barthélemi, Cristophe, Ignace, Ambroise, à moi !
(*Timante s'enfuit.*)

SCÈNE III.

HARPAGÊME, AGATHE, MARINETTE.

MARINETTE.

Comme il fait.

HARPAGÊME.

Il fait bien , car cette mienne épée
Dans son infâme sang allait être trempée.
Mais de le voir ici me voilà tout outré.

Comment est-il venu ? comment est-il entré ?

MARINETTE.

J'étais là-bas au frais quand je l'ai vu paraître ;
Je suis soudain rentrée , il m'a suivie en traître,
Me disant qu'il voulait m'enrichir pour toujours ,
Que je prisse le soin de servir ses amours :
Et faisant succéder les effets aux paroles,
Il m'a voulu couler dans la main cent pistoles ;
Mais j'aurais moins souffert s'il avait mis dedans
Ou des cailloux glacés, ou des charbons ardens.
Je crève quand je pense aux offres insolentes...

HARPAGÊME , à *Agathe.*

Ah ! ma mère, voilà la perle des servantes !...

(à *Marinette.*)   (à *Agathe.*)

Embrasse-moi, ma fille... Auriez-vous cru cela ?
Eh bien ! avec ces soins, ma mère , et ces clefs-là ,
La garde d'une femme est-elle si terrible ,
Et croyez-vous encor cette chose impossible ?

AGATHE.

Mon fils , bouleverser l'ordre des élémens ,
Sur les flots irrités voguer contre les vents,
Fixer selon ses vœux la volage fortune ,
Arrêter le soleil , aller prendre la lune ;
Tout cela se ferait beaucoup plus aisément
Que soustraire une femme aux yeux de son amant,
Dussiez-vous la garder avec un soin extrême,
Quand elle ne veut pas se garder elle-même.

HARPAGÊME.

Il n'est pas question d'aller contre les vents,
Ni de bouleverser l'ordre des élémens ,
Mais de garder Hortense ; et j'ai pour y suffire
De bons murs , des verroux, et deux yeux : c'est tout
    dire.

AGATHE.

Abus. Lorsque l'amour s'empare de deux cœurs ,
Pour rompre leur commerce et vaincre leurs ardeurs
Employez les secrets de l'art , de la nature,
Faites faire une tour d'une épaisse structure,
Rendez ses fondemens voisins des sombres lieux ,
Élevez son sommet jusqu'aux voûtes des cieux ,

Enfermez l'un des deux dans le plus haut étage,
Qu'à l'autre le plus bas devienne le partage ;
Dans l'espace entre eux deux , par différens détours ,
Disposez plus d'Argus qu'un siècle n'a de jours,
Empruntez des ressorts les plus cachés obstacles ;
Plus grands sont les revers, plus grands sont les miracles :
L'un pour descendre en bas, osera tout tenter ;
L'autre aiguillonnera ses esprits pour monter ;
Sans s'être concertés pour une fin semblable
Tous deux travailleront d'un concert admirable ;
A leurs chants séducteurs Argus s'endormira ;
Des verroux par leurs soins le ressort se rompra ,
De moment en moment enjambant l'intervalle,
Enfin ils feront tant qu'au milieu du dédale
Imperceptiblement ensemble ils se rendront,
Et malgré vos efforts , mon fils ils se joindront.
C'est un coup sûr. Mon âge et mon expérience
Doivent dans votre esprit inspirer ma science :
Je sais ce qu'en vaut l'aune , et j'ai passé par là.
Votre père voulait me contraindre à cela ;
Mais s'il n'eût mis un frein à cette ardeur trop prompte ,
Il se serait trompé sûrement dans son compte ,
Mon fils.

HARPAGÊME.

      Oh ! mieux que lui j'ai calculé le mien :
Je ne suis pas si sot... suffit... Je ne dis rien...
Mais ouvrons le poulet du damoiseau Timante ;
Apprenons ses desseins, et voyons ce qu'il chante.
(*il lit.*)

« Pour punir votre jaloux je me suis rendu maître de
» la maison qui est voisine de la vôtre, où j'ai trouvé les
» moyens de me faire un passage sous terre qui me con-
» duira jusqu'à votre chambre. J'espère que la nuit ne
» se passera pas sans que vous m'y voyiez. Je vous en
» avertis afin que votre surprise ne vous fasse rien faire
» qui soit entendu de votre bourru. Le même passage
» vous servira pour vous faire sortir d'esclavage, et vous
» mettre au pouvoir de la personne qui vous aime le
» plus.   » TIMANTE. »
Il verra, s'il y vient, un plat de mon métier,

Et je sors pour cela de chez le serrurier.
Ma foi , monsieur Timante, on vous la garde bonne !
Oui , pour joindre en repos Hortense à ma personne
J'ai besoin de sa mort. A tout examiner
Le moyen le plus sûr est de l'assassiner.
J'ai donc fait pour cela construire une machine ;
Je la ferai poser dans la chambre voisine.
Pressé dans son amour Timante s'y rendra ;
Mais au lieu de trouver Hortense, il s'y prendra.
Alors tout à mon aise , ayant en main ma dague ,
Je vous la plongerai dans son sein , zague , zague ,
Et le tûrai , ma mère , avec plaisir , Dieu sait.
Ensuite on le mettra dans ma cave : *hic jacet.*

AGATHE.

Quoi ! de tuer un homme auriez-vous conscience ?
Loin que votre dessein vous fasse aimer d'Hortense ,
Ce coup augmentera sa haine , il est certain.

HARPAGÊME.

Bon , bon ! morte est la bête , et mort est le venin.
Depuis que dans ces lieux Hortense est enfermée ,
Qu'à ne plus voir Timante elle est accoutumée ,
Elle est déjà soumise à vouloir m'épouser :
Pour l'y fortifier j'ai su la disposer
A voir un sien cousin ! magistrat , homme sage ,
Qu'elle connaît de nom, et non pas de visage :
Elle sait seulement qu'il est en grand crédit,
Etant de ses parens , et de sublime esprit ,
Elle ne craindra pas d'ouvrir à sa prudence
Les secrets de son cœur et tout ce qu'elle pense ;
Et comme ce grand homme est de mes bons amis ,
Afin de m'obliger , ma mère , il m'a promis
Que selon mes désirs il tournera son ame.

AGATHE.

Ce cousin entreprend de changer une femme !
Il est donc assez vain de présumer de soi ?
Et quel est donc ce sot entrepreneur ?

HARPAGÊME.

                                        C'est moi.

AGATHE.

Vous !

HARPAGÊME.

Moi ! de ce cousin j'avais la fantaisie ;
Depuis, prenant conseil d'un peu de jalousie
Qui m'apprend que de tout il faut se défier,
J'ai cru plus à propos de me la confier.
Ce soir, l'obscurité devenant favorable,
Ayant la barbe et l'air d'un homme vénérable,
En habit, et des pieds en tête revêtu
Du fastueux dehors d'une austère vertu,
Je prétends, selon moi, pétrir le cœur d'Hortense ;
Et par même moyen savoir ce qu'elle pense.

AGATHE.

Gardez-vous d'accomplir ce dessein dangereux !
Afin qu'en son ménage un homme soit heureux,
Bannissant de chez lui toute la défiance,
Loin de vouloir savoir ce que sa femme pense,
Il doit fuir avec soin, comme on fuit un forfait,
L'occasion d'apprendre ou voir ce qu'elle fait.

HARPAGÊME.

Chansons ! Rien ne me peut détourner de la chose.
Afin d'exécuter ce que je me propose
Faisons venir Hortense en cet appartement.
  (*il sort, et l'on entend plusieurs portes s'ouvrir.*)

SCÈNE IV.

AGATHE, MARINETTE.

AGATHE.

Le ciel le punira de cet entêtement...
Que de portes ! quel bruit de clefs ! quel tintamarre !

MARINETTE.

De faire voir sa femme un jaloux est avare.

AGATHE.

Oui ; mais qui la confie à la foi des verroux
Est trompé tôt ou tard.

SCÈNE V.

HARPAGÊME, AGATHE, HORTENSE, MARINETTE.

HARPAGÊME.

HORTENSE, approchez-vous.
Monsieur votre cousin en ces lieux va se rendre :
Avec un cœur ouvert ayez soi de l'entendre :
Il est ici tout proche et je vais l'avertir.

(*il sort.*)

SCÈNE VI.

AGATHE, HORTENSE, MARINETTE.

AGATHE.

AUTANT qu'à vos débats on m'a vu compatir,
Autant ma joie éclate à votre intelligence,
Ma bru, je vais agir de toute ma puissance
Pour porter de mon fils l'esprit à la douceur :
Vous, à le caresser, contraignez votre cœur.
Nos petites façons amollissent les ames ;
Et les hommes ne sont que ce qu'il plaît aux femmes.

(*elle sort.*)

SCÈNE VII.

HORTENSE, MARINETTE.

MARINETTE.

HARPAGÊME, ce soir, sera donc votre époux ?

HORTENSE.

Un jaloux furieux, les astres en courroux :
L'horreur d'une prison longue, obscure, ennuyante,
Le repos de mes jours, tout l'ordonne.

MARINETTE.

Et Timante ?
Voulez-vous pour jamais renoncer à le voir ?
D'être un jour votre époux il conserve l'espoir ;

Même il a , m'a-t-il dit , en tête un stratagême
Qui doit vous délivrer des rigueurs d'Harpagême.

HORTENSE.

Eh ! que pourra-t-il faire ? hélas ! plus que le mien
Son intérêt me porte à ce triste lieu.
Il m'aime et m'aimera tant qu'il verra mon ame
Libre , et dans un état à répondre à sa flamme.
Harpagême le hait , sa vie est en danger.
Peut-être quand l'hymen aura su m'engager ,
Qu'étouffant un amour que l'espoir a fait naître ,
Il n'y songera plus ; je l'oublirai peut-être ;
J'y ferai mes efforts du moins. Pour commencer
D'ôter de mon esprit Timante et l'en chasser ,
Au cousin que j'attends je vais ouvrir mon ame ,
Implorer ses conseils pour éteindre ma flamme ;
Et, si je ne profite enfin de sa leçon ,
Je parlerai du moins de ce pauvre garçon.

MARINETTE.

D'accord : mais ce cousin n'est autre qu'Harpagême ,
Je vous en avertis.

HORTENSE.

Que dis-tu ? lui ?

MARINETTE.

Lui-même.

Poussé par un esprit curieux et jaloux ,
Sachant que ce cousin n'est point connu de vous ,
Sous un déguisement et de voix et de mine ,
Vous donnant des conseils de cousin à cousine ,
Il prétend vous tirer de vos égaremens .
Et, par même moyen , savoir vos sentimens.
Pour punir ce bourru, c'est à vous de vous taire ,
Et de dissimuler le commerce...

HORTENSE.

Au contraire :

Pour punir dignement sa curiosité ,
Je lui vais de bon cœur dire la vérité.
Puisqu'il ose en venir à cette extravagance ,
Je vais lui découvrir , sans nulle répugnance ,
Tout ce que sent mon cœur , et réduire le sien
A fuir de mon hymen le dangereux lien.

Bien mieux qu'il ne souhaite il s'en va me connaître !
Je m'en ferai haïr par cet aveu peut-être ;
Ou , sachant de quel air je l'estime aujourd'hui,
S'il veut bien m'épouser encor, tant pis pour lui.

MARINETTE.

Il entre... Ah ! que sa barbe est rébarbarative !

HORTENSE.

Il se repentira de cette tentative.

SCÈNE VIII.

HARPAGÊME, HORTENSE, MARINETTE.

HARPAGÊME, *en docteur.*

(à part.)   (à *Marinette.*)
FEIGNONS, pour l'abuser... En ces lieux envoyé
Pour mettre en bon sentier votre esprit dévoyé...

MARINETTE.

Ce n'est pas moi, monsieur.

HARPAGÊME.

Qui donc est ma parente

Hortense ?

MARINETTE.

Je ne suis, monsieur, que la suivante...
HARPAGÊME, *à Hortense.*

Est-ce vous ?

HORTENSE.

Oui, monsieur.

HARPAGÊME.

(à *Marinette*)   (à *Hortense.*)
Des siéges... Séyez-vous.
(à *Marinette.*)
Regardez-moi... Fermez ce faux jour. Laissez-nous.
(*Marinette sort.*)

SCÈNE IX.

HARPAGÊME, HORTENSE.

HARPAGÊME.

MA cousine, en ces lieux, de la part d'Harpagême
Je viens pour vous porter à l'hymen. Il vous aime.
Dès vos plus jeunes ans on vous marqua ce choix :
Votre père en mourant vous imposa ces lois;
Mais vous, d'un autre amour étant préoccupée,
Vous rendez du défunt la volonté trompée ;
Et le pauvre Harpagême, au lieu d'affection,
N'a vu que haine en vous et que rébellion.

HORTENSE.

Il est vrai, son humeur a rebuté la mienne,
Mais, monsieur, ce n'est pas ma faute ; c'est la sienne.

HARPAGÊME.

Comment ?

HORTENSE.

　　　Nous demeurions à huit milles d'ici.
Je n'avais jamais vu que lui seul d'homme ; ainsi
Quoiqu'il me parût froid, noir, bizarre et farouche,
Je me comptais toujours compagne de sa couche;
Sans amour, il est vrai, toutefois sans ennui,
Présumant que tout homme était fait comme lui.
Mais, loin de me tenir dans cette erreur extrême,
A me désabuser il travailla lui-même,
Et j'appris par ses soins, avec quelque pitié,
Qu'il était des mortels le plus disgracié.

HARPAGÊME.

Quoi ! lui-même ? comment ?

HORTENSE.

　　　Vous le savez; mon père
De son pouvoir sur moi le fit dépositaire,
Et mourut. Peu de temps après la mort du sien,
Harpagême, héritier et maître d'un grand bien,
D'avoir place au sénat conçut quelque espérance.
Il voulut faire voir son triomphe à Florence,
M'y traînant avec lui malgré moi. Dans ces lieux

Mille gens bien tournés s'offrirent à mes yeux ,
Qui de me plaire tous prirent un soin extrême.
Faisant réflexion sur eux , sur Harpagême ,
Qui vis-je ? Ah! mon cousin , quelle comparaison !
L'erreur en mon esprit fit place à la raison.
Mon jaloux me parut d'un dégoût manifeste ,
Et je pris sa personne en haine.

HARPAGÊME, *à part.*

Je déteste !...

HORTENSE.

Quoi donc ! ce franc aveu vous déplaît-il ? Comment!
Est-ce que je m'explique à vous trop hardiment?

HARPAGÊME.

Non pas , non pas.

HORTENSE.

Je vais me contraindre.

HARPAGÊME.

Au contraire.

De ce que vous pensez il ne faut rien me taire.
Si vous vonlez , pesant l'une et l'autre raison ,
Que je fonde une paix stable en votre maison ,
Vous devez me montrer votre ame toute nue ,
Ma cousine.

HORTENSE.

Oh ! vraiment , j'y suis bien résolue.
Avant que d'épouser Harpagême aujourd'hui ;
Afin que vous jugiez si je dois être à lui ,
De tout ce que j'ai fait , de tout ce qu'il m'inspire.
Je ne vous tairai rien... Mais n'allez pas lui dire.

HARPAGÊME.

Oh! non , non. Revenons à la réflexion.
Vous fîtes dès ce temps le choix d'un galant ?

HORTENSE.

Non :

Jamais d'en choisir un je n'eusse eu la pensée ;
Mais Harpagême , epris d'une rage insensée ,
Poussé par un esprit ridicule , importun ,
A son dam, malgré moi, m'en fit découvrir un.

HARPAGÊME.

Vous verrez que cet homme aura tout fait.

La Fontaine.   2

HORTENSE.

Sans doute.

Car , me voulant contraindre à prendre une autre route,
Pour m'ôter du grand monde, il me fit enfermer.
J'étais à ma fenêtre à prendre souvent l'air.
D'un logis près , un homme en faisait tout de même.
Je ne le voyais pas d'abord ; mais...

HARPAGÊME.

Harpagême

Vous le fit remarquer , n'est-ce pas ?

HORTENSE.

Justement.

Il me dit , tourmenté par son tempérament,
Que sans doute cet homme était là pour me plaire ,
Et m'ordonna surtout , fulminant de colère ,
De ne me plus montrer lorsque je l'y verrais.
Instruite à ce discours de ce que j'ignorais ,
J'examinai ses yeux , son maintien , son visage,
Et je vis qu'Harpagême avait dit vrai.

HARPAGÊME, à part.

J'enrage!

HORTENSE.

Cet homme enfin , monsieur , dont Timante est le nom,
Me fit voir en ses yeux qu'il m'aimait tout de bon.
Il est jeune, bien fait , sa personne rassemble
Dans leur perfection tous les bons airs ensemble ,
Magnifique en habits, noble en ses actions ,
Charmant...

HARPAGÊME.

Passez , passez sur ses perfections :
Il n'est pas question de vanter son mérite.

HORTENSE.

Pardonnez-moi , monsieur. Dans l'ardeur qui m'agite ,
Il me semble à propos de vous bien faire voir
Que celui pour qui seul j'ai trahi mon devoir ,
Possédant dignement tout ce qu'il faut pour plaire ,
A de quoi m'excuser de ce que j'ai pu faire.
Timante est en vertus (et j'en suis caution)
Tout ce qu'est Harpagême en imperfection.

SCENE IX.

HARPAGÊME.

(*à part.*)   (*à Hortense.*)

Que nature pâtit ! mais poursuivons... Peut-être ,
Cet amant vous revit encor à la fenêtre ?

HORTENSE.

Non , je ne l'y vis plus ; mon bourru mécontent
Fit , de dépit , boucher ma fenêtre à l'instant.

HARPAGÊME.

Ah ! le bourru ! Mais...

HORTENSE.

Mais , pour punir sa rudesse ,
Timante en un billet m'exprima sa tendresse ,
Et me le fit tenir nonobstant mon jaloux.

HARPAGÊME.

Comment ?

HORTENSE.

Prenant le frais tous deux devant chez nous.
Deux petits libertins , qui mangeaient des cerises ,
Vinrent contre Harpagême à diverses reprises ,
Riant , chantant , faisant semblant de badiner :
Ils jetaient leurs noyaux l'un après l'autre en l'air.
Un noyau vint frapper Harpagême au visage :
Il leur dit de n'y plus retourner davantage.
Eux sans daigner l'ouïr et jetant à l'envi ,
Cet agaçant noyau de plusieurs fut suivi.
Harpagême à chacun redoubla ses menaces.
Riant de lui sous cape et faisant des grimaces ,
Malicieusement ces petits obstinés
Ne visaient plus qu'à lui , prenant pour but son nez.
Transporté de colère et perdant patience ,
Harpagême après eux courut à toute outrance ;
Quand d'un logis voisin Timante étant sorti ,
De cet heureux succès aussitôt averti ,
Il me donna sa lettre et rentra dans sa cage.
Harpagême revint , essoufflé , tout en nage ,
Sans avoir joint ces deux espiègles ; enroué ,
Fatigué , détestant de s'être vu joué ,
Il en pensa crever de rage et de tristesse.
Comme je ne veux rien vous céler , je confesse
Que je livrai mon ame à de secrets plaisirs

De voir que mon jaloux fût , malgré ses désirs ,
La fable d'un rival , et la dupe...

HARPAGÊME , à part.

Ah ! je crève...

(à Hortense)
De répondre au billet vous n'eûtes point de trève ?

HORTENSE.

D'accord : mais il fallait trouver l'invention
De le pouvoir donner.

HARPAGÊME.

Vous la trouvâtes ?

HORTENSE.

Bon !

Harpagême y pourvut. Pressé par sa faiblesse ,
Il voulut consulter une devineresse ,
Pour voir s'il serait seul maître de mes appas.
Il m'y fit un matin accompagner ses pas.
A peine sortons-nous, que j'aperçois Timante.
Harpagême à sa vue aussitôt s'épouvante
Nous observe de près , me tenant une main.
Dans l'autre était ma lettre. Inquiète en chemin
Comment de la donner je pourrais faire en sorte ;
Un homme qui fendait du bois devant sa porte ,
A faire un joli tour me fit soudain penser.
Dans les bûches exprès je fus m'embarrasser ;
Je tombe , et, par l'effet d'une malice extrême ,
J'entraîne avecque moi rudement Harpagême.
Timante , à cette chûte, accourt à mon secours.
Moi , qui mettais mon soin à l'observer toujours,
Comme il m'offrait sa main pour soutenir la mienne ,
Je coulai promptement mon billet dans la sienne :
Puis je fus du jaloux relever le chapeau ,
Qui , dans ce temps, cherchait ses gants et son manteau ,
M'injuriant, pestant contre la destinée.
Mais , comme heureusement ma lettre était donnée ,
Il ne put me fâcher. Crotté, gonflé d'ennui ,
Il revint sur ses pas : j'y revins avec lui ;
Non sans rire en secret, songeant à cette chûte,
De mon invention , et de sa culebute.

HARPAGÊME.

(à part.) (à *Hortense.*)
Ouf !... Et qu'arriva-t-il de l'un et l'autre tour ?

HORTENSE.

Timante instruit par moi, pressé par son amour,
Pour me pouvoir parler usa d'un stratagême.
Il fit secrètement avertir Harpagême,
Par un homme aposté, qu'il voulait m'enlever;
Qu'un soir à ma fenêtre il devait me trouver,
Et que nous ménagions le moment favorable
Pour m'arracher des mains d'un jaloux détestable.
Cet avis fit l'effet que nous avions pensé.
Par cette fausse alarme Harpagême offensé,
Voulant assassiner l'auteur de cet outrage,
Etant accompagné de spadassins à gage,
Fit quinze nuits le guet sous mon appartement,
Et je vis quinze nuits de suite mon amant
Dans celui du jardin, au bas de ma fenêtre.
Par des transports charmans que nos cœurs faisaient
    naître,
Sans crainte du jaloux exprimant nos amours
Nous cherchions les moyens de le fuir pour toujours,
Et ne nous arrachions de ce lieu de délices
Qu'au moment que du jour on voyait les prémices.
Je me mettais au lit, où, feignant de dormir,
J'entendais mon bourru tousser, cracher, frémir;
Tantôt venant mouillé jusques à sa chemise;
Tantôt soufflant ses doigts, transi du vent de bise;
Toujours incommodé, toujours tremblant d'effroi :
C'était, je vous l'assure, un grand plaisir pour moi.

HARPAGÊME, *à part.*

Quelle pilule !

HORTENSE.

            Hélas! ce temps ne dura guère,
Et ce ne fut pour nous qu'une fleur passagère.
De perdre ainsi ses pas notre bizarre outré,
Voyant l'an du trépas de mon père expiré,
De son autorité pressa notre hyménée.
A refuser sa main me voyant obstinée,
Il fit faire un cachot où j'ai passé six mois,

Et j'en sors aujourd'hui pour la première fois.
Avec ses sentimens et cette haine extrême ,
Jugez-vous que je doive épouser Harpagême?

HARPAGÊME.

C'est mon avis. Timante est d'aimable entretien ,
Il est vrai ; beau , bien fait, d'accord ; mais il n'a rien.
Harpagême est jaloux ; j'y consens : il est chiche
 De ces tons doucereux ; oui, mais il est riche.
Pour en ménage avoir du bon temps , de beaux jours ,
Croyez-moi , la richesse est d'un puissant secours.
Le cœur qui penche ailleurs en sent quelque amertume ;
Mais parmi l'abondance à tout on s'accoutume.
Vaincre une passion funeste à son devoir ,
C'est une bagatelle ; on n'a qu'à le vouloir.
Par exemple , étouffez cette flamme imprudente ,
N'envisagez jamais qu'avec horreur Timante ,
Oubliez tout de lui , même jusqu'à son nom.
Çà , ma cousine , allons , promettez-le moi ?

HORTENSE.

Non.

HARPAGÊME.

Comment ! non ? Et pourquoi ?

HORTENSE.

Je connais ma faiblesse ;
Je ne pourrais jamais vous tenir ma promesse.

HARPAGÊME.

Harpagême fait donc des efforts superflus ?

HORTENSE.

Il sera mon époux ; et que veut-il de plus ?

HARPAGÊME.

Mais vous devez du moins lui montrer quelque estime.

HORTENSE.

Epouser un mari sans qu'on l'aime , est-ce un crime?

HARPAGÊME.

Il vous déplaît donc ?

HORTENSE.
Plus qu'on ne peut exprimer.

HARPAGÊME.

Peut-être avec le temps vous le pourrez aimer.

HORTENSE.

Le temps n'éteindra pas l'ardeur qui me domine.
Je n'aimerai jamais que Timante.

HARPAGÊME, *se découvrant.*

                        Ah ! coquine !
Je n'y puis plus tenir ; connaissez votre erreur ;
Voyez friponne, à qui vous ouvrez votre cœur.

HORTENSE.

Ah ! ah ! c'est vous , monsieur ; quelle métamorphose ?
Pourquoi? Si vous étiez en doute de la chose,
Vous êtes redevable à ma sincérité
De ne vous avoir pas fardé la vérité.
Voilà quelle je suis par votre humeur jalouse ,
Et quelle je serai si je suis votre épouse.

HARPAGÊME.

Votre malice en vain s'applique à l'éviter.
Je serai votre époux pour vous persécuter ,
Pour vous rendre odieux et Timante et la vie :
A vous faire enrager je mettrai mon génie...
        (*il appelle*)
Marinette !

SCÈNE X.

HARPAGÊME, HORTENSE, MARINETTE.

MARINETTE.

Monsieur !
HARPAGÊME.
                Eh bien ! le serrurier
Travaille-t-il ?
MARINETTE , *paraissant effrayée.*
        Ah ! ah !...
HARPAGÊME.
                Cesse de t'effrayer.
Je viens, sous cet habit, d'apprendre son histoire ;
J'ai découvert par là ce qu'on ne pourra croire.
Malgré ma défiance exacte, en tapinois,
L'aurais-tu cru, ma fille ? ils m'ont trompé cent fois !
MARINETTE.
Ah ! les méchantes gens !

HARPAGÊME.
                    Mais j'en tiens la vengeance.
Timante doit venir pour enlever Hortense :
                    (à Hortense.)
Le piége ici l'attend... Oui, traîtresse ! à vos yeux
Vous verrez poignarder ce qui vous plaît le mieux.
Nous allons bientôt voir l'essai de cet ouvrage.

SCÈNE XI.

HARPAGÊME, HORTENSE, MARINETTE, LE
SERRURIER ET SES GARÇONS, *qui apportent une cage
de fer à ressort.*

HARPAGÊME , *au serrurier.*
Est-ce fait ?

LE SERRURIER.
          Oui , monsieur ; et pour en voir l'usage,
Je vais tout de ce pas à vos yeux l'essayer.

HARPAGÊME.
Non, non ; ce n'est qu'à moi que je m'en veux fier :
J'en veux faire l'essai moi-même.

LE SERRURIER.
                    Eh ! que m'importe ?
Sortez donc par ici, passez par cette porte ,
Marchez, venez à moi sans appréhender rien.
          (*Harpagême se met dans le piége.*)
Eh bien ! n'êtes-vous pas pris comme un sot ?

HARPAGÊME.
                              Fort bien :
On ne peut l'être mieux. La peste ! quelle étreinte !
Otez-moi promptement, la posture est contrainte.

LE SERRURIER.
Vous délivrer n'est plus en mon pouvoir.

HARPAGÊME.
                              Pourquoi ?

LE SERRURIER.
Je n'en suis plus le maître.
                    (*il sort avec ses garçons.*)

HARPAGÊME.
                    Et qui l'est donc?

SCÈNE XII.

HARPAGÈME, TIMANTE, HORTENSE, MARINETTE.

TIMANTE.

C'est moi.

HARPAGÈME.

Comment! on me trahit?

TIMANTE.

Non, on te fait justice.
Par cette invention tu forgeais mon supplice,
Et j'en ai fait le tien pour tirer d'embarras
La belle Hortense.

HARPAGÈME.

Hortense! ah! ne le croyez pas!
Songez qu'à m'épouser votre foi vous engage,
Ou bien que du démon vous serez le partage.

HORTENSE.

Je l'étais sans ressource en vous donnant la main;
Mais je crois qu'avec lui l'oracle est moins certain.

HARPAGÈME.

Ah! Marinette, à moi! délivre-moi, dépêche.

MARINETTE.

Je n'oserais, monsieur; Timante m'en empêche.

TIMANTE.

Vos parens et les miens vont combler notre espoir:
            (à *Harpagème.*)
Allons, Hortense... Adieu, seigneur, jusqu'au revoir.

HARPAGÈME.

Arrête...

HORTENSE.

Adieu, monsieur; votre servante.

HARPAGÈME.

Hortense!

Songez...

MARINETTE.

Adieu; prenez un peu de patience.

(*Timante, Hortense et Marinette sortent.*

La Fontaine.   3

HARPAGÊME, *dans le piége.*

Arrête! arrête! arrête!... Holà! quelqu'un, holà!
A moi, tôt!

SCÈNE XIII.

AGATHE, HARPAGÊME.

AGHATE.

Eh! bon Dieu! qui vous a huché là,
Mon fils?

HARPAGÊME.

Moi-même.

AGATHE.

Vous?

HARPAGÊME.

Ah! ma mère, on m'outrage.
Dans mes propres panneaux j'ai donné: j'en enrage!
Soulagez-moi; brisez ce trébuchet maudit.

AGATHE.

Eh bien! mon fils, eh bien! je vous l'avais bien dit:
De vos malins vouloirs voilà la digne issue;
Vous ne seriez pas là si j'en eusse été crue.

HARPAGÊME.

Cette moralité sied bien à ma douleur!...
Au meurtre, mes voisins! au secours! au voleur!

SCÈNE XIV.

HARPAGÊME, AGATHE, un exempt, des archers, les garçons serruriers.

L'EXEMPT.

Quel bruit ai-je entendu?

HARPAGÊME.

Monsieur l'exempt, de grace!
Commandez de ces nœuds que l'on me débarrasse.

L'EXEMPT, *à ses gens, et aux serruriers.*

Enfans, prenez ce soin.
(*on délivre Harpagême.*)

AGATHE.

C'en est fait.

SCENE XIV.

HARPAGÊME.

Grand merci!
Courons après les gens qui causent mon souci.

L'EXEMPT.

Mon ordre est de venir m'assurer de vous-même.
Le sénat, qui connaît votre rigueur extrême,
Vous ordonne à l'instant que, sans égard à rien,
Vous lui rendiez raison d'Hortense et de son bien.

HARPAGÊME.

Le sénat le prend mal.

L'EXEMPT.

La résistance est vaine :
Allons.

HARPAGÊME.

Je n'irai pas.

L'EXEMPT.

Eh bien donc! qu'on l'entraîne.

FIN DU FLORENTIN.

LA

COUPE ENCHANTÉE,

COMÉDIE

EN UN ACTE ET EN PROSE,

DE

LA FONTAINE,

Représentée, pour la première fois, en 1688.

PERSONNAGES.

ANSELME, gentilhomme campagnard.
LÉLIE, fils d'Anselme.
JOSSELIN, gouverneur de Lélie.
BERTRAND, fermier d'Anselme.
M. GRIFFON, Gascon,
M. TOBIE, Normand, } beaux-frères.
LUCINDE, fille de M. Tobie.
THIBAUT, fermier de M. Tobie.
PERRETTE, femme de Thibaut.

La scène est dans la cour du château d'Anselme.

LA
COUPE ENCHANTÉE,
COMÉDIE.

SCÈNE PREMIÈRE.

BERTRAND, LUCINDE, PERRETTE.

BERTRAND.

Non, mordienne ! vous dis-je, je ne me laisserai pas enjoler davantage.

LUCINDE.

Eh ! mon pauvre garçon.

BERTRAND.

Je n'en ferai rian.

PERRETTE.

Auras-tu le cœur si dur que....

BERTRAND.

Je l'aurai dur comme un caillou.

LUCINDE.

Laissez-nous ici seulement jusqu'à ce soir.

BERTRAND.

Je ne vous y laisserai pas un iota davantage, ventregoine ! Si quelqu'un vous allait trouver enfarmées dans ma logette, et que dirait-on ?

PERRETTE.

Ardé ! ce qu'on en dirait, serait-il tant à ton désavantage ?

BERTRAND.

Testigué, si notre maître, qui hait les femmes, venait à vous trouver, où en serais-je?

LUCINDE.

Quand il saura que je suis une jeune fille persécutée par une belle mère, abandonné, à sa sollicitation, à l'inimitié de mon propre père, et qui fuit la maison paternelle de crainte d'épouser un magot qu'elle me veut donner, parce qu'il est son neveu, mes larmes le toucheront; il aura pitié de moi sans doute.

BERTRAND.

Morgué! je vous dis qu'il n'est point pitoyable : je le connais mieux que vous.

PERRETTE.

Et moi, je gage que ses larmes le débaucheront, comme elles m'ont débauchée; je ne les vis pas plus tôt couler que je me résolus d'abandonner mon ménage pour aller courir les champs avec elle, quoiqu'il n'y ait qu'onze mois que je sois mariée à Thibaut, le fermier de son père, qui est le meilleur homme du monde, et de la meilleure humeur. Est-ce que ton maître sera plus rébarbatif que moi?

BERTRAND.

Ventredienne! vous me feriez enrager. Est-ce que je ne savons pas bian ce que je savons?

LUCINDE.

Fais-moi parler à ce jeune homme, que tu dis qui est son fils; je le toucherai, je m'assure, et je ne doute point qu'il ne fasse quelque chose auprès de son père en notre faveur.

BERTRAND.

Eh bian! eh bian! ne v'là-t-il pas? Palsangoi! nen dit bian vrai, qu'il n'y a rian de si dur que la tête d'une femme. Ne vous ai-je pas dit, cervelle ignorante! que ce fils est le *tu autem* du sujet pourquoi on reçoit ici les femmes comme un chien dans un jeu de quilles? que le père ne veut point que le fils en vôie aucune? que le fils n'en connaît non plus que s'il n'y en avait point au monde? et qu'il ne sait pas seulement comme on les appelle? que le père sottement lui apprend tout cela, que

le fils croit tout cela sottement, et que.... que..... que
diable! ne vous ai-je pas dit tout cela?

PERRETTE.

Eh bian! oui. D'où viant qu'il ne vent pas que son
fils connaisse les femmes? est-ce une si mauvaise connaissance?

BERTRAND.

D'où viant... d'où viant....... Eh! esprit bouché, ne
vous souviant-il pas que, de fil en aiguille, je vous ai
conté que le père avait épousé une femme qui en savait
bian long? et que, pour empêcher que son fils n'ait
comme li le même malencombre qu'il a li, comme bian
d'autres, il a juré son grand juron que jamais femme ne
serait de rian à son fils? Et voilà ce qui fait justement
que... Mais, ventreguienne! que de babil! est-ce que
vous ne voulez donc pas vous taire, et me tourner les
talons?

LUCINDE, *lui donnant de l'argent.*

Mon ami, mon pauvre ami!

BERTRAND, *prenant toujours l'argent.*

Mon ami! mon pauvre ami! jarnigué! ne v'là-t-il pas
encore la chanson du ricochet, avec vos pièces d'or?

PERRETTE.

Eh! va, va, prends toujours.

BERTRAND.

Ventregué, que veux-tu que j'en fasse?

LUCINDE, *lui donnant encore de l'argent.*

Mon pauvre garçon!

BERTRAND.

Testigué! n'avez-vous point de honte de me tenter
comme ça?

PERETTE.

Prends, te dis-je.

BERTRAND.

Morgué! c'est être bian satan.

LUCINDE, *lui en donnant toujours.*

Bertrand!

BERTRAND.

Jarni! cela est cause que je vous ai déjà fait passer la
nuit dans ma cahutte.

PERRETTE.

Le grand malheur !

BERTRAND.

Morgué! cela va encore être cause que je vous y ferai passer le jour.

LUCINDE, *lui en donnant encore.*

Mon cher Bertrand !

BERTRAND.

Mort de ma vie ! que vous ai-je fait?

PERRETTE.

Eh ! prends , prends.

BERTRAND.

Prends, prends; morgoi! prends toi-même.
(*Perrette veut prendre, et Bertrand se jette sur toute la bourse.*)

PERRETTE.

Eh bian ! donne-le moi, je le prendrai.

BERTRAND.

Tu as bian envie de me voir frotté.

PERRETTE.

Là, là, prends courage ; il ne t'est point arrivé de mal cette nuit, il ne t'en arrivera pas cette journée. Remène-nous dans la logette.

BERTRAND.

Oui, mais, morgué! notre petit maître est un chercheur de midi à quatorze heures ; il a toujours le nez fourré partout. S'il viant à vous trouver. Hein !

LUCINDE.

Peut-être sera-t-il bien aise de nous voir et de nous parler.

BERTRAND.

Testigué! ne vous y fiez pas; c'est un petit babillard qui ne manquerait pas de l'aller dire à son père. Il vaut mieux que je vous boute dans quenque endroit où il n'aille pas vous chercher. Attendez; je vais voir si personne ne nous en empêche.

(il sort.)

SCÈNE II.

LUCINDE, PERRETTE, THIBAUT, *derrière le théâtre.*

LUCINDE.

ENFIN, Perrette, nous resterons ici jusqu'à ce soir.

PERRETTE.

Oui, mais je ne sommes guère loin du châtiau de votre père : j'ai peur que nous ne soyons pas long-temps ici sans qu'on vienne nous y charcher.

LUCINDE.

Nous y serons bien cachées. Mais en conscience, Perrette, voudrais-tu partir d'ici sans avoir la charité de tirer ce pauvre petit jeune homme de l'erreur où l'on le fait vivre ?

PERRETTE.

Ouais ! vous vous intéressez bian pour lui. Si j'osais, je croirais quelque chose.

LUCINDE.

Et que croirais-tu ?

PERRETTE.

Je croirais que vous ne seriez pas fâchée de l'avoir pour mari.

LUCINDE.

Tu ne sais ce que tu dis.

PERRETTE.

Oh ! par ma foi, j'ai mis le nez dessus.

LUCINDE.

Que veux-tu dire ?

PERRETTE.

Mon guien ! je ne suis pas si sotte que j'en ai la mine. Quand je vous le vis regarder hier avec tant d'attention, par le trou de la sarrure ? je dis à part moi : V'là notre maîtresse Lucinde qui se prend. Et si ce grand dadais que n'en lui voulait bailler pour époux avait eu aussi bonne mine que ce petit étourneau-ci, je ne serions pas sorties de la maison.

LUCINDE.

Tu vois plus clair que moi, Perrette : je t'avoue que

je formai dès hier la résolution de faire tout mon possible pour détromper ce pauvre petit homme, et que c'est à quoi j'ai pensé toute la nuit; mais jusqu'à présent je ne m'aperçois pas que mon cœur agisse par un autre mouvement que par celui de la compassion.

PERRETTE.

Eh! oui, oui, vous autres grosses dames, vous n'allez point tout d'abord à la franquette; vous faites toujours semblant de vous déguiser les choses. Pour moi, je n'y entends point tant de façons; et quand Thibaut me prit la main pour la première fois pour danser, qu'il me la serrit de toute sa force, je devinai du premier coup ce que ça voulait dire... Eh! mais qu'entends-je?

THIBAUT, *derrière le théâtre.*

Haïe, haïe, haïe!

LUCINDE.

Quelle voix a frappé mon oreille?

THIBAUT, *derrière.*

Ho, ho, ho!

PERRETTE.

Ah! madame, c'est la voix de notre mari Thibaut; nous voilà perdues.

LUCINDE.

Courons promptement nous cacher. (*comme elles vont pour se sauver elles rencontrent Bertrand.*)

SCÈNE III.

LUCINDE, BERTRAND, PERRETTE, THIBAUT, *derrière le théâtre,* **JOSSELIN,** *dans le château.*

BERTRAND.

Ou courez-vous? fuyez, fuyez de ce côté.

LUCINDE.

Thibaut, le mari de Perrette, vient par ici.

BERTRAND.

Josselin, le gouverneur de notre petit maître, vient par ilà.

THIBAUT, *derrière le théâtre.*

Holà, quelqu'un, holà !

PERRETTE.

Entends-tu ? c'est fait de nous s'il nous trouve.

JOSSELIN, *dans le château.*

Bertrand, hé ! Bertrand !

BERTRAND.

Voyez-vous ? nous sommes flambés s'il nous voit.

LUCINDE.

Où nous cacher ?

BERTRAND.

Rentrez dans ma logette, et n'en ouvrez la porte à personne.

(*Lucinde et Perrette sortent.*)

SCÈNE IV.

JOSSELIN, BERTRAND, THIBAUT.

JOSSELIN.

Qu'est-ce donc qui crie de la sorte ?

BERTRAND.

Il faut que ce soit quelque passant qui s'est égaré.... Mais le v'là !

THIBAUT.

Eh ! parlez donc, vous autres, êtes-vous muets ?

JOSSELIN.

Non.

THIBAUT.

Vous êtes donc sourds ?

JOSSELIN.

Encore moins.

THIBAUT.

Et pourquoi donc ne répondez-vous pas ?

JOSSELIN.

Parce qu'il ne nous plaît pas.

THIBAUT.

Palsangué ! vous êtes trop drôles, puisque vous n'êtes ni sourds ni muets, il faut que je vous embrasse ; oui ; morgué ! je sis votre serviteur.

JOSSELIN.

Est-ce que nous nous connaissons?

THIBAUT.

Je ne sais pas, mais je crois que nous ne nous sommes jamais vus.

JOSSELIN.

C'est ce qui me semble.

THIBAUT.

Palsangué! vous v'là bian étonnés!

JOSSELIN.

Et qui ne le serait pas? nous ne nous connaissons point, et vous m'embrassez comme si nous nous étions vus toute notre vie.

THIBAUT.

Testigué! vous avez biau dire, je vois à votre mine que vous êtes un bon vivant, et que vous m'enseigne- rez ce que je charche.

JOSSELIN.

Et que cherchez-vous?

THIBAUT.

Je charche ma femme; ne l'avez-vous point vue?

JOSSELIN.

Ah! vraiment oui; c'est bien ici qu'il faut chercher des femmes!

THIBAUT.

Elle a nom Parrette: elle s'en est enfuie de cheuz nous, palsangué! cela est bian drôle, pour courir les champs aveucque la fille de monsieur Tobie, notre maître, que l'on voulait marier maugré elle au fils de monsieur Griffon, neveu de notre maîtresse. Je ne sais, morgué! comme les masques ont fagotté tout ça; mais la nuit Parrette se couchit auprès de moi, et puis je ne l'y trouvis plus le lendemain. Avez-vous jamais rian vu de pus plaisant que ça?

JOSSELIN.

Cela est fort plaisant.

THIBAUT.

Oh! ce qu'il n'y a de plus récréatif, c'est qu'elles sont toutes fines seules; et comme elles sont, morguoi! bian jolies, si elles allaient rencontrer queuque gaillard qui

voulût en faire comme des choux de son jardin , elles
seraient bian attrapées ! Tout franc , quand je songe à
cela, je n'en ris , morguoi ! que du bout des dents.

JOSSELIN.

Que craignez-vous ?

THIBAUT.

Je crains... et que sais-je , moi ? je crains... est-ce
que vous ne savez pas ce qu'on craint quand on ne sait
où diable est sa femme ?

JOSSELIN.

Si vous aviez envie de savoir ce qui en est , on pourrait vous donner satisfaction.

THIBAUT.

Bon ! est-ce qu'on sait jamais ca ? Pour s'en douter ,
passe ; mais pour en être sûr , nifle. J'aurais , morgué !
bieau le demander à Parrette , alle ne l'avouerait jamais ;
alle est trop dessalée.

JOSSELIN.

Nous avons ici un moyen sûr pour en savoir la vérité.

THIBAUT.

Et qu'est-ce encore ?

JOSSELIN.

C'est une coupe qui est entre les mains du seigneur
de ce château : quand elle est pleine de vin, si la femme
de celui qui y boit lui est fidèle , il n'en perd pas une
goutte ; mais si elle est infidèle , tout le vin répand à
terre.

THIBAUT.

Cela est bouffon ! Et où diable a-t-il pêché cela ?

JOSSELIN.

Il l'a achetée d'un Arabe , qui, soit par composition ,
ou par enchantement , y aviat attaché cette vertu.

THIBAUT.

Et pourquoi ce monsieur acheta-t-il ce joyau-là ?

JOSSELIN.

Par curiosité.

THIBAUT.

Est-ce qu'il était marié ?

JOSSELIN.

Oui.

TH BAUT.

J'entends, j'entends ; il voulait voir si sa femme.....
n'est-ce pas ?

JOSSELIN.

Justement.

THIBAUT.

D'abord qu'il eut la coupe il y but, je gage ?

JOSSELIN.

Vous l'avez dit.

THIBAUT.

Elle répandit ?

JOSSELIN.

Non.

THIBAUT.

Non.

JOSSELIN.

Non.

THIBAUT.

Morgué ! c'est être bian plus heureux que sage ! Il s'en
tint là ?

JOSSELIN.

Non.

THIBAUT.

Il y rebut ?

JOSSELIN.

Oui.

THIBAUT.

Testigué ! v'là un sot homme.

JOSSELIN.

Plus encore que vous ne le dites.

THIBAUT.

Et comment donc ? Contez-moi cela, pour rire.

JOSSELIN.

Il voulut éprouver sa femme.

THIBAUT.

Le benêt.

JOSSELIN.

Il lui écrivit sous un nom supposé.

THIBAUT.

Le Jocrisse.

JOSSELIN.

Il lui envoya des présens.

THIBAUT.

L'impertinent.

JOSSELIN.

Il lui donna un rendez-vous.

THIBAUT.

Elle y vint.

JOSSELIN.

Est-ce qu'on peut résister aux présens.

THIBAUT.

Et comment cela se passa-t-il.

JOSSELIN.

En excuses du côté de la dame, en soufflets de la part du mari.

THIBAUT.

Elle les souffrit patiemment?

JOSSELIN.

Oui ; mais quelques jours après...

THIBAUT.

Il but encore dans la coupe?

JOSSELIN.

Oui.

THIBAUT.

Et que fit la coupe ?

JOSSELIN.

Elle répandit.

THIBAUT.

Quand on n'a que ce qu'on mérite, on ne s'en doit prendre qu'à soi.

JOSSELIN.

Il s'en prit à tout le monde, et vint de dépit se loger dans ce château écarté, pour ne plus entendre parler de femme de sa vie.

THIBAUT.

Avec la coupe ?

JOSSELIN.

Avec la coupe.

THIBAUT.

Et de quoi lui sert elle puisqu'il n'a plus de femme

JOSSELIN.

Elle sert à lui faire voir qu'il a beaucoup de confrères, et cela le console.

THIBAUT.

Et comment le voit-il?

JOSSELIN.

Il engage tous les passans que le hasard conduit ici d'en faire l'épreuve.

THIBAUT.

Et depuis quand fait-il ce métier-là?

JOSSELIN.

Depuis quatorze à quinze ans.

THIBAUT.

En a-t-il bian vu depuis ce temps-là?

JOSSELIN.

Oh! en quantité.

THIBAUT.

S'en est-il trouvé beaucoup qui aient bu dans la coupe sans qu'elle ait répandu?

JOSSELIN.

Cela est si rare que je ne m'en souviens quasi pas.

THIBAUT.

Par ma figue! v'là tout fin droit ce qu'il faut pour bouter notre maître et son biau-frère à la raison; l'un est un bon Normand qui a épousé une Languedocienne, sœur de l'autre; et l'autre est un Gascon qui a épousé une Parisienne: comme ils sont logés vison visu, ils se tarabustont toujours sur le chapitre de leurs femmes. Je vas leu dire que la coupe les mettra d'accord. Ils rôdont autour de cette montagne pour apprendre des nouvelles de leu fille... Mais quel est ce vilain monsieur-là?

JOSSELIN.

C'est le maître de la coupe, et le seigneur de ce château.

SCÈNE V.

ANSELME, JOSSELIN, THIBAUT, BERTRAND

ANSELME, *fort échauffé.*

Ah ! monsieur Josselin , mon pauvre monsieur Josselin !

JOSSELIN.

Qu'y a-t-il de nouveau, monsieur ?

ANSELME.

Je suis dans le plus grand de tous les embarras. Mon... Qui est cet homme-là ?

JOSSELIN.

C'est un honnête paysan qui est en quête de sa femme : elle s'est échappée de chez lui avec une jeune fille ; et, pour les retrouver, il est avec une paire de messieurs qu'il va chercher pour venir faire l'essai de votre coupe.

THIBAUT.

Je vais vous amener de la pratique ; laissez-moi faire.
(*il sort.*)

ANSELME.

Ah ! vraiment, la coupe ! j'ai bien d'autres tintouins dans la tête.

JOSSELIN.

Qu'avez-vous donc ?

ANSELME.

Je viens de voir... Ouf !

BERTRAND, *à part.*

Aurait-il vu ces masques de femmes ? Ecoutons.
(*il se met entre Josselin qui est à la gauche, et Anselme qui est à la droite du théâtre.*)

ANSELME.

Je viens de voir... (*donnant un soufflet à Bertrand.*) Que fais-tu là ?

BERTRAND.

Rian.

ANSELME.

Va à ta besogne , et ne reviens point qu'on ne t'appelle.

(*Bertrand sort.*)

SCÈNE VI.

ANSELME, JOSSELIN.

ANSELME.

JE viens de voir mon fils. Le petit pendard m'a fait des questions qui m'ont pensé mettre l'esprit sens dessus dessous. Il lui prend des curiosités toutes contraires au chemin que je veux qu'il tienne.

JOSSELIN.

Ma foi! monsieur, si vous voulez que je vous parle franchement, il vous sera bien difficile de l'élever toujours dans l'ignorance où vous voulez qu'il soit ; je crains bien que toutes vos précautions ne deviennent inutiles, et que cette démangeaison qui vous tient de lui vouloir cacher qu'il y a des femmes au monde, ne porte davantage son petit génie aux connaissances du beau sexe.

ANSELME.

Eh ! qui l'instruira qu'il y a des femmes ?

JOSSELIN.

Tout , monsieur; le bon sens premièrement : oui , ce certain bon sens qui vient avec l'âge , à cet âge qui nous retire insensiblement des bras de l'enfance pour nous conduire à la puberté. L'esprit se porte à la conception de bien des choses : La raison vient, et, parmi plusieurs curiosités , nous fait apercevoir que l'homme ne vient point sur terre comme un champignon; que c'est une petite machine où il y a bien des ressorts. Ces ressorts viennent à se mouvoir par le moyen du cœur , ce mouvement du cœur échauffe la cervelle , cette cervelle échauffée se forme des idées qu'elle ne conçoit pas bien d'abord ; l'amour se met quelquefois de la partie ; il explique toutes ces idées, il prend le soin de les rendre intelligibles ; et voilà comme la connaissance vient aux jeunes gens ordinairement , malgré qu'on en ait.

ANSELME.

Tous ces raisonnemens sont les plus beaux du monde; mais je m'en moque, et j'empêcherai bien que mon fils...

Le voici. Je ne suis pas en état de lui parler ; mon désordre paraîtrait à sa vue Fortifiez-le dans mes pensées
pendant que je vais me remettre.

(*il sort.*)

SCÈNE VII.

LÉLIE , JOSSELIN.

LÉLIE.

D'où vient que mon père me fuit ? ..

JOSSELIN.

Il a des affaires en tête. Lui voulez-vous quelque
chose ?

LÉLIE.

Je ne sais.

JOSSELIN.

Vous ne savez ?

LÉLIE.

Non, je ne sais ce que que je lui veux ; je ne sais
ce que je me veux à moi-même. Je sens bien que je
m'ennuie, et je ne sais pourquoi je m'ennuie.

JOSSELIN.

C'est que vous êtes un petit indolent qui n'avez pas
l'esprit de jouir des beautés qui se présentent à vous.

LÉLIE.

Eh ! quelles sont ces beautés ?

JOSSELIN.

Le ciel, la terre, le feu, l'eau, l'air, le jour la nuit,
le soleil, la lune, les étoiles, les herbes, les prés, les
fleurs, les fruits,

LÉLIE.

Oui, tout cela est fort divertissant ! Ah ! mon cher
monsieur Josselin, je voudrais bien...

JOSSELIN.

Quoi ?

LÉLIE.

Vous ne le voudriez pas, vous ?

JOSSELIN.

-Qu'est-ce encore ?

LÉLIE.

Promettez-moi que vous le voudrez.

JOSSELIN.

Selon.

LÉLIE.

Je voudrais bien aller me promener autre part qu'ici.

JOSSELIN.

Plaît-il ?

LÉLIE.

Ah ! je savais bien que vous ne le voudriez pas.

JOSSELIN.

Avez-vous oublié que votre père vous l'a défendu ?

LÉLIE.

Eh ! c'est parce qu'il me l'a défendu que je meurs d'envie de le faire : car enfin je m'imagine qu'il y a dans le monde des choses qu'il ne veut pas que je sache ; et ce sont ces choses, que je m'imagine, que je brûle de savoir.

JOSSELIN, *à part.*

Le petit fripon !

LÉLIE.

Oh ! çà, monsieur Josselin, en bonne vérité, dites-moi ce que c'est que ces choses-là.

JOSSELIN.

Qu'est-ce à dire ces choses-là ?

LÉLIE.

Oui ; qu'est-ce qu'il y a dans le monde qui n'est point ici ?

JOSSELIN.

Rien.

LÉLIE.

Vous mentez, monsieur Josselin.

JOSSELIN.

Point du tout.

LÉLIE.

On me cache bien des choses, monsieur Josselin : vous lisez dans des livres, et mon père y sait lire aussi ; pourquoi ne m'a-t-on pas appris à y lire ?

JOSSELIN.

On vous l'apprendra ; donnez-vous patience.

LÉLIE.

Je ne puis plus vivre comme cela, et c'est une honte d'être aussi ignorant que je le suis à mon âge.

JOSSELIN, *bas.*

Voilà un petit drôle qu'il n'y aura plus moyen de retenir.

LÉLIE.

Et si mon père venait à mourir, monsieur Josselin, car je sais bien qu'on meurt, que deviendrais-je ?

JOSSELIN.

Vous deviendriez mon fils, et je serais votre père pour lors.

LÉLIE.

Vous vous moquez de moi, monsieur Josselin : ce n'est pas comme cela que cela se fait, et ce serait à mon tour d'être père de quelqu'un.

JOSSELIN.

Eh bien ! vous seriez le mien, si vous vouliez, et je serais votre fils, moi.

LÉLIE.

Oh ! ce n'est pas comme cela que cela se fait assurément. Vous ne voulez pas me le dire ; mais je le saurai, vous avez beau faire.

JOSSELIN.

Oh ! vous saurez, vous saurez que vous êtes un petit sot, et que vos discours me fatiguent.

LELIE.

Monsieur Josselin, si vous ne me menez promener, j'irai me promener tout seul ; je vous en avertis.

JOSSELIN.

Oui ! et je vais, moi, tout de ce pas avertir votre père de vos extravagances ; et vous verrez après où je vous mènerai promener. Oh ! oh ! voyez, voyez le petit impudent, avec ses promenades !

(*il sort.*)

LÉLIE.

Il a beau dire, je sortirai d'ici quand je devrais mourir sur le pas de la porte,

SCÈNE VIII.

LÉLIE, LUCINDE, PERRETTE.

PERRETTE , *à Lucinde.*

Madame, le v'là tout seul !

LUCINDE.

Approchons - nous pour voir ce qu'il dira en nous voyant.

LÉLIE, *sans voir les deux femmes.*

Mon père n'est pourtant pas un bon père de ne me pas montrer tout ce qu'il sait ; et c'est ce qui fait que je n'ai pas de la peine à me résoudre à le quitter.

PERRETTE.

Il ne faut point lui dire d'abord qui je sommes ; mais je gage bian qu'il le devinera.

LÉLIE.

Je m'imagine que tout ce qu'on ne veut pas que je sache est cent mille fois plus beau que ce que je sais. Je pense je ne sais combien de choses toutes plus jolies les unes que les autres , et je meurs d'impatience de savoir si je pense juste... Mais que vois-je ? voilà deux jeunes garçons joliment habillés : je n'en ai point encore vu comme ceux-là. Je voudrais bien les aborder ; mais je suis tout hors de moi-même , et je n'ai presque pas la force de parler. (*elles font la révérence.*) Ils se baissent et puis ils se haussent ; qu'est-ce que cela signifie ?

LUCINDE.

Nous hésitons à vous aborder.

LÉLIE.

Ils parlent comme moi ; que de questions je vais leur faire !

LUCINDE.

Vous paraissez étonné de nous voir ?

LÉLIE.

Oui , je n'ai jamais rien vu de si beau que vous , ni qui m'ait tant fait de plaisir à voir.

PERRETTE.

Oh ! mort de ma vie ! que la nature est une belle chose !

SCENE VIII.

LÉLIE.

D'où venez-vous ? qui vous a conduits ici ? Est-ce mon père ou moi que vous y cherchez ? De grace, ne parlez point à mon père, et demeurez avec moi.

LUCINDE.

A ce que je puis juger, vous n'êtes point fâché de nous voir.

LÉLIE.

Je n'ai jamais eu tant de joie !

PERRETTE.

Cela est admirable ! et que croyez-vous de nous, s'il vous plaît ?

LÉLIE.

Ce que j'en crois ?

LUCINDE.

Oui, qui nous sommes ?

LÉLIE.

Les deux plus belles créatures du monde. Je n'ai jamais rien vu ; mais je ne conçois rien de plus parfait que vous, et je n'ai plus de curiosité pour tout le reste. Demeurez toujours avec moi, je vous en conjure ; je demeurerai toujours ici, et mon père et monsieur Josselin en seront ravis.

LUCINDE.

Vous en jugeriez autrement, si vous saviez ce que nous sommes.

LÉLIE.

Eh ! n'êtes-vous pas des hommes comme nous ?

PERRETTE.

Oh ! vraiment, non ; il y a bian à dire.

LÉLIE.

Hors les habits et la beauté, je n'y vois point de différence.

PERRETTE.

Oui-dà ! c'est bian tout un ; mais ce n'est pas de même.

LÉLIE.

Il est vrai que je sens, en vous voyant, ce que je n'ai jamais senti. Ah ! si vous n'êtes point des hommes, dites-moi ce que vous êtes, je vous en conjure.

LUCINDE.

Votre cœur ne peut-il pas vous l'expliquer tout-à-fait ?

LÉLIE

Non ; mais ce n'est pas la faute de mon cœur, c'est la faute de mon esprit.

PERRETTE.

Eh bian ! tenez, mon pauvre enfant, bian loin d'être des hommes, nous en sommes tout le contraire.

LÉLIE.

Je ne vous entends point.

PERRETTE.

Vous nous entendrez avec le temps. Mais, qui aimez-vous mieux de nous deux ? là, parlez franchement, n'est ce point moi ?

LÉLIE.

Je vous aime beaucoup ; mais je l'aime infiniment davantage.

LUCINDE.

Tout de bon ?

LÉLIE.

Tout de bon.

PERRETTE.

C'est à cause que vous êtes la plus brave.

LELIE.

Non, non, je ne regarde point aux habits ; mais je ne saurais vous dire ce qui fait que je l'aime plus que vous.

LUCINDE.

Vous m'aimez donc ?

LÉLIE.

Plus que toutes les choses du monde.

PERRETTE.

Mais que pensez-vous en l'aimant ?

LÉLIE.

Mille choses que n'ai jamais pensées.

LUCINDE.

N'en avez-vous point à me dire?

LÉLIE.

Oh ! quantité ; mais je ne sais comment m'exprimer.

PERRETTE.

Eh ! que seriez-vous prêt à faire pour lui prouver que vous l'aimez ?

LÉLIE.

Tout.

LUCINDE.

Voudriez-vous quitter ces lieux pour me suivre ?

LÉLIE.

De tout mon cœur, pourvu que je vous suive toujours.

SCÈNE IX.

LÉLIE, JOSSELIN, LUCINDE, PERRETTE.

LÉLIE, *tout transporté de joie.*

Ah ! mon cher monsieur Josselin, vous allez être ravi.

LUCINDE.

Ah, ciel !

JOSSELIN.

Que vois-je tout est perdu. Ah ! vraiment, voici bien pis que la promenade.

LÉLIE.

Je n'en avais jamais vu ; et je le savais bien, moi, qu'il y avait dans le monde quelque chose qu'on ne me disait pas.

JOSSELIN.

Paix !

PERRETTE.

Qu'il a la mine rébarbative !

JOSSELIN.

Eh ! d'où diantre ces deux carognes-là sont-elles venues ?

LÉLIE.

Monsieur Josselin...

JOSSELIN.

Taisez-vous.

PERRETTE.

Comme il nous regarde !

LUCINDE.

Le vilain homme que voilà !

JOSSELIN.

Qui vous a conduites ici, impudentes que vous êtes ?
Qu'y venez-vous faire ?

PERRETTE.

C'est pis qu'un loup-garou.

LÉLIE.

Monsieur Josselin, ne les effarouchez pas !

JOSSELIN.

Comment, petit fripon ! vous osez... (*à part.*)
Qu'elles sont jolies !

LUCINDE.

Si c'est un crime pour nous de nous trouver ici,
il n'est pas difficile de le réparer ; et notre dessein n'est
pas d'y faire un long séjour.

JOSSELIN, *à part, montrant Lucinde.*

Le beau visage qu'a celle-ci !

PERRETTE.

Je n'y serions pas venues, si j'eussions cru qu'on nous
eût si mal reçues.

JOSSELIN, *à part, montrant Perrette.*

Le drôle de petit air qu'a celle-là !

LÉLIE.

N'est-il pas vrai, monsieur Josselin, qu'il n'y a rien
au monde de plus beau ?

JOSSELIN.

Non, cela n'est pas vrai ; vous ne savez ce que vous
dites. (*à part.*) Les deux jolis petits bouchons que
voilà !

PERRETTE.

Il est enragé. Comme il roule les yeux !

LÉLIE.

Monsieur Josselin, menons-les à mon père.

JOSSELIN.

Comment, petit effronté ! à votre père ? Tournez-moi les talons, et ne regardez pas derrière vous.

(*il veut faire sortir Lélie, qui lui résiste.*)

LÉLIE.

Je veux demeurer ici, moi.

JOSSELIN.

Tournez-moi les talons, vous dis-je... Et vous, détalez au plus vite.

LÉLIE.

Je ne veux pas qu'ils s'en aillent.

JOSSELIN.

Et je le veux, moi. Allez vite... (*bas, à Lucinde et à Perrette.*) Allez vous cacher dans ma chambre, au bout de cette allée. Voilà la clef.

PERRETTE.

Comme il se radoucit! Ferons-je bian d'y aller ?

JOSSELIN, *à Lélie.*

Si vous ne vous dépêchez!.... (*aux deux femmes.*) Entrez dans le petit cabinet, à main gauche.... Allez vite, allez.

LÉLIE.

Demeurez ici, je vous en conjure!

JOSSELIN.

Je vous l'ordonne, partez promptement.

LÉLIE, *fort échauffé.*

Pour la dernière fois, monsieur Josselin... (*aux deux femmes.*) Attendez-moi, je vous prie : je cours trouver mon père ; j'obtiendrai de lui que vous demeuriez ici ; et monsieur Josselin se repentira de vous avoir grondés. Attendez-moi, au moins; je reviendrai dans un moment.

(*il sort.*)

SCÈNE X.

LUCINDE, PERRETTE, JOSSESIN.

JOSSELIN.

Ah! malheureuses petites femelles! savez-vous bien
où vous êtes, et le malheur qui vous talonne?

LUCINDE.

Nous savons tout ce que vous pouvez nous dire; mais
nous espérons tout de votre bonté.

JOSSELIN.

Que vous êtes heureuses d'être belles! Sans cela....
Ecoutez, n'allez pas vous entêter de ce petit vilain-là;
ce serait gâter toutes vos affaires.

PERRETTE.

Oh! je ne nous boutons rian dans la tête que de la
bonne sorte.

JOSSELIN.

Son père veut enterrer toute sa race avec lui; et ne
consentira jamais...

LUCINDE.

Mettez-nous en lieu où nous puissions vous apprendre
notre infortune, et savoir de vous le conseil que nous
devons suivre.

JOSSELIN.

Ma chambre est l'endroit où vous puissiez être le
mieux cachées dans ce château, et j'en veux bien courir
les risques pour l'amour de vous; à condition que pour
l'amour de moi...

PERRETTE.

Allez, mon bon monsieur, vous voyez deux pauvres
orphelines qui ne sont nullement entichées du vice d'in-
gratitude.

JOSSELIN.

Venez, suivez-moi.

SCÈNE XI.

LUCINDE, PERRETTE, JOSSELIN.
BERTRAND.

BERTRAND, *les surprenant.*

Oh! palsangnié! je vous prends sur le fait; je n'en suis plus que de moiquié.

JOSSELIN.

Voilà un maroufle qui vient bien mal à propos.

BERTRAND.

Testegnienne! pisque vous voulez les fourrer dans votre chambre, je ne serai pas pendu tout seul pour les avoir boutées dans ma cahutte : vous le serez avec moi; je ne m'en soucie guère.

JOSSELIN.

Veux-tu te taire?

BERTRAND.

Morgué! je ne me tairai point, à moins que je ne retire mon épingle du jeu.

JOSSELIN.

Qu'entends-tu par-là?

BERTRAND.

J'entends que vous soyez pendu tout seul.

JOSSELIN.

Que veut dire cet animal-là?

BERTRAND.

Je veux dire qu'à moins que vous ne disiez que c'est vous qui les avez cachées, par la sangoi! je vais tout apprendre à notre maître.

JOSSELIN.

Eh bien! oui, je dirai que c'est moi.

BERTRAND.

Eh bian! je ne lui dirai donc rian; mais mordié! point de tricherie.

PERRETTE.

J'entends quelqu'un.

BERTRAND.

Rentrez dans ma logette, et ne vous montrez plus au moins.

JOSSELIN.

Chut ! ou je te rendrai complice.

BERTRAND.

Motus ! ou je découvrirai le pot aux roses.

(*Lucinde et Perrette sortent.*)

SCÈNE XII.

LÉLIE, ANSELME, JOSSELIN, BERTRAND.

LÉLIE, *toujours fort transporté.*

Oui, mon père, il est impossible que vous me refusiez quand vous les aurez vus. Venez seulement... Où sont-ils ?... Qu'en avez-vous fait, monsieur Josselin ?

JOSSELIN.

Que veut-il dire ?

ANSELME.

Je ne sais ce qu'il me vient conter.

LÉLIE.

Que sont-ils devenus, Bertrand ?

BERTRAND.

A qui en veut-il donc ?

LÉLIE.

Répondez-moi, monsieur Josselin, où, malgré la présence de mon père...

JOSSELIN.

Doucement, petit drôle !... Sur quelle herbe a-t-il marché ?

LÉLIE, *à Bertrand.*

Eclaircis-moi de ce que je veux savoir, coquin !

BERTRAND.

Haïe, haïe ! vous m'étranglez... Est-il devenu fou ?

LÉLIE.

Ah ! mon père ! commandez qu'on me les fasse retrouver, ou j'en mourrai de désespoir.

ANSELME.

Quoi ! qu'y a-t-il ? que veux-tu qu'on te rende ? Te voilà bien échauffé !

LÉLIE.

Cherchons partout. Si je ne les retrouve, je sais bien à qui je m'en prendrai.

BERTRAND.

Eh ! attendez, attendez : ce ne sont pas des moineaux que vous cherchez ?

LÉLIE.

Non, traître ! ce ne sont pas des moineaux.

BERTRAND.

Eh bien ! morgué ! quoi que ce puisse être, allons les chercher nous deux : m'est avis que j'ai entendu quelque chose de ce côté-là. (*il l'emmène justement où elles ne sont pas.*)

LÉLIE.

Courons-y, mon pauvre Bertrand, ne me quitte pas... Monsieur Josselin, malheur à vous si je ne les retrouve.

(*il sort avec Bertrand.*)

SCÈNE XIII.

ANSELME, JOSSELIN.

JOSSELIN.

Des menaces. Vous voyez comme il perd le respect.

ANSELME.

Qu'on l'arrête.

JOSSELIN.

Non, non : il vaut mieux qu'en courant il aille dissiper ces vapeurs qui lui troublent l'imagination.

ANSELME.

Mais je crois qu'en effet il est devenu fou : quel galimatias m'a-t-il fait ?

JOSSELIN.

C'est justement une suite de ce que je disais tantôt. Ce sont des idées qui lui passent par la cervelle, et je jurerais que ce sont des idées de femmes.

ANSELME.

Des idées de femmes. Vous vous moquez, monsieur Josselin ; peut-on avoir des idées de ce qu'on n'a jamais vu ?

JOSSELIN.

Belles merveilles ! eh ! ne vous est-il jamais arrivé de faire des songes ?

ANSELME.

Oui.

JOSSELIN.

Et de voir en dormant des choses que vous n'aviez jamais vues, et que vous ne vous seriez même jamais imaginées, si vous n'aviez jamais dormi ?

ANSELME.

D'accord ; mais ce petit garçon ne dort point.

JOSSELIN.

Non vraiment ; au contraire, je ne l'ai jamais vu si éveillé.

ANSELME.

Eh bien ?

JOSSELIN.

Eh bien ! il rêve tout éveillé ; et c'est justement ce qui est cause qu'il fait des contes à dormir debout.

ANSELME.

Mais pourquoi lui vient-il des idées de femmes plutôt que d'autres ?

JOSSELIN.

C'est que ces animaux-là se fourrent partout, malgré qu'on en ait.

ANSELME.

Cela serait bien horrible que toutes mes précautions fussent inutiles.

JOSSELIN.

Elles le seront à coup sûr ; et dès à présent je vous en donne ma parole.

ANSELME.

Il n'importe ; et si je ne puis lui cacher absolument qu'il y ait des femmes, il ne les connaîtra que pour les haïr mortellement.

JOSSELIN.

Il ne les haïra point.

ANSELME.

Il les détestera en apprenant ce qu'elles savent faire... Mais qu'est-ce ceci ?

JOSSELIN.

Eh! c'est ce bon paysan qui vous amène ces deux personnes pour faire l'essai de votre coupe.

SCÈNE XIV.

ANSELME, JOSSELIN, *sur le devant ;* GRIFFON, TOBIE, THIBAUT, *dans le fond ,* LUCINDE, PERRETTE, *à la fenêtre de la cahutte.*

PERRETTE, *à Lucinde.*

Lé petit homme n'y est pas, vous dis-je.

LUCINDE.

Il n'importe. Voyons d'ici ce qui se passe, puisque nous pouvons voir sans être vues.

GRIFFON, *à Tobie.*

Oui, cadédis ! jé bous lé dis, et jé bous lé soutiens, bous êtes un von sot, veau-frère.

THIBAUT, *à Griffon.*

Ah ! ah ! monsieur, au mari de madame votre sœur !

PERRETTE, *à Lucinde.*

Madame, c'est Thibaut.

THIBAUT, *à Tobie.*

Sot ! Eh ! qu'est-ce ? Queu terminaison est çà ?

LUCINDE, *à Perette.*

Mon père et mon oncle sont ici.

TOBIE, *à Griffon.*

Nous sommes gens de bien, de notre race, et je serais marri qu'elle fût entichée des reproches qu'on fait à la vôtre.

THIBAUT, *à Tobie.*

Eh ! eh ! monsieur, le frère de madame votre femme ! vous n'y songez pas.

GRIFFON, *à Tobie.*

Tu fais vien dé m'appartenir.

TOBIE, *à Griffon.*

C'est le plus vilain endroit de ma vie.

THIBAUT, *à Anselme et à Josselin.*

Messieurs, messieurs, venez m'aider, s'il vous plaît,

à mettre le holà entre deux beaux-frères qui se vont couper la gorge.

ANSELME, à Griffon et à Tobie.

Qu'est-ce que c'est donc ? Qu'avez-vous, messieurs, qui vous oblige à en venir aux invectives ?

GRIFFON.

Ah ! messiurs, serbitur : jé bous fais jugés dé céci. Boici lé fait. Jé fais l'honnur à cé monsiur dé donner mon fils, qui est novlé commé moi, mordi ! en mariagé à sa fillé, qui n'est qu'uné simplé roturiéré ; et parcé qué la beille des noces la sotté s'éclipsé de la casé paternellé, il a l'insolencé dé diré qué c'est ma fauté, et qu'ellé a eu pur d'entrer dans mon alliancé, à causé qué jé suis séberé dans ma familié, et qué jé né bœus pas souffrir qu'aucun godélureau approché mon domainé dé la vanlieue.

TOBIE.

Qu'est-ce ? Je donne ma fille qui aura dix mille livres de rente au fils de ce monsieur, qui est gueux comme un rat ; et parce qu'elle s'en est enfuie de chez moi pour éviter ce mariage, il me dira, en me traitant comme un je ne sais qui, que c'est parce que je suis trop bon dans mon domestique, à cause que ma femme est toujours autour de moi à m'étouffer de caresses ; et que je souffre qu'elle m'appelle son petit papa, son petit fanfan, son petit camuset ; ce qui fait que ma maison est ouverte à tous les honnêtes gens.

JOSSELIN.

Voilà un différent qu'il est assez facile d'accommoder ; ces messieurs se disent les choses de si bonne foi qu'on ne peut s'empêcher de les croire. Mais, pour savoir lequel des deux s'est le plus fait aimer de sa femme par ses manières, votre coupe enchantée sera d'un secours merveilleux ; et je suis sûr qu'elle les mettra d'accord : je vais vous l'apporter. (il sort un instant et revient.)

ANSELME.

Allez, monsieur Josselin ; cela finira la dispute.

GRIFFON.

Cet hommé nous a fait récit de cette coupé, et jé se

...rais rabi de connaître par ellé lequel est lé fat dé nous
...dux : jé suis sûr qué cé n'est pas moi.

TOBIE.

Nous en allons voir tout à l'heure un bien penaut ! je
sais bien que ce ne sera pas.

ANSELME, *voyant revenir Josselin.*

Voici la coupe. (*Josselin verse du vin dans la
coupe.*)

TOBIE.

Donnez, donnez. Je serais fâché de n'en pas faire
essai le premier, pour vous montrer combien je suis sûr
de mon fait. (*comme il approche la coupe de sa bouche, elle répand, et le vin lui rejaillit au visage,
ce qui fait beaucoup rire Griffon.*)

JOSSELIN.

Ah! ah!

TOBIE, *fort surpris.*

Que vois-je? le vin est répandu, je pense?

JOSSELIN.

Oh! par ma foi! le petit papa, le petit fanfan, le petit camuset en tient.

GRIFFON.

Eh! donc, qui dé nous dux est lé fat? Hein! cadédis, mon veau-frère, bous me ferez raison dé la con-
duité dé ma sur.

TOBIE.

Voilà une méchante créature ! je ne l'aurais jamais cru.

JOSSELIN.

Quand elle viendra vous étouffer de caresses, je vous
conseille de l'étrangler par bonne amitié.

TOBIE.

C'est chez vous qu'elle a sucé ce mauvais lait-là.

GRIFFON.

Oui, oui, cadédis, l'absinthé n'est pas plus ameré qué
lé lait que jé lur fais sucer... Bersez, bersez, veau Ga-
nimedé... Bous allez boir, veau-frère... A la santé dé
la compagnie. (*il veut boire, et la coupe lui fait sau-
ter le vin au nez.*)

JOSSELIN.

Haïe! haïe! haïe!

GRIFFON.

Ouais ! c'est qué jé né la tiens pas droite. (*il essaie* *encore, et elle se répand.*

JOSSELIN.

Prenez donc garde.

ANSELME.

Voyez, voyez. (*tout se répand.*)

GRIFFON.

La main mé tremblé.

JOSSELIN.

Oh ! l'on approche votre domaine de plus prés que de la banlieue.

TOBIE.

Je savais que ce n'était pas ma faute. Je n'ai garde de donner ma fille à votre fils ; il n'en ferait qu'une vraie rien qui vaille.

PERRETTE.

Madame, à quelque chose le malheur est bon.

GRIFFON.

Ma foi, jé n'y comprends plus rien. Monsur est vous ; l'on lé trahit. Jé suis rigide ; et l'on mé trompé. San-dis ! comment faut-il donc fairé abec ces diantres d'ani-maux-là ?

THIBAUT.

Morgué ! ça est embarrassant.

GRIFFON.

On s'en mordra les doigts. Sans adiu.

(*il sort.*)

SCÈNE XV.

ANSELME, TOBIE, THIBAUT, JOSSELIN ; LUCINDE, PERRETTE, *à la fenêtre.*

ANSELME.

Jusqu'au revoir.

JOSSELIN, *à Tobie.*

Vous plaît-il boire encore un coup? (*à Thibaut.*) Oh ! çà, à vous les dez, pays ! (*il lui présente la coupe pleine de vin.*)

THIBAUT.

A moi?

LUCINDE, *à Perrette.*

Perrette, ton mari va boire.

PERRETTE.

A quoi s'amuse-t-il? ce n'est pas que je craigne rien, mais le cœur me tape.

JOSSELIN.

A cause que vous êtes un bon frère, en voilà rasade ; buvez.

THIBAUT.

Parsangué! je n'ai pas soif.

JOSSELIN.

Il ne s'agit pas d'avoir soif, et c'est seulement par curiosité, et pour savoir si vous êtes aimé de votre femme : buvez.

THIBAUT.

Non, morgué! je ne boirai point. Et si le vin allait se répandre, par hasard? Testigné! voyez-vous, je suis mal-adroit de ma nature. Quand je saurais ça, en serais-je plus gras? en aurais-je la jambe plus droite? en dormirais-je plus que des deux yeux? en mangerais-je autrement que par la bouche? Non, pargué! c'est pourquoi, frère, je suis votre serviteur, je ne boirai point.

LUCINDE, *à Perrette.*

Je ne croyais pas que votre homme fût si avisé.

JOSSELIN.

Voilà un ruste d'assez bon sens.

ANSELME.

C'est ce qui me semble, et je suis quasi fâché de n'avoir pas été de son humeur.

TOBIE.

Oh! pardi! mon fermier, vous avez plus d'esprit que votre maître ; je vous le cède.

THIBAUT.

Jarnigué! je ne sais pas si je fais bian ; mais je sais bian que je serais fâché de faire autrement. J'aime Perrette ; alle est ma femme, et quand alle serait la femme d'un autre, alle ne me plairait pas davantage. Je ne sais si je lui plais sincèrement ; alle en fait le semblant du

moins : je ne rentre de fois chez moi que je ne la retrouve tin telle que je l'ai laissée ; il n'y a pas un iota
à dire. Alle aime à batifoler ; je suis d'humeur batifo-
lante , je batifolons sans cesse , et si je m'allais mettre
dans la carvelle tous vos engeins greigniaux , adieu le
batifolage. Non , palsangnoi ! je n'en ferai rian.

JOSSELIN.

Voilà comme je veux être si je me marie ; mais je ne
me marierai pas.

PERRETTE.

Madame , je suis si aise que je ne saurais plus m'en
tenir. Il faut que j'aille embrasser notre homme. (*elle se
retire de la fenêtre.*)

LUCINDE.

Attends , Perrette , que vas-tu faire ?

JOSSELIN.

Voilà la perle des maris... Ami, touche là !

THIBAUT.

Votre valet.

TOBIE.

Voilà l'exemple des honnêtes gens... Embrasse-moi.

THIBAUT.

Votre sarviteur.

ANSELME.

Voilà le miroir de la vie paisible.

THIBAUT.

Votre très-humble.

PERRETTE , *à son mari , en lui frappant sur l'épaule.*

Voilà un vrai homme à femme. Oh ! que je te baiserai
tantôt !

THIBAUT.

Eh ! testigué ! c'est Parrette.

ANSELME , *surpris.*

Que vois-je ? des femmes !

THIBAUT.

Je n'ai , morgué, pas voulu boire dans la coupe : elle
eût peut-être dit quelque chose qui m'aurait chagriné.

PERRETTE.

Elle n'eût rien dit ; mais tu as bien fait : je t'en aime
davantage.

TOBIE.

Perrette, qu'as-tu fait de ma fille ?

LUCINDE.

La voilà, mon père, qui se jette à vos genoux pour
vous demander pardon.

TOBIE.

Va, ma fille, je te pardonne.

ANSELME.

Par quels moyens ces femmes sont-elles entrées chez
moi ?

JOSSELIN.

Je ne sais : ce sont peut-être celles qui ont fait naître
à monsieur votre fils les idées...

SCÈNE XVI.

ANSELME, LÉLIE, TOBIE, JOSSELIN, LU-
CINDE, THIBAUT, PERRETTE, BER-
TRAND.

BERTRAND, *arrêtant Lélie.*

Ce n'est pas par là, vous dis-je.

LÉLIE.

Non, non, laisse-moi... Mais que vois-je ? Ah ! c'est
ce que je cherche... Oui, mon père, les voilà. Souffrez
que je les emmène à ma chambre, je vous promets de
n'en sortir jamais.

ANSELME.

Où suis-je ? que vois-je ? qu'entends-je ?

LÉLIE.

Ah ! mon père, n'allez pas gronder, de peur de les
effaroucher encore.

ANSELME.

C'en est fait, la destinée et la nature sont plus fortes
que mes raisonnemens. Votre seule présence lui en a
plus appris en un moment que je ne lui en avais caché
pendant seize années.

La Fontaine.   6

JOSSELIN.

Cela est admirable !

ANSELME.

Je commence moi-même à me rendre à la raison, et je vais changer de manières.

TOBIE.

Qu'est-ce que tout ceci ?

ANSELME.

Vous le saurez, monsieur. En attendant qu'on vous l'apprenne, je vous dirai seulement que mon fils a beaucoup de noblesse et plus de bien, et qu'il ne tiendra qu'à vous d'unir sa destinée à celle de mademoiselle votre fille.

TOBIE.

Volontiers : j'en serai ravi ; et cela fera enrager ma femme.

LÉLIE.

Je ne comprends rien à tous ces discours ; que veulent-ils dire, monsieur Josselin ?

JOSSELIN.

Cette belle vous l'apprendra.

ANSELME.

Oui, mon fils, je vous la donne en mariage.

LÉLIE.

En mariage ? cela signifie-t-il qu'elle demeurera toujours avec moi, mon père ?

ANSELME.

Oui, mon fils.

LÉLIE, *embrassant son père.*

Quelle joie ! Ah ! mon père, que je vous ai d'obligation !

JOSSELIN.

Jamais le petit fripon ne l'a embrassé si fort.

THIBAUT.

Pargué, Parrette, tout cela est drôle.

SCENE XVI.

PERRETTE.

Oui, tout cela est bel est bon ; mais cette chienne de coupe, que deviendra-t-elle ? Qu'il n'en soit plus parlé ; car quoique je ne craignions rien, je n'en dormirions point en repos, voyez-vous !

ANSELME.

Qu'elle ne vous inquiète point ; je la briserai en votre présence.

JOSSELIN.

Quelqu'un veut-il faire essai de la coupe qu'il se dépêche ; mais franchement je ne conseille à personne d'y boire, et l'exemple du paysan est, sur ma foi, le meilleur à suivre.

FIN DE LA COUPE ENCHANTÉE.

TABLE DES MATIÈRES.

FIN DE LA FONTAINE.